SOBRE A IRA
SOBRE A TRANQUILIDADE DA ALMA

SÊNECA (Lúcio Aneu Sêneca) nasceu em Córdoba, aproximadamente entre 4 a.C. e 1 d.C. Era de família abastada, que se transferiu para Roma quando ele e seus dois irmãos, Novato e Mela, eram crianças. Muito jovem, Sêneca estudou com o estoico Átalo e com dois neopitagóricos, Sótion de Alexandria e Papírio Fabiano, discípulos do filósofo romano Quinto Séxtio, que professou uma doutrina eclética e possivelmente original, combinando elementos do estoicismo e do pitagorismo. Talvez por motivos de saúde, Sêneca transferiu-se, por volta de 20 d.C., para Alexandria, no Egito, de onde retornou em 31. Quase aos quarenta anos iniciou carreira como orador e político, no cargo de questor, tendo em seguida ingressado no Senado. Frequentou a corte de Calígula, onde estabeleceu vínculos com as irmãs do imperador: Livila, Drusila e Agripina Menor, mãe do futuro imperador Nero. Sendo figura destacada no Senado e no ambiente palaciano, devido a intrigas políticas foi envolvido numa conjuração contra Calígula. Teria se livrado da condenação à morte provavelmente por intercessão de aliados, que alegaram já estar ele condenado a uma morte natural iminente, devido a uma doença pulmonar crônica. Pouco depois, morto Calígula em 41, Sêneca tornou-se alvo de Messalina, esposa do imperador Cláudio, num confronto entre esta e as irmãs de Calígula. Acusado de manter relações adúlteras com Livila, foi condenado à morte pelo Senado. Por intervenção do próprio imperador, a pena foi comutada em exílio, que durou oito anos, na ilha de Córsega, período em que o filósofo se dedicou aos estudos e à composição de obras em prosa e em verso. Após a morte de Messalina (48 d.C.), a nova esposa de Cláudio, sua sobrinha Agripina, possibilitou o retorno de Sêneca, em 49 d.C., e o instituiu como preceptor de seu filho Nero, então com doze anos. Morto Cláudio em

54, Nero foi nomeado seu sucessor e Sêneca tornou-se o principal conselheiro do jovem príncipe. Seguiu-se um período de equilíbrio político que durou cinco anos (54-9). No entanto, o conflito de interesses envolvendo, de um lado, Agripina e seus aliados e, de outro, conselheiros de Nero, os quais, por sua vez, se opunham a Sêneca, levou a uma crise que resultou na morte de Agripina, em 59, e no gradual enfraquecimento político de Sêneca. Em 62, Nero recusou-lhe uma solicitação para afastar-se inteiramente das atividades de governo. Mesmo assim, alegando idade avançada e saúde precária, Sêneca passou a consagrar-se prioritariamente ao *otium*, o que significava dedicação à leitura e à escrita. Sua relação com Nero deteriorou-se, entre outros motivos, pelo prestígio do filósofo em setores do meio político e intelectual, que viam nele a figura de um governante ideal. No início de 65, Sêneca foi apontado entre os participantes de uma conjuração para derrubar o príncipe. Condenado à pena capital, morreu em 19 de abril.

JOSÉ EDUARDO S. LOHNER é graduado em letras, com bacharelado em português e latim, e doutor em letras clássicas, ambos os títulos pela Faculdade de Filosofia, Letras e Ciências Humanas da Universidade de São Paulo, onde atua como docente da Área de Língua e Literatura Latina e do Programa de Pós-Graduação em Letras Clássicas. Há vários anos dedica-se ao estudo da obra de Sêneca, sobre a qual tem publicações acadêmicas, e realizou traduções versificadas das tragédias *Agamêmnon* (Globo, 2009) e *Tiestes* (Ed. UFPR, 2018).

SÊNECA

Sobre a ira
Sobre a tranquilidade da alma

diálogos

Tradução, introdução e notas de
JOSÉ EDUARDO S. LOHNER

8ª reimpressão

COMPANHIA DAS LETRAS

Copyright da tradução, introdução e notas © 2014
by José Eduardo S. Lohner

*Grafia atualizada segundo o Acordo Ortográfico da Língua
Portuguesa de 1990, que entrou em vigor no Brasil em 2009.*

Penguin and the associated logo and trade dress are registered
and/or unregistered trademarks of Penguin Books Limited and/or
Penguin Group (USA) Inc. Used with permission.

Published by Companhia das Letras in association with
Penguin Group (USA) Inc.

TÍTULOS ORIGINAIS
De Ira e De Tranquillitate Animi

CAPA
Alceu Chiesorin Nunes

PREPARAÇÃO
Julia Passos

REVISÃO
Isabel Jorge Cury
Ana Maria Barbosa

Dados Internacionais de Catalogação na Publicação (CIP)
(Câmara Brasileira do Livro, SP, Brasil)

Sêneca
  Sobre a ira. Sobre a tranquilidade da alma : Diálogos / Sêneca ; tradução, introdução e notas de José Eduardo S. Lohner. — 1ª ed. — São Paulo: Penguin Classics Companhia das Letras, 2014.

  Títulos originais: De Ira e De Tranquillitate Animi

  ISBN 978-85-8285-006-0

  1. Filosofia antiga. 2. Sêneca, ca. 4 a.C. – 65 – Crítica e interpretação 3. Sêneca. Diálogos I. Lohner, José Eduardo S. II. Título.

14-10335   CDD-188

Índice para catálogo sistemático:
1. Sêneca : Filosofia 188

Todos os direitos desta edição reservados à
EDITORA SCHWARCZ S.A.
Rua Bandeira Paulista, 702, cj. 32
04532-002 — São Paulo — SP
Telefone: (11) 3707-3500
www.penguincompanhia.com.br
www.companhiadasletras.com.br
www.blogdacompanhia.com.br

Sumário

Introdução — José Eduardo Lohner   7

SOBRE A IRA   89
SOBRE A TRANQUILIDADE DA ALMA   191

Notas   227
Bibliografia   291

Introdução

Tractauit etiam omnem fere studiorum materiam: nam et orationes eius et poemata et epistulae et dialogi feruntur.

[Ele tratou de quase toda matéria de erudição, pois dele nos são transmitidos discursos, poemas, epístolas e diálogos.][1]

Quintiliano, *Lições de oratória* x, 1, 129

No fim dos anos 90 d.C., Quintiliano destacava a diversidade de gênero como um dos aspectos marcantes da obra de Lúcio Aneu Sêneca (*c.* 4 a.C.-65 d.C.). Das composições poéticas restam oito tragédias, reconhecidas atualmente como legítimas, de um total de dez peças que a tradição manuscrita transmitiu como sendo de sua autoria.[2] Embora não exatamente um poema, chegou-nos uma sátira menipeia, intitulada *Apocolocintose*, que pode ser considerada confinante do gênero poético pelo tratamento ficcional e por combinar prosa e seções em verso.[3] Por fim, foi preservada, porém não integralmente, uma coletânea de diálogos, tratados filosóficos e epístolas, ao passo que desapareceram os discursos [*orationes*] e ainda certo número de monografias dedicadas a temas variados.[4]

Não há comprovação de que as dez obras transmitidas como diálogos tenham sido assim denominadas por Sêneca, que as escreveu e publicou em diferentes épocas. Quintiliano, ao empregar o termo "diálogo", parece ter tido a intenção de com ele distinguir as cartas das demais obras em prosa, e não é possível saber quais obras exatamente ele teria incluído nessa categoria. O grupo de obras denominado como diálogos nos foi transmitido com essa classificação pelo códice mais antigo atualmente conhecido que contém seu registro, o Ambrosiano, produzido no fim do século XI, em Monte Cassino, na Itália, no qual esses textos aparecem distribuídos em doze livros, na seguinte ordem: *Sobre a providência* (livro I), *Sobre a constância do sábio* (II), *Sobre a ira* (III-V), *Consolação a Márcia* (VI), *Sobre a vida feliz* (VII), *Sobre o ócio* (VIII), *Sobre a tranquilidade da alma* (IX), *Sobre a brevidade da vida* (X), *Consolação a Políbio* (XI) e *Consolação a Hélvia* (XII).[5]

A datação de cada um dos diálogos é bastante incerta e conjectural, tendo sido possível apenas estabelecer períodos de maior probabilidade para sua composição, que teria se dado a partir de meados dos anos 30 d.C.[6] Assim, considerando apenas os dois diálogos ora traduzidos, para *Sobre a ira*, talvez um dos mais antigos,[7] foram propostas duas hipóteses: i) o diálogo teria sido composto em etapas distintas, os livros I e II seriam anteriores à condenação do autor ao exílio em 41, e o terceiro livro, posterior a seu retorno a Roma em 49;[8] ii) a composição dos três livros teria sido efetuada conjuntamente, seja em momento anterior ou posterior ao exílio. Permanecem inquestionáveis apenas dois limites temporais: de um lado, a publicação deve ter ocorrido após o assassinato de Calígula, em janeiro de 41, pois Sêneca o censura abertamente;[9] de outro, a composição deve ser anterior ao ano 52, por ter sido endereçada a Novato, nome de família do irmão mais velho do autor, que assumiu nesse ano o posto de procônsul da Acaia, já com o nome de Galião, pelo qual passou a ser chamado em decorrência de uma adoção legal.[10] Enfim, a segunda hipótese é a mais aceita, embora os dados disponíveis não sejam suficientes para assegurar uma data precisa.[11] Ainda menos seguras são as hipóteses a respeito da datação de *Sobre a tranquilidade da alma*, que pode ter sido composto e publicado no período entre o início dos anos 50 até por volta de 62, ano provável da morte de Aneu Sereno, o destinatário desse diálogo.

Em um estudo dedicado ao *Sobre a ira*, Janine Fillion-Lahille, que defende a hipótese de publicação no ano 41, propõe que a escolha de Novato como dedicatário tenha se devido à sua posição na vida política romana por ocasião da redação dessa obra, admitindo-se que possivelmente ele já ocupasse o cargo de pretor no momento da ascensão de Cláudio ao principado.[12] O fato de um grande número de preceitos e de exemplos aduzidos por Sêneca ser particularmente apropriado aos que detêm uma posição eminente ou de comando poderia encontrar justificativa em uma suposta intenção de Sêneca de ressaltar o valor da brandura com vistas não só ao irmão Novato, no exercício de sua carreira na administração pública, mas também ao próprio imperador Cláudio, no início de seu governo, a fim de exortá-lo a afastar-se da conduta feroz de seu predecessor Calígula.[13]

Conforme se lê no início do diálogo, a composição teria sido motivada por solicitação do destinatário.[14] No entanto, deve-se entender essa afirmação como apenas convencional, tendo em vista que declarar o propósito de se escrever uma obra para instrução de algum membro da própria família tornou-se um lugar-comum em textos clássicos de finalidade didática.[15] De resto, o caráter de Novato parece ter sido o oposto ao de um colérico, segundo atesta o próprio Sêneca em outra obra sua: *Nemo mortalium uni tam dulcis est quam hic omnibus* [Ninguém é tão afável para com um só indivíduo quanto ele o é para com todos].[16] Como procônsul da Acaia, aliás, sabe-se que Novato, já então com o nome adotivo de Galião Anaeano, teria mostrado uma conduta bastante ponderada ao ter decidido abster-se de julgar um processo movido pelos judeus de Corinto contra o apóstolo Paulo.[17]

Aneu Sereno figura como destinatário não só do diálogo *Sobre a tranquilidade da alma*, mas também de *Sobre a constância do sábio*, e ainda, possivelmente, de *Sobre o ócio*. Foi um amigo dileto de Sêneca, pertencente à ordem equestre, tradicionalmente integrada pelos cidadãos mais abastados. Em vista do nome, é bastante provável que ele fosse, além do mais, um parente seu de origem hispaniense. Era bem mais jovem, mas igualmente engajado no autoaprimoramento moral por meio da filosofia, tendo primeiro aderido ao epicurismo e depois se convertido ao estoicismo.[18] Tal como Novato, Sereno também atuou na administração pública, tendo obtido, por influência de Sêneca, o cargo de *praefectus uigilum*, equivalente a chefe dos bombeiros, função importante numa cidade exposta a constantes incêndios. No entanto, sua carreira foi interrompida por uma morte prematura, segundo notícia dada por Sêneca numa das cartas a Lucílio.[19]

FORMA DIALÓGICA

A diversidade formal é um aspecto marcante no diálogo antigo, observável já na prestigiosa obra de Platão e, mais tarde, nas obras desse gênero produzidas em Roma.[20] Em linhas gerais, é possível descrevê-lo como uma forma não teatral de escritura dramática, considerando alguns elementos constitutivos frequentes, como a atuação de duas ou mais personagens, reunidas em um local aprazível, as quais participam em uma conversação ordenada sobre um tema filosófico ou não.[21]

No entanto, os diálogos senequianos mostram-se não apenas afastados desse modelo como bastante semelhantes à forma epistolar, em que o autor se dirige a um só interlocutor, a quem é endereçado o diálogo, e ocasionalmente entremeia objeções pontuais de interlocutores anônimos ou imaginários. É também uma particularidade observável no início dos exórdios senequianos a interpelação do destinatário do diálogo por meio de um vocativo, vindo por vezes associado a isso também o emprego do mencionado lugar-comum, referente à alegação de que o diálogo parte de uma solicitação feita pelo personagem endereçado.[22] Sêneca possivelmente tomou como modelo o diálogo ciceroniano, como lembra J. G. F. Powell em um estudo sobre o gênero dialógico em Roma:[23]

> *In the* De Officiis *the dialogue form is abandoned entirely, though the treatise is addressed to Cicero's son Marcus and acknowledges his presence from time to time; of a similar kind is the* Orator *addressed to Brutus and the* Topica *addressed to Trebatius. It was presumably the* De Officiis *that provided a model for Seneca's so-called "dialogues", which are no more than extended essays written to a particular addressee (since dialogus in its origin simply meant "conversation", a one-sided dialogus is not a theoretical impossibility, even though at variance with the normal usage of the word). Seneca's* Epistulae Morales, *a series of over one hundred brief philosophical essays addressed in epistolary form to a single recipient, may be seen as a continuation of the same tendency.*

[Em *Sobre os deveres*, a forma do diálogo é inteiramente abandonada (por Cícero), embora o tratado seja endereçado a Marcos, filho de Cícero, e se reconheça sua presença em alguns momentos; de um tipo similar é o *Orator*, endereçado a Bruto, e o *Topica*, endereçado a Trebácio. Foi provavelmente *Sobre os deveres* que serviu de modelo para os assim denominados "diálogos" de Sêneca, que nada mais são do que extensos ensaios escritos para um destinatário particular (uma vez que diálogo, em sua origem, significa simplesmente "conversação", um diálogo que conste de um só dos lados da interlocução não é uma impossibilidade teórica, mesmo que em desacordo com o uso normal da palavra). As *Epístolas morais de Sêneca*, uma série de mais de cem breves ensaios filosóficos em formato epistolar endereçados a um único destinatário, podem ser vistas como uma continuação da mesma tendência.]

Em *Sobre a ira*, a "participação" de Novato restringe-se à interpelação feita pela persona dialógica de Sêneca no início de cada um dos três livros, exceto no terceiro, em que Novato é nomeado uma segunda e última vez ao iniciar-se a seção final do diálogo, no capítulo 39. Segundo G. Mazzoli,[24] aliás, esta última interpelação parece ser uma marcação técnica — talvez se possa dizer uma marcação editorial — destinada a assinalar ao leitor a aproximação do término da obra. Além desses pontos, não há mais nenhuma referência direta ao destinatário, embora muitas das objeções imaginárias inseridas com frequência no decorrer da discussão, atribuíveis quase sempre a um interlocutor genérico, possam ser associadas à persona de Novato. De fato, nessas ocorrências, mesmo quando Sêneca emprega a segunda pessoa verbal, nem sempre isso pode ser entendido como referente stricto sensu a Novato. Como bem observa Cupaiuolo em relação a *Sobre a ira*, o emprego da segunda pessoa no diálogo deve em geral ser visto como um recurso próprio da linguagem coloquial, em que essa forma aparece muitas vezes usada em sentido generalizante.[25]

O diálogo, assim, desenvolve-se em uma exposição ininterrupta, como que por longos monólogos. Nesse aspecto, a obra *Sobre a tranquilidade da alma* destaca-se entre os demais diálogos por ser a única que se compõe de duas partes epistolares, de modo que nela fica mais bem delineada a forma dialógica: a princípio, Sereno dirige-se a Sêneca em uma longa fala, que perfaz o primeiro capítulo da obra; em seguida, vem a resposta de Sêneca, a qual avança, assimetricamente, por dezesseis capítulos até o fim do diálogo.

Do ponto de vista formal, interessa observar que o conjunto de obras que se convencionou denominar como tratados — *Sobre a clemência*, *Sobre os benefícios*, *Questões sobre a natureza* — são igualmente endereçadas a um destinatário, respectivamente ao príncipe Nero e a dois amigos, Ebúcio Liberal e Lucílio, e nelas se faz uso do mesmo recurso relativo a objeções pontuais de interlocutores imaginários. Sêneca, portanto, adotou uma configuração bastante homogênea na composição de suas obras em prosa, apoiando-as no formato epistolar. O único fator de diferenciação que, em certa medida, parece ter sido levado em conta teria sido o da extensão, como sugere uma observação que se lê na epístola 85, 1: *"Iubes me quidquid est interrogationum aut nostrarum aut ad traductionem nostram excogitatarum conprendere: quod si facere voluero, non erit epistula sed liber"* [Mandas que eu abarque todas as argumentações dos nossos ou as que foram elaboradas para refutação nossa. Porém se eu quiser fazer isso, não resultará em uma epístola, mas em um livro].

A despeito dessa observação, nota-se que algumas das epístolas, por sua extensão e desenvolvimento temático, são equiparáveis a boa parte dos diálogos, como é o caso, por exemplo, das epístolas 94 e 95, nas quais se discute sobre a validade e função da parte teórica e da parte preceptiva da doutrina moral estoica e cujos textos, nas edições impressas, vêm divididos, respectivamente, em 74 e 73 parágrafos.[26] Além disso, pelo mesmo critério da extensão, *Sobre a ira*, único diálogo não monobíblico, constando de três livros, poderia ter sido transmitido fora da coletânea de diálogos, figurando na mesma categoria de *Sobre os benefícios*, que consta de sete livros, ou de *Sobre a clemência*, que restou incompleto em dois livros.[27] Em sentido inverso, os diálogos endereçados a Márcia, Políbio e Hélvia, a despeito de sua relativa longa extensão, poderiam ter sido enquadrados no gênero das epístolas consolatórias, vinculadas à tradição da consolação filosófica.[28] Enfim, essas incongruências podem ser vistas como próprias da variabilidade formal que sempre esteve de modo geral associada às espécies dialógicas.

Sem importar se a denominação classificatória empregada por Quintiliano tenha sido referente apenas à coletânea de diálogos conhecida atualmente ou se teria abrangido também o que denominamos tratados, há uma boa probabilidade de que o termo tenha sido aplicado a essas obras em sentido técnico retórico. Conforme ensina o próprio Quintiliano, o expediente de introduzir réplicas anônimas era uma modalidade de prosopopeia denominada por alguns rétores como *dialogus*, ou também, sermocinação,[29] figura pela qual o orador imitava um personagem imaginário: "*Ac sunt quidam qui has demum* προσωποποιίας *dicant in quibus et corpora et uerba fingimus: sermones hominum adsimulatos dicere* διαλόγους *malunt, quod Latinorum quidam dixerunt sermocinationem*" [E existem alguns que chamam exclusivamente "prosopopeias" essas figuras pelas quais imitamos tanto os gestos quanto as palavras; preferem chamar "diálogos" as falas de pessoas fictícias, o que alguns dos rétores latinos chamaram sermocinação] (Quintiliano, *Lições de oratória* IX, 2, 31).

Assim, dada a frequência com que, na prosa senequiana, esse artifício é caracteristicamente utilizado, é possível supor que a denominação retórica tenha se convertido em uma rotulação genérica.[30]

PÚBLICO E PROPÓSITOS
DA OBRA FILOSÓFICA SENEQUIANA

Tal como nas demais obras filosóficas de Sêneca, não se encontra nos diálogos uma exposição teórica desenvolvida de maneira metódica e sistemática, com uma argumentação claramente ordenada acerca de conceitos doutrinais e técnicos.[31] O discurso filosófico foi utilizado por Sêneca não como uma atividade estritamente intelectual, mas como um meio para estimular nos leitores determinada disposição interior que pudesse resultar na prática de condutas estabelecidas como positivas pela doutrina moral estoica, da qual Sêneca sempre se manteve adepto e foi um importante divulgador.

O público a que originalmente essa produção foi destinada estava em alguma medida familiarizado com as posições das correntes de pensamento mais difundidas entre os romanos, como eram as doutrinas platônica, aristotélica, epicurista e, especialmente, a dos estoicos. Além disso, esse público era, sem dúvida, majoritariamente pertencente ao mesmo estrato social do autor, ou seja, à elite econômica e política da Roma imperial.[32] Sendo assim, no caso do diálogo sobre a ira, os preceitos expostos visariam, de modo geral, a propor um modelo de como os integrantes da aristocracia deveriam se comportar em relação a essa paixão, "de todas a mais terrível e violenta", como vem ressaltado no início da obra. Ainda a própria frequência de exemplos envolvendo ações e atitudes de governantes absolutos e de seus cortesãos é um aspecto que reflete o ambiente político romano, já de longa data bastante opressivo.[33]

No entanto, numa escala mais ampla, essa obra foi também claramente concebida como um meio de orientação eficaz para todos aqueles que, contemporâneos do autor ou não, aspirassem a se engajar, ou já estivessem engajados, num processo de aperfeiçoamento moral que, conforme assegurado pela doutrina estoica, lhes possibilitaria superar os tormentos causados pelos temores e desejos atrelados à condição humana, em qualquer lugar ou época, e alcançar a *tranquillitas*, estado ideal de serenidade, vivenciado de forma plena e permanente pelo sábio estoico, conforme declara o filósofo em uma passagem do diálogo *Sobre a tranquilidade da alma*:[34]

> *Ad inperfectos et mediocres et male sanos hic meus sermo pertinet, non ad sapientem. Huic non timide nec pedetemptim ambulandum est; tanta enim fiducia sui est ut obuiam fortunae ire non dubitet nec umquam loco illi cessurus sit. Nec habet ubi illam timeat, quia non mancipia tantum possessionesque et dignitatem sed corpus quoque suum et oculos et manum et quidquid cariorem uitam facit seque ipsum inter precaria numerat uiuitque ut commodatus sibi et reposcentibus sine tristitia redditurus.*

[Esta minha fala diz respeito às almas imperfeitas, fracas e desequilibradas, não ao sábio. Este não deve andar com passo tímido nem tateante. É tanta sua autoconfiança que ele não hesita em ir ao encontro da fortuna, nem diante dela jamais largaria seu posto. Ele nem tem um local onde temê-la, pois enumera não só escravos, posses e dignidades, mas também seu próprio corpo, olhos e mãos e tudo o que torna a vida tão estimada, incluindo a si mesmo, entre os bens passageiros, e vive como quem os tomou para si emprestados e há de devolvê-los sem tristeza a quem os pedir de volta.]

Sobre a tranquilidade da alma, 11, 1

Na condição de *inperfectos* estariam todos os que os estoicos latinos designavam como *proficientes*, entre os quais Sêneca dizia encontrar-se ele próprio, ou seja, aqueles empenhados em avançar na direção da sabedoria e, juntamente com ele, eram representantes dessa condição os personagens que figuram como dedicatários em sua obra. A perspectiva de escrever para um público atemporal se consolida nas cartas que o filósofo compôs no período final da vida, entre 63 e 65:[35]

Secessi non tantum ab hominibus sed a rebus, et in primis a meis rebus: posterorum negotium ago. Illis aliqua quae possint prodesse conscribo; salutares admonitiones, velut medicamentorum utilium compositiones, litteris mando, esse illas efficaces in meis ulceribus expertus, quae etiam si persanata non sunt, serpere desierunt. Rectum iter, quod sero cognovi et lassus errando, aliis monstro.

[Retirei-me não apenas dos homens, mas das ocupações, e especialmente das minhas ocupações: eu cuido dos negócios dos pósteros. Para eles escrevo algumas coisas que possam ser úteis. Confio às cartas admonições salutares, como que receitas de medicamentos úteis, tendo experimentado serem elas eficazes em minhas próprias úlceras,

que mesmo se não estão inteiramente curadas, deixaram
de avançar. O bom caminho, que conheci tardiamente e
vagueando fatigado, eu mostro aos outros.]

Epístolas a Lucílio, 8, 2-3

Sêneca expressa um firme posicionamento contrário a
todo procedimento de estudo e tema de investigação que
não vise estritamente ao aprimoramento moral ou não interesse
diretamente ao conhecimento da natureza humana,
ao aprofundamento da consciência de nossa condição e a
um processo de elevação espiritual. Nisso estaria, para ele,
o único interesse da filosofia, bem como de qualquer outro
campo de estudo.

*Sed qualescumque sunt, tu illos sic lege tamquam verum
quaeram adhuc, non sciam, et contumaciter quaeram. Non
enim me cuiquam emancipavi, nullius nomen fero; multum
magnorum virorum iudicio credo, aliquid et meo vindico.
Nam illi quoque non inventa sed quaerenda nobis reliquerunt,
et invenissent forsitan necessaria nisi et supervacua
quaesissent. Multum illis temporis verborum cavillatio
eripuit, captiosae disputationes quae acumen inritum exercent.
Nectimus nodos et ambiguam significationem verbis
inligamus ac deinde dissolvimus: tantum nobis vacat? iam
vivere, iam mori scimus? Tota illo mente pergendum est
ubi providere debet ne res nos, non verba decipiant.*

[Mas qualquer que seja o valor dos meus livros, lê-os
como sendo eu alguém que ainda busca a verdade, não
que a conhece, e alguém que a busca de modo contumaz.
Não cedi a posse de mim mesmo a ninguém, não levo o
nome de nenhum senhor. Creio muito no discernimento
dos grandes homens, reivindico algo inclusive para o meu
próprio, pois eles também nos deixaram não só as verdades
que descobriram, mas outras a serem investigadas por
nós, e talvez teriam descoberto o essencial se não tivessem

investigado também coisas supérfluas. Tomou-lhes muito tempo a sutileza das palavras, discussões capciosas que exercitam inutilmente a agudeza. Damos nó e enlaçamos com palavras um conceito ambíguo, depois desfazemos o laço: temos tanto tempo de sobra? Já sabemos viver e também morrer? Com nossa total intenção, precisamos nos dirigir para aquele conhecimento que deve nos precaver de sermos enganados pelas coisas, não pelas palavras.]

Epístola 45, 4-5

Hoc enim est quod mihi philosophia promittit, ut parem deo faciat; ad hoc invitatus sum, ad hoc veni: fidem praesta. Quantum potes ergo, mi Lucili, reduc te ab istis exceptionibus et praescriptionibus philosophorum: aperta decent et simplicia bonitatem.

[Isto é o que a filosofia me prometeu, que eu me tornasse igual a deus. Para isso eu fui convidado; para isso eu vim. Mantém lealdade. Quanto podes, portanto, meu Lucílio, retira-te dessas objeções e argúcias dos filósofos: noções claras e simples são as adequadas à bondade inata na alma.]

Epístola 48, 12

Tendo finalidade eminentemente parenética, de exortação à virtude, o discurso filosófico de Sêneca distingue-se, como se disse, por uma abordagem de caráter menos técnico e, dentro de certos parâmetros, mais oratório. O autor investe na eficácia dos recursos de linguagem, concentrando todo o esforço em estimular a adesão do leitor a uma postura interior, considerada capaz de habilitá-lo a lidar positivamente com suas debilidades e a avançar no programa de aperfeiçoamento moral propugnado pelo filósofo. O princípio em que se assenta essa prática filosófica está no poder terapêutico atribuído ao discurso persuasivo.

A NATUREZA E O ESTILO DA EXPOSIÇÃO
FILOSÓFICA SENEQUIANA

Entre os latinos, a modalidade discursiva considerada adequada para a filosofia era denominada *sermo*, isto é, um modo de expressão distinto do modo oratório e comparável ao de uma conversação informal, cuja elocução se caracterizava pelo estilo simples, aquele que excluía expedientes artificiosos de construção e ornamentação excessiva, de maneira que a expressão não se sobrepusesse ao conteúdo.[36] A definição da forma ideal de expressão para o discurso filosófico e os preceitos para sua composição são questões que não foram tratadas de maneira sistematizada pelos antigos, mas enquanto um tópico secundário, subordinado a outras discussões.[37] Assim, o próprio Sêneca, na obra epistolar, destinou várias passagens a esse tema.[38] Considerando que esse autor dedica suas cartas exclusivamente à temática filosófica e que ele assimila ao formato epistolar as demais obras em prosa, mesmo ao tratar especificamente do estilo epistolar, suas reflexões têm o intuito de expor parâmetros gerais de linguagem a serem adotados pelo filósofo, qualquer que seja a espécie discursiva. Nessa coletânea, alguns aspectos essenciais do *sermo* são definidos, por exemplo, na parte inicial da epístola 75, em que se discute sobre o estilo ideal das epístolas filosóficas.[39]

> *Minus tibi accuratas a me epistulas mitti quereris. Quis enim accurate loquitur nisi qui vult putide loqui? Qualis sermo meus esset si una desideremus aut ambularemus, inlaboratus et facilis, tales esse epistulas meas volo, quae nihil habent accersitum nec fictum. Si fieri posset, quid sentiam ostendere quam loqui mallem.*

[Reclamas que para ti cartas sem muito apuro são enviadas por mim. Quem, pois, fala de modo apurado senão aquele que quer falar de modo afetado? Tal qual seria minha conversa se juntos nos sentássemos ou caminhássemos, despojada e fluente, assim quero que sejam minhas cartas, que nada têm de requintado nem artificioso. Se possível, eu preferiria dar a ver o que eu penso a falá-lo.]

Epístola 75, 1-2

Sêneca propunha para a filosofia uma elocução cujo efeito refletisse uma atitude de despreocupação [*securitas*] quanto à expressão, conforme indicado, no trecho acima, pelos atributos *inlaboratus et facilis*.[40] Essa atitude seria intermediária entre, de um lado, o zelo excessivo [*sollicitudo*], resultante da busca de formas de expressão requintadas e artificiosas, e de outro, a negligência [*neglegentia*], a que alude o excerto citado a seguir, a qual adviria de uma utilização meramente instrumental da linguagem, de modo que tanto um como o outro extremo produziriam um efeito de inadequação entre os meios de expressão e a natureza do conteúdo:[41]

> *Non mehercules ieiuna esse et arida volo quae de rebus tam magnis dicentur (neque enim philosophia ingenio renuntiat), multum tamen operae inpendi verbis non oportet. Haec sit propositi nostri summa: quod sentimus loquamur, quod loquimur sentiamus; concordet sermo cum vita.*

[Por Hércules, não quero que sejam macilentas e áridas as palavras que irão falar sobre temas tão grandiosos (a filosofia de fato não renuncia ao engenho), porém não é preciso despender-se muito trabalho com as palavras. Que esta seja a síntese de nossa proposta: o que sentimos, falemos, o que falamos, sintamos; concorde a linguagem com a vida.]

Epístola 75, 3-4

Ainda na sequência dessas reflexões, ressalta-se a importância também do uso da modalidade oratória na prosa filosófica, a qual seria complementar ao *sermo*, com a condição de que sua força persuasiva seja usada em favor da exortação moral e não para o simples prazer dos ouvintes:[42]

Non delectent verba nostra sed prosint. Si tamen contingere eloquentia non sollicito potest, si aut parata est aut parvo constat, adsit et res pulcherrimas prosequatur: sit talis ut res potius quam se ostendat. Aliae artes ad ingenium totae pertinent, hic animi negotium agitur. Non quaerit aeger medicum eloquentem, sed si ita competit ut idem ille qui sanare potest compte de iis quae facienda sunt disserat, boni consulet.

[Não deleitem nossas palavras, mas nos sejam de proveito. Se, no entanto, a eloquência pode ocorrer não de propósito, se está à mão ou custa pouco, venha e acompanhe as mais belas matérias: seja tal que ostente a matéria mais do que a si mesma. Outras artes dizem respeito inteiramente ao engenho, aqui está em questão a alma. O doente não busca um médico eloquente, mas se há uma coincidência tal que o mesmo que pode curar possa discorrer com arte sobre o tratamento a ser feito, ficará satisfeito o doente.]

Epístola 75, 5-6

Como apontou Setaioli,[43] Sêneca reconhecia, portanto, para a filosofia, a legitimidade de duas modalidades discursivas: o *sermo* e a *disputatio*. Na primeira delas, como se viu, fazia-se uso de uma expressão menos brilhante, ou mais remissa, por isso adequada para o ensinamento [*institutio*] de princípios teóricos [*decreta*] da doutrina; a segunda modalidade concentrava-se na utilização de meios de expressão capazes de compelir a alma do ouvinte, de gerar, portanto, um efeito psicagógico, sendo adequada à enunciação de preceitos [*praecepta*] na forma de aconselhamentos [*admonitiones*] que levassem à adoção de padrões positivos de pensamento e conduta.[44] Convém notar que a *disputatio* não deve ser identificada com a oratória não filosófica, em razão de seu uso condicionado à finalidade terapêutica de conduzir ao equilíbrio psíquico. A distinção entre *sermo* e *disputatio*, bem como as indicações sobre a aplicabilidade e o efeito dessas duas modalidades, é referida no seguinte trecho da epístola 38:

> *Plurimum proficit sermo, quia minutatim inrepit animo: disputationes praeparatae et effusae audiente populo plus habent strepitus, minus familiaritatis. Philosophia bonum consilium est: consilium nemo clare dat. Aliquando utendum est et illis, ut ita dicam, contionibus, ubi qui dubitat inpellendus est; ubi vero non hoc agendum est, ut velit discere, sed ut discat, ad haec submissiora verba veniendum est. Facilius intrant et haerent; nec enim multis opus est sed efficacibus. Seminis modo spargenda sunt, quod quamvis sit exiguum, cum occupavit idoneum locum, vires suas explicat et ex minimo in maximos auctus diffunditur. Idem facit ratio: non late patet, si aspicias; in opere crescit. Pauca sunt quae dicuntur, sed si illa animus bene excepit, convalescunt et exsurgunt. Eadem est, inquam, praeceptorum condicio quae seminum: multum efficiunt, et angusta sunt. Tantum, ut dixi, idonea mens rapiat illa et in se trahat; multa invicem et ipsa generabit et plus reddet quam acceperit.*

[Muito aproveita a conversa (*sermo*), pois ela pouco a pouco se introduz na alma. Os debates (*disputationes*) preparados e despejados diante de um público ouvinte têm mais estrépito e menos intimidade. Filosofia é bom conselho: um conselho ninguém dá em voz alta. De vez em quando se deve também utilizar daqueles, diga-se assim, expedientes oratórios (*contionibus*), quando é preciso compelir quem está em dúvida; mas quando não é preciso fazer isso para que se queira aprender, mas para que se aprenda, deve-se vir para aquelas palavras mais remissas. Mais facilmente penetram e aderem; nem há necessidade de muitas, mas das eficazes. Devem ser espalhadas à maneira de uma semente, que, embora seja diminuta, quando ocupa um local apropriado, desenvolve suas virtudes e, de um tamanho mínimo, dilata-se até o máximo. O mesmo faz a razão: ela não é largamente patente se a olhares; com o cultivo ela cresce. São poucas as coisas que se dizem, mas se a alma as acolheu bem, elas tomam força e brotam. A condição dos preceitos, eu diria, é a mesma que a das sementes: produzem muito e são miúdos. Basta, como eu disse, uma mente capacitada apanhá-los e trazê-los para dentro de si. De modo recíproco, não só muito ela própria gerará, como também devolverá mais do que recebeu.]

Epístola 38, 1-2

Particularmente na epístola 94, Sêneca defende a utilidade da parte preceptiva da filosofia, que era o campo próprio do estilo afetivo da admonição, em vista de sua eficácia em promover uma elevação no nível de consciência moral dos ouvintes ou leitores, tendo, por isso, grande valor como meio auxiliar para o restabelecimento do domínio da razão — condição tida como inata em todos os homens — e, por conseguinte, para seu avanço em direção à sabedoria:

Duae res plurimum roboris animo dant, fides veri et fiducia: utramque admonitio facit. Nam et creditur illi et, cum creditum est, magnos animus spiritus concipit ac fiducia impletur; ergo admonitio non est supervacua.

[Duas coisas dão o máximo de robustez à alma: a fé na verdade e a confiança em si. Uma e outra, a admonição as produz. De fato, quando se crê na verdade, tão logo se acreditou, a alma concebe uma grande inspiração e enche-se de confiança. Portanto, a admonição não é supérflua.]

Epístola 94, 46

Para que se tornem mais perceptíveis as características das duas modalidades discursivas, o trecho citado a seguir oferece um exemplo do estilo próprio da *admonitio* e permite ser contrastado com os excertos citados anteriormente, que mostram uma elocução mais sóbria, própria do *sermo*, observável, entre outros aspectos, na sintaxe mais fragmentada e, por vezes, na ocorrência de um desenvolvimento silogístico. Já neste excerto seguinte, além do teor prescritivo, o estilo oratório associado ao aconselhamento fica caracterizado no emprego da interrogação retórica, da prosopopeia, pela qual se atribui voz à própria admonição, além da estruturação rítmica das frases em quatro membros [*tetracolon*] introduzidos por anáfora, com a repetição inicial da expressão negativa.

> *Necessarium itaque admoneri est, habere aliquem advocatum bonae mentis et in tanto fremitu tumultuque falsorum unam denique audire vocem. Quae erit illa vox? ea scilicet quae tibi tantis clamoribus ambitionis exsurdato salubria insusurret verba, quae dicat: non est quod invideas istis quos magnos felicesque populus vocat, non est quod tibi compositae mentis habitum et sanitatem plausus excutiat, non est quod tibi tranquillitatis tuae fastidium faciat ille sub illis fascibus purpura cultus, non est quod feliciorem eum iudices cui summovetur quam te quem lictor semita deicit.*

[Assim, é necessário receber aconselhamento (*admoneri*), ter algum defensor da boa mente e ouvir, enfim, uma única voz no meio de tanto estrépito e tumulto próprio das falsidades. Que voz será essa? Aquela obviamente que sussurre palavras salutares dentro de ti, que estás já ensurdecido pelos clamores tão grandes da ambição, aquela que diga: "Não há motivo para que invejes esses homens que o povo chama de grandes e felizes, não há motivo para que o aplauso destrua em ti o hábito e a sanidade de uma mente equilibrada, não há motivo para alguém trajado de púrpura e cercado de fasces leve a que te aborreças de tua tranquilidade, não há motivo para que julgues mais feliz aquele, para quem se abre espaço, do que tu, a quem um lictor afasta do caminho".]

Epístola 94, 59-60

A defesa da admonição se dá em referência a uma polêmica interna do estoicismo quanto ao valor de cada uma das três partes em que essa doutrina dividia a matéria filosófica: física, lógica e ética.

Ariston Chius non tantum supervacuas esse dixit naturalem et rationalem sed etiam contrarias; moralem quoque, quam solam reliquerat, circumcidit. Nam eum locum qui monitiones continet sustulit et paedagogi esse dixit, non philosophi, tamquam quidquam aliud sit sapiens quam generis humani paedagogus.

[Aríston de Quios disse que a parte natural (física) e a parte racional (lógica) da filosofia são não apenas supérfluas, mas também prejudiciais. Também reduziu a parte moral, a única que havia deixado, pois suprimiu-lhe o campo que contém as admonições, e disse que elas são próprias de pedagogos, não de filósofos, como se o sábio fosse outra coisa que não um pedagogo do gênero humano.]

Epístola 89, 13

Se na epístola 94 defende-se a importância da preceptística e levanta-se a questão sobre se ela sozinha seria suficiente para fazer a alma avançar para a sabedoria, essa questão é respondida na epístola 95, na qual se sustenta que o ensino dos princípios teóricos é tão necessário quanto o dos preceitos, de modo que devem ser aplicados conjuntamente com aqueles, já que, isolados, não garantem o progresso da alma.[45]

In hac ergo morum perversitate desideratur solito vehementius aliquid quod mala inveterata discutiat: decretis agendum est ut revellatur penitus falsorum recepta persuasio. His si adiunxerimus praecepta, consolationes, adhortationes, poterunt valere: per se inefficaces sunt. Si volumus habere obligatos et malis quibus iam tenentur avellere, discant quid malum, quid bonum sit, sciant omnia praeter virtutem mutare nomen, modo mala fieri, modo bona.

[Portanto, diante da atual degeneração dos costumes, é recomendável algo mais enérgico do que o habitual para romper males inveterados: é preciso atuar com os fundamentos doutrinais para extirpar falsas convicções profundamente acolhidas. Se a esses fundamentos acrescentarmos os preceitos, as consolações, as exortações, eles juntos poderão surtir efeito: por si mesmos ineficazes. Se queremos manter a adesão das pessoas ao bem e arrancá-las dos males pelos quais já se encontram tomadas, façamos que aprendam o que é o mal, o que é o bem, que saibam que tudo, exceto a virtude, muda de nome, ora convertendo-se em um mal, ora em um bem.]

Epístola 95, 34-35

Ainda sobre a parte preceptiva da filosofia, Sêneca, em conformidade com a concepção estoica da força psicagógica da palavra, ressaltava o valor da utilização de *sententiae* e de *exempla*, dada a especial eficácia, segundo ele, desses dois recursos da admonição para agir sobre a afetividade do ouvinte e atrair sua adesão à conduta virtuosa. No caso das *sententiae*, ele tinha em vista o tipo de enunciado em que se conjuga um conceito moral com uma formulação engenhosa e concisa, por vezes de estrutura antitética.[46] O particular interesse de Sêneca pelo uso desse tipo de sentença enraizava-se certamente não só na eficácia parenética desse recurso, mas também no largo emprego que dele fizeram os declamadores, cuja prática oratória esteve em voga desde o início da época imperial e exerceu forte influência na formação do próprio filósofo.[47] Assim, tanto em sua obra dramática quanto na obra em prosa esse recurso é explorado com notável frequência, de modo que, além de sua aplicação como um instrumento da admonição filosófica, ele acaba também se convertendo em uma das principais marcas de estilo do autor.[48] Segundo afirma o próprio Sêneca, no excerto citado a seguir, o valor parenético de um preceito enunciado na forma de uma *sententia* é ainda potencializado quando a esta se associa não só a rítmica da prosa, produzida por paralelismos e contrastes entre membros de frase, mas sobretudo a rítmica do verso, apoiada em esquemas métricos:[49]

> *Praeterea ipsa quae praecipiuntur per se multum habent ponderis, utique si aut carmini intexta sunt aut prosa oratione in sententiam coartata.* [...] *Numquid rationem exiges cum tibi aliquis hos dixerit versus?*
> *Iniuriarum remedium est oblivio.*
> *Audentis fortuna iuvat, piger ipse sibi opstat.*
> *Advocatum ista non quaerunt: adfectus ipsos tangunt et natura vim suam exercente proficiunt. Omnium honestarum rerum semina animi gerunt, quae admonitione excitantur non aliter quam scintilla flatu levi adiuta ignem suum explicat; erigitur virtus cum tacta est et inpulsa.*

[Além disso, os próprios preceitos têm por si muito peso, sobretudo se inseridos em poemas ou se comprimidos na prosa em forma de sentença. (...) Acaso vais exigir explicação quando alguém te recitar estes versos?
O remédio das injúrias é o esquecimento.
A fortuna ajuda os que ousam, o indolente é ele próprio um obstáculo para si.
Essas afirmações não requerem defensor; elas atingem diretamente as paixões e são eficazes mediante a força exercida pela natureza. A alma leva consigo as sementes de toda virtude, que são estimuladas pela admonição de forma não diferente do que a centelha: ajudada por um leve sopro, reaviva sua chama; a virtude é estimulada por um leve toque e impulso.]

Epístola 94, 27-29

Além do poder exortativo atribuído às sentenças, no sistema moral proposto por Sêneca é especialmente ressaltada a importância dos *exempla* enquanto um recurso cuja influência se dá não apenas pela observação presencial de ações virtuosas, mas principalmente pela evocação da imagem idealizada dessas ações através do discurso.[50] Nesse caso, a menção aos feitos de personagens históricos, cuja conduta moral tenha se tornado emblemática, pode produzir um estímulo proporcional ao grau de admiração que tais personagens despertam na alma do ouvinte ou leitor, como se estes últimos se vissem de fato diante da presença viva de tais paradigmas. Essa propriedade parenética dos *exempla* vem indicada nos dois excertos mostrados a seguir.

Proderit non tantum quales esse soleant boni viri dicere formamque eorum et liniamenta deducere sed quales fuerint narrare et exponere, Catonis illud ultimum ac fortissimum vulnus per quod libertas emisit animam, Laeli sapientiam et cum suo Scipione concordiam, alterius Catonis domi forisque egregia facta, Tuberonis ligneos lectos, cum in publicum sterneret, haedinasque pro stragulis pelles et ante ipsius Iovis cellam adposita conviviis vasa fictilia.

[Será útil não apenas descrever as qualidades habituais dos homens virtuosos e a figura deles, traçar suas feições, mas expor suas qualidades ao narrar suas ações: de Catão aquele derradeiro e tão valente ferimento pelo qual se exalou a alma da liberdade, de Lélio a sabedoria, bem como a harmonia com seu caro Cipião, do outro Catão a notável conduta em privado e em público, de Tuberão o leito de madeira em que se estendera no banquete oficial em celebração de sua entrada para o Senado, e as peles de cabra em lugar de mantas e, diante do próprio templo de Júpiter, a louça de argila posta para os convivas.]

Epístola 95, 72

"*aliquis vir bonus nobis diligendus est ac semper ante oculos habendus, ut sic tamquam illo spectante vivamus et omnia tamquam illo vidente faciamus.*" *Hoc, mi Lucili, Epicurus praecepit; custodem nobis et paedagogum dedit, nec inmerito: magna pars peccatorum tollitur, si peccaturis testis adsistit. Aliquem habeat animus quem vereatur, cuius auctoritate etiam secretum suum sanctius faciat. O felicem illum qui non praesens tantum sed etiam cogitatus emendat! O felicem qui sic aliquem vereri potest ut ad memoriam quoque eius se componat atque ordinet! Qui sic aliquem vereri potest cito erit verendus. Elige itaque Catonem; si hic tibi videtur nimis rigidus, elige remissioris animi virum Laelium. Elige eum cuius tibi placuit et vita et oratio et ipse animum ante se ferens vultus; illum tibi semper ostende vel custodem vel exemplum. Opus est, inquam, aliquo ad quem mores nostri se ipsi exigant: nisi ad regulam prava non corriges.*

["devemos escolher algum homem bom e sempre tê-lo diante dos olhos, para assim vivermos como se ele nos observasse e para empreendermos todas as nossas ações como se ele as estivesse vendo." É de Epicuro esse preceito, meu Lucílio. Ele nos deu um guardião e pedagogo, não sem razão: grande parte dos erros é suprimida se uma testemunha assiste aos que estão prestes a errar. Tenha nossa alma alguém a quem respeite, por cuja autoridade um segredo seu se torne mais honorável. Feliz aquele não só cuja presença, mas até cuja imagem torna correta uma ação! Feliz quem de tal modo pode nutrir respeito por alguém, que até mesmo ao recordá-lo alcance harmonia e ordem interior! Quem pode respeitar alguém dessa maneira logo deverá inspirar igual respeito. Assim, elege Catão; se ele te parece rígido demais, elege Lélio, homem de alma mais sóbria. Elege aquele cuja vida, cuja linguagem e o próprio rosto, onde se estampa sua alma, foi de seu agrado. Exibe-o sempre para ti como um guardião ou como um modelo (*exemplum*). É preciso, repito, alguém a quem nosso caráter possa ajustar-se; sem uma régua não se corrigirá o que está torto.]

Epístola 11, 9-10

São recorrentes as menções a uma galeria de heróis, sobretudo nacionais, cujas ações idealizadas aparecem como que fixadas em uma imagem pictórica.[51] Chama a atenção a metáfora do convívio propiciado pela contemplação dessas figuras modelares, metáfora que realça a força persuasiva desse recurso parenético.

Si velis vitiis exui, longe a vitiorum exemplis recedendum est. Avarus, corruptor, saevus, fraudulentus, multum nocituri si prope a te fuissent, intra te sunt. Ad meliores transi: cum Catonibus vive, cum Laelio, cum Tuberone. Quod si convivere etiam Graecis iuvat, cum Socrate, cum Zenone versare: alter te docebit mori si necesse erit, alter antequam necesse erit. Vive cum Chrysippo, cum Posidonio: hi tibi tradent humanorum divinorumque notitiam, hi iubebunt in opere esse nec tantum scite loqui et in oblectationem audientium verba iactare, sed animum indurare et adversus minas erigere.

[Se quiseres livrar-te dos vícios, é preciso afastar-te dos exemplos dos vícios. O avaro, o corruptor, o cruel, o fraudulento, se estivessem perto de ti, muito te seriam nocivos; eles estão dentro de ti. Vá para junto de pessoas melhores: vive com os Catões, com Lélio, com Tuberão. E se te agradar conviver mesmo com os gregos, fica junto de Sócrates, de Zenão: um te ensinará a morrer se for necessário, o outro, antes de ser necessário. Vive com Crisipo, com Posidônio: eles te transmitirão conhecimento das coisas humanas e divinas, eles te farão agir, não falar com habilidade apenas e proferir palavras para deleite dos ouvintes, mas farão robustecer tua alma e erguê-la contra ameaças.]

Epístola 104, 21-22

> *Dic tibi "ex istis quae terribilia videntur nihil est invictum". Singula vicere iam multi, ignem Mucius, crucem Regulus, venenum Socrates, exilium Rutilius, mortem ferro adactam Cato: et nos vincamus aliquid.*
>
> [Diz para ti: "Dessas coisas que nos parecem terríveis, nenhuma é invencível". Muitos já venceram cada uma delas: Múcio, o fogo; Régulo, a cruz; Sócrates, o veneno; Rutílio, o exílio; Catão, a morte pela espada; alcancemos alguma vitória também nós.]
>
> Epístola 98, 12

No diálogo sobre a tranquilidade da alma (1, 12), ao longo do qual muitos desses mesmos heróis aparecem evocados, o personagem Sereno registra o poder exercido sobre ele pelos exemplos contemplados na imaginação por meio da leitura:

> *Sed ubi lectio fortior erexit animum et aculeos subdiderunt exempla nobilia, prosilire libet in forum, commodare alteri uocem, alteri operam, etiam si nihil profuturam, tamen conaturam prodesse, alicuius coercere [in foro] superbiam male secundis rebus elati.*
>
> [Porém, depois que uma leitura edificante ergueu minha alma e exemplos renomados me estimularam, minha vontade é lançar-me ao foro, dispensar minha palavra a um, minha ajuda a outro — mesmo se ela não for útil em nada, apenas tentar sê-lo —, reprimir no foro a soberba de alguém que se ufane de sua condição próspera.]

Nesse diálogo, a descrição dos vícios que são obstáculos à tranquilidade, juntamente com a prescrição dos remédios, é entremeada por relatos de casos exemplares, em que se alternam personagens viciosos e virtuosos. Algumas dessas narrativas por vezes se estendem numa digressão, como ocorre especialmente no capítulo 9, 4-7, com o tópico sobre a bibliomania; no capítulo 11, com as considerações sobre a impassibilidade do sábio; e no 14, com o relato sobre Júlio Cano.

Nesse mesmo contexto da admonição filosófica deve ser entendida, no terceiro livro do diálogo sobre a ira, a longa digressão anunciada no fim do capítulo 13, conforme o trecho destacado a seguir, a qual se estende por dez capítulos, sete dos quais contendo relatos de casos exemplares que retratam atos perversos de personagens irados, bem como a atitude resignada de algumas de suas vítimas, e três capítulos restantes contendo exemplos virtuosos a serem imitados.[52]

> *Optimum est notis uitiis inpedimenta prospicere et ante omnia ita componere animum, ut etiam grauissimis rebus subitisque concussus iram aut non sentiat aut magnitudine inopinatae iniuriae exortam in altum retrahat nec dolorem suum profiteatur. Id fieri posse apparebit, si pauca ex turba ingenti exempla protulero, ex quibus utrumque discere licet, quantum mali habeat ira, ubi hominum praepotentium potestate tota utitur, quantum sibi imperare possit, ubi metu maiore compressa est.*

[O melhor é prover obstáculos para vícios conhecidos e, antes de tudo, dispor a alma de tal modo que, mesmo atingida por fatos adversos e súbitos, ela não sinta ira ou, quando esta se origina da gravidade de uma injúria inesperada, ela a reprima no fundo do peito e não confesse sua indignação. Ficará evidente que é possível fazê-lo se eu apresentar uns poucos exemplos, dentre uma multidão imensa, a partir dos quais se pode aprender estas duas coisas: quanto mal traz a ira quando ela se serve de todo o poderio de gente influente; e quanto pode dominar a si mesma quando se viu oprimida por um medo maior.]

Sobre a ira III, 13, 6-7

O uso dos exemplos estava também relacionado a um dos tipos de admonição empregado pelos estoicos, denominado etologia, que consistia em uma descrição dos aspectos físicos ligados a uma paixão com o intuito de compor-lhe um retrato de efeito repulsivo.

> *Posidonius non tantum praeceptionem [...] sed etiam suasionem et consolationem et exhortationem necessariam iudicat; his adicit causarum inquisitionem, aetiologian [...]. Ait utilem futuram et descriptionem cuiusque virtutis; hanc Posidonius "ethologian" vocat, quidam "characterismon" appellant, signa cuiusque virtutis ac vitii et notas reddentem, quibus inter se similia discriminentur. Haec res eandem vim habet quam praecipere; nam qui praecipit dicit "illa facies si voles temperans esse", qui describit ait "temperans est qui illa facit, qui illis abstinet". Quaeris quid intersit? alter praecepta virtutis dat, alter exemplar.*
>
> [Posidônio julga necessário não somente o uso de preceitos (...) mas também a persuasão, a consolação e a exortação. A estas, ele acrescenta a investigação das causas ou etiologia (...). Ele diz que será útil também a descrição de cada virtude; Posidônio a chama de etologia, alguns a chamam de "caracterismo", a qual indica os sinais de cada virtude e vício e suas características, por meio dos quais sejam discriminados entre si. Esse procedimento tem a mesma força que o dos preceitos, pois quem emprega os preceitos diz "Farás aquilo se desejas ser temperante"; quem descreve diz "Temperante é quem faz aquilo, abstém-se daquilo outro". Perguntas qual a diferença? Um dá preceitos de virtude, o outro oferece um exemplo.]
>
> Epístola 95, 65-66

No diálogo sobre a ira, tanto é mencionada a eficácia da etologia como método para evitar a ira quanto é posto em prática esse expediente em algumas passagens do texto:

> *Ne irascamur praestabimus, si omnia uitia irae nobis subinde proposuerimus et illam bene aestimauerimus. Accusanda est*

*apud nos, damnanda; perscrutanda eius mala et in medium
protrahenda sunt; ut qualis sit appareat, comparanda cum
pessimis est.*

[Teremos garantia de não ficar irados se, um após o outro,
tivermos exposto a nós mesmos todos os traços negativos
da ira e a tivermos corretamente avaliado. Devemos acusá-la diante de nós e condená-la, perscrutar seus males e trazê-los a lume, e, para que se evidencie sua essência, deve-se
compará-la com os piores vícios.]

Sobre a ira III, 5, 3

*irascentium eadem signa sunt: flagrant ac micant oculi, multus ore toto rubor exaestuante ab imis praecordiis
sanguine, labra quatiuntur, dentes comprimuntur, horrent
ac surriguntur capilli, spiritus coactus ac stridens, articulorum se ipsos torquentium sonus, gemitus mugitusque et
parum explanatis uocibus sermo praeruptus et conplosae
saepius manus et pulsata humus pedibus et totum concitum corpus magnasque irae minas agens, foeda uisu et
horrenda facies deprauantium se atque intumescentium —
nescias utrum magis detestabile uitium sit an deforme.*

[assim também são os sinais dos que enraivecem: seus olhos
inflamam e cintilam, é intenso o rubor por todo o rosto, devido ao sangue que lhes ferve desde o fundo do peito, os lábios
tremem, cerram-se os dentes, arrepiam-se e eriçam-se os cabelos, a respiração intensa e estridente, o estalido dos dedos
retorcendo-se, os gemidos e mugidos, a fala abrupta, com
palavras pouco claras, e as mãos que a todo tempo se entrechocam, e os pés a baterem no chão, e o corpo todo convulso
e lançando avultantes ameaças de ira, a face de aspecto disforme e horrendo dos que se desfiguram e intumescem. Não
se sabe se é mais detestável ou mais deformante esse vício.]

Sobre a ira I, 1, 3-4

A descrição da imagem do irado repete-se, como se disse, ao longo da obra: no segundo livro, vem numa forma amplificada, entre os capítulos 35, 3 e 36, 1, com o acréscimo de elementos tomados da poesia; pouco depois, no terceiro livro, capítulo 4, 1-3, mais breve, como no primeiro livro, acumulando-se os elementos descritivos numa série paratática.[53] No diálogo sobre a tranquilidade da alma, o emprego do mesmo expediente é anunciado no início da fala de Sêneca (2, 5): *"Totum interim uitium in medium protrahendum est, ex quo agnoscet quisque partem suam"* [Por enquanto, é preciso expor abertamente o vício, diante do qual cada um reconhecerá a sua parte]. Vem em seguida, estendendo-se por todo o segundo capítulo, a descrição dos sintomas que caracterizam o estado de alma oposto ao da tranquilidade.

Os aspectos aqui destacados evidenciam a concepção senequiana da filosofia como uma disciplina, de um lado, minimamente especulativa e, de outro, voltada quase exclusivamente para a ascese moral, cujo propósito ia além de simplesmente elevar a qualidade ética da vida humana, mas era motivado sobretudo por uma intensa aspiração de promover a ascensão da alma ao nível da perfeição divina, conforme a perspectiva afirmada pela doutrina estoica para seus adeptos. Em função disso, a escrita dessa obra, como se viu, não é orientada por uma abordagem estritamente teórica e técnica no campo filosófico, tida como ineficaz para o propósito ascético, mas privilegia uma abordagem retórico-literária, pela qual se busca construir um caráter de sinceridade para a persona do filósofo enquanto requisito ético fundamental para dispor o público ouvinte ou leitor à transformação de seu estado de ânimo e à busca de uma conduta moral permanentemente elevada.[54]

illud admoneo, auditionem philosophorum lectionemque ad propositum beatae vitae trahendam, non ut verba prisca aut ficta captemus et translationes inprobas figurasque dicendi, sed ut profutura praecepta et magnificas voces et animosas quae mox in rem transferantur. Sic ista ediscamus ut quae fuerint verba sint opera. Nullos autem peius mereri de omnibus mortalibus iudico quam qui philosophiam velut aliquod artificium venale didicerunt, qui aliter vivunt quam vivendum esse praecipiunt. Exempla enim se ipsos inutilis disciplinae circumferunt, nulli non vitio quod insequuntur obnoxii. Non magis mihi potest quisquam talis prodesse praeceptor quam gubernator in tempestate nauseabundus. [...] Omnia quae dicunt, quae turba audiente iactant, aliena sunt: dixit illa Platon, dixit Zenon, dixit Chrysippus et Posidonius et ingens agmen nominum tot ac talium. Quomodo probare possint sua esse monstrabo: faciant quae dixerint.

[O que aconselho é ouvir os filósofos e lê-los tendo em vista o propósito de uma vida feliz, sem ficar em busca de palavras arcaicas ou forjadas e metáforas ousadas e figuras de linguagem, mas sim de preceitos úteis e expressões elevadas e vigorosas que logo sejam aplicadas à vida real. Portanto, aprendamos de cor tudo isso para tornar o que eram palavras em ações. Considero que ninguém tem menor mérito diante de todos os mortais do que os que aprenderam filosofia como uma ocupação venal, os que vivem de maneira diferente da que aconselham que se deve viver. Fazem passar a si próprios por modelos de uma disciplina inútil, submissos a todo vício que perseguem. Um tal preceptor não me pode ser útil mais do que um timoneiro com náuseas em meio a uma tempestade. (...) Tudo que dizem e que exibem diante de um público ouvinte não é deles mesmos: Platão disse aquilo, disse-o Zenão, disse-o Crisipo e Posidônio e um enorme amontoado de nomes tão numerosos e importantes. Mostrarei como podem provar que tais preceitos lhes pertencem: façam aquilo que disserem.]

Epístola 108, 35-38

In supervacuis subtilitas teritur: non faciunt bonos ista sed

> *doctos. Apertior res est sapere, immo simplicior: paucis <satis> est ad mentem bonam uti litteris, sed nos ut cetera in supervacuum diffundimus, ita philosophiam ipsam. Quemadmodum omnium rerum, sic litterarum quoque intemperantia laboramus: non vitae sed scholae discimus.*
>
> [Gasta-se a sutileza de nosso pensamento em coisas supérfluas; essas indagações não nos tornam bons, mas doutos. Coisa mais acessível é a sabedoria, ou melhor, mais simples: pouca erudição é o bastante para uma alma virtuosa, mas nós, assim como desperdiçamos outras disciplinas em algo supérfluo, assim também fazemos com a própria filosofia. Tal como em relação a outras coisas, também em relação aos estudos nós padecemos de intemperança; não aprendemos para a vida, mas para a escola.]
>
> Epístola 106, 12

Em vista dessa ênfase dada pelo autor à aplicação prática da filosofia como disciplina educativa e transformadora da alma, os casos frequentes, apontados pela crítica moderna, de inconsistência teórica, de imprecisão na indicação e no uso de fontes, ou então problemas de ordenação, repetições, omissão de tópicos anunciados, falhas estruturais poderiam em alguma medida ser avaliados como expedientes retóricos empregados na composição da prosa filosófica senequiana como meio de refletir a própria concepção de um discurso filosófico em que o propósito de mover a adesão do ouvinte se sobrepõe ao propósito de unicamente ministrar conteúdo teórico, para o que se poderia exigir não mais que rigor do desenvolvimento expositivo ou de argumentação.[55] Além disso, é preciso também ter em vista que é procedimento próprio da forma dialógica que os tópicos discutidos pareçam surgir e se encadear como que espontaneamente, tal como em uma conversação informal.[56] Tratar-se-ia de uma negligência deliberada no tocante a aspectos formais e de estruturação, a qual, de resto, estava em consonância com as práticas de construção adotadas pelos autores latinos no discurso dialógico.[57]

SOBRE AS FONTES

É bem possível que o diálogo *Sobre a ira* tenha sido o primeiro, e talvez o único, tratado sobre a ira escrito em latim na Antiguidade.[58] Considera-se que o uso do latim tenha sido justamente um dos fatores que favoreceram a preservação dessa obra e a permanência de seu prestígio; outro fator pode ter sido a afinidade entre as linhas gerais do pensamento moral senequiano e a doutrina cristã. Existem apenas outras três obras sobre esse tema remanescentes da Antiguidade greco-latina, duas delas em grego: o *Perì orgês* [*Sobre a ira*], atribuído ao epicurista Filodemo de Gádara, escrito provavelmente nos anos 60 a.C.,[59] é a mais antiga monografia que em parte sobrevive. Foi encontrada em um rolo de papiro em Herculano, porém menos da metade de seu texto é legível; um pouco posterior é o diálogo *Tusculanae disputationes* [*Discussões tusculanas*], de Cícero, publicado em 45 a.C., no qual o autor apresenta uma sinopse da teorização estoica sobre as paixões;[60] por fim, o *Perì aorgesías* [*Sobre a ira*], de Plutarco, escrito por volta de 100 d.C., cerca de meio século, portanto, depois do diálogo senequiano. Há notícia de inúmeras outras obras anteriores a essas, compostas por autores gregos, sobre as paixões em geral e sobre a ira em particular: Diógenes Laércio, na obra *Vidas e opiniões de filósofos ilustres*, faz referências a vários autores que se dedicaram a esse tema, como o acadêmico Xenócrates, discípulo e sucessor de Platão, Aristóteles, Teofrasto, Epicuro e os primeiros estoicos.[61] Em vista do quase completo desaparecimento desses tratados, a identificação das fontes utilizadas por Sêneca envolve uma análise complexa, cujos resultados, por mais bem fundamentados que se apresentem, são irredutivelmente hipotéticos.

Platão, em *A república*, apresenta uma discussão sobre a natureza das paixões, conforme a qual, ao lado de dois princípios motores da alma, o racional [*tò logistikón*] e o irracional e concupiscente [*tò epithymetikón*], ocorre um terceiro, o colérico [*tò thymoeidés*], do qual proviria a ira, caracterizada como um elemento natural e útil, aliado à razão para coibir os impulsos dos desejos irracionais.[62] A teoria de Platão mostra-se como precursora da doutrina aristotélica, segundo a qual as paixões seriam um elemento não só natural na alma, mas ainda legítimo em sua manifestação, desde que num grau moderado pela razão. De fato, conforme a conhecida doutrina aristotélica da "metriopatia", a manifestação das paixões, observados os limites da justa medida, é vista como louvável por estar em conformidade com o conceito de excelência moral proposto pelo estagirita.[63]

Embora Aristóteles seja referido em cinco passagens do diálogo,[64] boa parte dos estudiosos modernos sustenta que Sêneca não teria utilizado, direta ou indiretamente, obras escritas pelo filósofo grego, uma vez que as críticas senequianas não atingem exatamente as teses sobre as paixões expostas nas obras remanescentes do estagirita, mas contrapõem-se a uma teorização certamente posterior, influenciada sobretudo por Teofrasto, também citado no diálogo, cujo teor indica uma posição mais amplamente favorável à manifestação da ira.[65]

Quanto à relação com a doutrina dos primeiros estoicos, sabe-se que Crisipo, terceiro escolarca, não escreveu obra específica sobre a ira, mas tratou amplamente dela em sua obra *Perì pathôn* [*Sobre as paixões*], da qual restam fragmentos. Há notícia de que essa obra constava de três livros teóricos [*tà logiká*] e um prático [*tò therapeutikón*], em que se propunham remédios para as paixões.[66] Apesar de o nome de Crisipo não vir mencionado por Sêneca em *Sobre a ira*, a constatação de várias concordâncias com o que se conhece da obra grega permite supor que esta tenha servido como fonte para o diálogo senequiano, seja direta ou indiretamente.

Na obra *Discussões tusculanas*, organizada em cinco livros, Cícero examina os pontos de vista de várias doutrinas sobre a natureza das emoções humanas e o modo de lidar com elas. A exposição sobre a ira concentra-se particularmente no quarto livro.[67] Cícero utiliza fontes gregas, hoje perdidas, das quais também Sêneca deve ter se servido. Mesmo admitindo que este último teve conhecimento direto da obra de Cícero, considera-se improvável, porém, que as *Tusculanas* tenham sido utilizadas por ele como principal referência, em vista sobretudo da tradução diferente de termos gregos e do caráter complementar da obra de Sêneca em relação à de Cícero.[68] O aspecto mais notável da abordagem de Cícero é sua defesa de uma completa abstenção da ira e de todas as outras emoções exacerbadas, muito embora ele nunca tenha sido um adepto da doutrina dos estoicos.[69]

Especula-se que uma das fontes mais prováveis para a parte teórica de *Sobre a ira*, exposta no livro I, poderia ter sido um tratado do estoico Antípatro de Tarso, intitulado *Perì orgês* [*Sobre a ira*], hoje perdido.[70] Para a segunda parte do diálogo (a partir de II, 18), as fontes seriam mais próximas a Sêneca, a partir do estoicismo médio romanizado e voltado para a prática terapêutica.[71] Assim, para o livro II, aventa-se a possibilidade de que tenha sido fonte um tratado composto por Posidônio, atualmente perdido e igualmente intitulado *Perì orgês*; para o livro III, uma obra também de mesmo título, escrita por Sótion, da qual restaram seis fragmentos.[72] Não obstante, é importante ter em vista que a independência de Sêneca em relação à doutrina e aos expoentes de sua própria escola é um fato indicado pelo próprio autor, por exemplo, na seguinte passagem das *Epístolas a Lucílio*, 33, 10-11:[73]

> *Adice nunc quod isti qui numquam tutelae suae fiunt primum in ea re sequuntur priores in qua nemo non a priore descivit; deinde in ea re sequuntur quae adhuc quaeritur. Numquam autem invenietur, si contenti fuerimus inventis. Praeterea qui alium sequitur nihil invenit, immo nec quae-*

rit. Quid ergo? non ibo per priorum vestigia? ego vero utar via vetere, sed si propiorem planioremque invenero, hanc muniam. Qui ante nos ista moverunt non domini nostri sed duces sunt. Patet omnibus veritas; nondum est occupata; multum ex illa etiam futuris relictum est.

[Acrescenta então que esses que nunca se tornam emancipados seguem, de um lado, os antigos numa matéria em que ninguém deixou de se apartar de um antecessor; seguem-nos, de outro, numa matéria que ainda está sendo investigada. Nunca, porém, se descobrirá nada se ficarmos contentes com as coisas já descobertas. Além disso, quem segue outro nada descobre, a rigor nem faz sua busca. Como, então? Não irei pelos rastros dos antecessores? Sim, eu me servirei de um velho caminho, mas se descobrir um mais curto e mais plano, eu o abrirei. Os que antes de nós abordaram esses temas não são nossos senhores, mas nossos guias. A verdade está aberta a todos; ainda não se tornou posse exclusiva. Muito dela se deixou também para as gerações futuras.]

Por fim, quanto à independência da doutrina exposta por Sêneca, Griffin (1976, p. 169) aponta o fato das oscilações que ela apresenta em comparação com o que aparece exposto no tratado *Sobre a clemência*:

In De ira, *Seneca had accepted the idea of destroying a family dangerous to the state (1, 19, 2) or of killing a man as an exemplum (1, 6, 4). Now [in* De clementia] *he argues that* seueritas *is not the best means of discouraging crime since constant revelations of crime make people regard it more lightly. Men are more obedient to a mild ruler (1, 22-24). The development of Seneca's ideas between the composition of* De ira *and that of* De clementia *is the strongest argument for the developed doctrine being an invention of Seneca himself.*

[Em *Sobre a ira*, Sêneca aceitou a ideia de aniquilar uma

família danosa para o Estado (I, 19, 2) ou de matar um homem para servir como exemplo (I, 6, 4). Agora (em *Sobre a clemência*) ele argumenta que a *seueritas* não é o melhor meio de desencorajar um crime, uma vez que constantes revelações de crimes fazem as pessoas considerá-los mais leves. Os homens são mais obedientes a um governante compassivo (I, 22-24). O desenvolvimento das ideias de Sêneca entre a composição de *Sobre a ira* e a de *Sobre a clemência* é o argumento mais forte para que a doutrina desenvolvida seja uma invenção do próprio Sêneca.]

A TEORIA SOBRE A MANIFESTAÇÃO DA IRA

Sêneca sustenta absoluta oposição à ira, estabelecida já no início do diálogo pela refutação de teses aristotélicas favoráveis a uma manifestação moderada das paixões em geral.[74] A argumentação de Sêneca insere-se no contexto de uma longa polêmica entre filósofos estoicos e peripatéticos sobre a natureza e finalidade das paixões no homem, conforme referido na seguinte passagem da epístola 116, a qual visa também aos epicuristas, embora sem os nomear:

> *Utrum satius sit modicos habere adfectus an nullos saepe quaesitum est. Nostri illos expellunt, Peripatetici temperant. Ego non video quomodo salubris esse aut utilis possit ulla mediocritas morbi. Noli timere: nihil eorum quae tibi non vis negari eripio. Facilem me indulgentemque praebebo rebus ad quas tendis et quas aut necessarias vitae aut utiles aut iucundas putas: detraham vitium. Nam cum tibi cupere interdixero, velle permittam, ut eadem illa intrepidus facias, ut certiore consilio, ut voluptates ipsas magis sentias: quidni ad te magis perventurae sint si illis imperabis quam si servies? "Sed naturale est" inquis "ut desiderio amici torquear: da ius lacrimis tam iuste cadentibus. Naturale est opinionibus hominum tangi et adversis contristari: quare mihi non*

*permittas hunc tam honestum malae opinionis metum?"
Nullum est vitium sine patrocinio; nulli non initium verecundum est et exorabile, sed ab hoc latius funditur. Non obtinebis ut desinat si incipere permiseris. Inbecillus est primo omnis adfectus; deinde ipse se concitat et vires dum procedit parat: excluditur facilius quam expellitur.*

[Com frequência tem-se discutido se é melhor ter paixões moderadas ou não ter nenhuma. Os nossos (os estoicos) as rejeitam; os peripatéticos moderam-nas. Eu não vejo como pode ser saudável ou útil uma doença mediana. Não temas; não estou retirando de ti nada daquilo de que não queres ver--te privado. Vou me mostrar flexível e indulgente em relação aos estados aos quais te inclinas e que julgas como necessários à vida ou úteis ou prazerosos; irei suprimir-te o vício. De fato, mesmo proibindo-te ter desejo, permitirei que tenhas vontade para que empreendas sem receio as mesmas ações, para que o faças com decisão mais firme, para que sintas melhor esses teus prazeres; por que eles não chegarão a ti mais intensos se os dominares em vez de escravizar-te a eles? "Mas é natural", dizes, "que eu sofra pela falta de um amigo; dá-me direito a lágrimas tão justamente derramadas. É natural ser afetado pelas opiniões das pessoas e entristecer-se com os infortúnios; por que não me permitirias esse medo tão honorável da má fama?" Não há vício sem uma defesa. Não há nenhum que não tenha um início respeitável e tocante, mas a partir disso ele se expande. Não conseguirás que ele termine se permitires que comece. Toda paixão é débil no princípio; depois, ela própria se incita e ganha forças enquanto avança. É mais fácil barrar-lhe o acesso do que expulsá-la.]

Epístola 116, 1-3

Os peripatéticos negavam a possibilidade de suprimir da alma as paixões, de modo que a condição do sábio estoico seria para eles um ideal irrealizável.[75] Defendiam que tanto a ira como as demais paixões não eram em si nem boas nem más, mas um sentimento natural, legítimo e até útil, que não era nem mesmo desejável eliminar completamente, sendo preciso apenas moderá-lo por meio da razão. Desse modo, segundo eles, somente quando saem do controle da razão e infringem a justa medida, as paixões se convertem em um mal. Caberia então à razão julgar a oportunidade da manifestação passional, sua intensidade, frequência, bem como a legitimidade dos motivos que a despertam.

No primeiro livro do diálogo sobre a ira, dominam o intelectualismo do antigo estoicismo e a convicção de que só se deve levar em conta uma terapêutica racional e preventiva.[76] No segundo livro, Sêneca não nomeia seus adversários, mas, conforme propõe Fillion-Lahille, eles são os epicuristas e não mais os peripatéticos.[77]

Os epicuristas distinguiam duas formas de manifestação das paixões, entendidas como tipos de desejo: uma forma natural e uma forma vã ou artificial.[78] A primeira, por ser um imperativo natural, seria fonte de prazer e não comprometeria a ataraxia, isto é, a tranquilidade da alma, sendo, portanto, um bem; a outra, por depender de uma falsa opinião e por não conhecer limites, seria um sentimento nocivo para a alma e uma causa de dor, o que a torna um mal.[79] Daí haveria, por exemplo, uma forma natural da ira, tida como boa, inerente à natureza humana, inevitável e possível de manifestar-se até mesmo no sábio, e uma forma vazia, sem fundamento, considerada uma paixão mais violenta e mais durável, sendo, por isso, condenável. Para Epicuro, o mal adviria do desconhecimento do limite entre uma e outra forma, cujo reconhecimento exige o concurso da razão.[80] Assim, pode-se dizer, grosso modo, que as doutrinas peripatética e epicurista compartilhavam o princípio fundamental de que a ira é um fenômeno natural, espontâneo, sendo preciso não suprimi-la, como propuseram os estoicos, mas controlá-la pela via da razão.[81]

Após contrapor-se às doutrinas peripatética e epicurista sobre as paixões, Sêneca expõe uma teoria sobre o processo psicológico de geração e manifestação das paixões, em particular da ira.[82] A origem dessa teorização no antigo estoicismo costuma ser contestada, sendo possível que ela tenha sido desenvolvida no estoicismo romano e que a versão apresentada por Sêneca contenha adaptações introduzidas por ele próprio.[83]

O ponto central é que as paixões teriam início por escolha ou julgamento [*iudicio*], e não a partir de um movimento de alma involuntário, irracional, gerado por um estímulo exterior. Assim, no caso da ira, sua manifestação dependeria de um assentimento da alma à ideia de uma injúria recebida [*species iniuriae*], conforme se lê na seguinte passagem:[84]

> *Ergo prima illa agitatio animi, quam species iniuriae incussit, non magis ira est quam ipsa iniuriae species; ille sequens impetus, qui speciem iniuriae non tantum accepit sed adprobauit, ira est, concitatio animi ad ultionem uoluntate et iudicio pergentis.*

> [Portanto, aquele primeiro abalo da alma, que a ideia de injúria incutiu, não é ira tanto quanto não o é a própria ideia de injúria. Aquele impulso seguinte, que não apenas recebeu a ideia de injúria, mas a aprovou, é ira, concitação da alma que procede à vingança por vontade e discernimento.]
>
> Sobre a ira II, 3, 5

Segundo Bréhier,[85] deve-se a Crisipo a proposição de que entre a opinião ou o julgamento errôneo [*dóxa*], concernente a um bem ou a um mal, e o impulso reativo da paixão referente àquela primeira ideia ou representação viria intercalado outro julgamento [*krísis*], sobre a conveniência de a alma agitar-se em função da representação inicial de um bem ou um mal. Esse segundo julgamento consiste em um assentimento de que a alma assuma determinado estado, sucedendo, por fim, a expressão da emoção. Sêneca resume a sequência desse processo em uma passagem da epístola 113 a Lucílio:

> *Omne rationale animal nihil agit nisi primum specie alicuius rei inritatum est, deinde impetum cepit, deinde adsensio confirmavit hunc impetum. Quid sit adsensio dicam. Oportet me ambulare: tunc demum ambulo cum hoc mihi dixi et adprobavi hanc opinionem meam.*

[Todo animal racional não faz nada sem ter sido incitado, primeiro, pela representação de alguma coisa; depois, sofre um impulso e, depois, um assentimento confirma esse impulso. Vou dizer o que seria esse assentimento: devo caminhar, então caminho apenas quando disse isso para mim e aprovei essa ideia.]

Epístola 113, 18[86]

Esse primeiro impulso assemelha-se àquele que move também os animais irracionais, referido no primeiro livro (*Sobre a ira* I, 3, 7). No entanto, parece haver uma diferença na qualidade da representação [*specie*], uma vez que a faculdade diretora dos irracionais seria pouco sutil: "[A faculdade diretora] capta, portanto, aparências e imagens das coisas pelas quais venha a ser induzida ao ataque, mas essas são turvas e difusas".[87]

Ao tratar da ira humana, Sêneca expõe uma análise mais detalhada desse processo. Distinguem-se três movimentos da alma que antecedem a manifestação da paixão. O primeiro abrange duas fases: conforme indicado no excerto anterior, forma-se uma opinião [*opinio*] ou representação sobre um evento tido como injurioso [*species iniuriae*], a qual gera um primeiro impulso involuntário [*primus motus non uoluntarius*]. O segundo movimento nasce de um julgamento, que aprova a necessidade de vingar-se, associado à vontade de punição [*iudicium et uoluntas*].[88] Tal impulso distingue-se, portanto, daquele primeiro por ser voluntário e é comparativamente complexo por implicar várias operações de julgamento por parte da alma.[89] Por fim, o terceiro movimento é aquele em que se dá a irrupção exterior da ira. A alma, portanto, experimenta o acréscimo sucessivo dos estados referentes aos três movimentos até instaurar-se o quadro de irrupção da ira. No diálogo, tal processo vem descrito no seguinte trecho:

> *Et ut scias quemadmodum incipiant adfectus aut crescant aut efferantur, est primus motus non uoluntarius, quasi praeparatio adfectus et quaedam comminatio; alter cum uoluntate non contumaci, tamquam oporteat me uindicari, cum laesus sim, aut oporteat hunc poenas dare, cum scelus fecerit; tertius motus est iam inpotens, qui non si oportet ulcisci uult, sed utique, qui rationem euicit. Primum illum animi ictum effugere ratione non possumus, sicut ne illa quidem quae diximus accidere corporibus, ne nos oscitatio aliena sollicitet, ne oculi ad intentationem subitam digitorum comprimantur: ista non potest ratio uincere, consuetudo fortasse et adsidua obseruatio extenuat. Alter ille motus, qui iudicio nascitur, iudicio tollitur.*

[E para saberes como têm início as paixões, ou crescem ou se exacerbam, há um primeiro movimento involuntário, como uma preparação da paixão e uma certa ameaça; um outro, com uma vontade não contumaz, como se fosse preciso eu me vingar, já que fui ofendido, ou fosse preciso castigar esta pessoa, já que cometeu um delito. Um terceiro movimento é já incontrolado: ele não quer se vingar se for necessário, mas sim de qualquer maneira; ele derrota a razão. Aquele primeiro impacto na alma não podemos evitar pela razão, como sequer aquelas sensações que dissemos acontecer aos nossos corpos: que o bocejo alheio não estimule o nosso, que os olhos não se fechem ante a súbita aproximação dos dedos. Essas coisas não pode a razão vencer, o hábito, talvez, e a assídua observação as atenuam. Aquele segundo movimento, que nasce de um juízo, é eliminado por um juízo.]

Sobre a ira II, 4, 1-2

Sêneca concede que mesmo o sábio estoico poderia sentir o primeiro impulso que leva à ira, mas a partir daí prevaleceria, no caso dele, a ação da razão, tolhendo a manifestação passional da qual, portanto, o sábio estaria isento (I, 16, 7). Não é possível para o sábio ser tomado de ira, senão ele não poderia permanecer no estado de tranquilidade de alma [*tranquilitas animi*] que caracteriza sua condição (II, 6-10).

SOBRE A ORGANIZAÇÃO
E A ESTRUTURA DOS DIÁLOGOS

A falta de uma ordenação clara e de um desenvolvimento logicamente coerente nos diálogos senequianos são aspectos com frequência discutidos por estudiosos que buscam nesses textos um esquema estrutural subjacente, sobre o qual estaria apoiada sua composição.[90] Um fator que deve ser levado em conta ao se considerar essa questão é o formato epistolar adotado por Sêneca nos diálogos, no qual não só se admite certo grau de flexibilidade no modo de ordenar a exposição dos tópicos, como também se procura não explicitar as articulações das partes e dos tópicos, de modo que esse procedimento contribua para o efeito de improviso e espontaneidade apropriado ao caráter coloquial da prosa filosófica.[91]

Porém, no caso de *Sobre a ira*, é bastante evidente uma divisão temática em duas partes, sendo a primeira dedicada a aspectos teóricos e a outra a expedientes terapêuticos. O desenvolvimento desta última concentra-se em dois objetivos: mostrar como evitar a ira e, estando já irado, como evitar ações danosas. Esses tópicos, porém, não são discutidos rigorosamente nessa ordem, havendo antecipações e retomadas: por exemplo, conforme observa Harris, no livro II, capítulo 29, 1, discute-se o que fazer quando já se está sob o domínio da ira; mais adiante, em III, 5, 2, fala-se sobre como evitar a ira inicial.[92]

Apresenta-se, a seguir, o conspecto geral dos tópicos

abordados no diálogo *Sobre a ira*, destacando-se as principais articulações de sua estrutura:[93]

LIVRO I

Capítulos 1-2: preâmbulo que caracteriza a ira como uma *breuis insania*;

Capítulos 2-3: início da exposição teórica, com observações sobre a natureza e a legitimidade da ira;

Capítulo 5 até o fim do livro I: sustenta-se, contra os peripatéticos, que a ira é um mal em si, não é natural nem inevitável, sendo necessário não apenas moderá-la, mas extirpá-la. A refutação das teses aristotélicas é anunciada com a seguinte divisão: "Agora investiguemos se a ira está em conformidade com a natureza, se ela é útil e se deve ser conservada em alguma medida" (5, 1). A discussão do tópico *an ira secundum naturam sit* se dá entre os capítulos 5, 2 e 6, 5. Os outros dois tópicos contidos na divisão — "se [a ira é] útil e se deve ser conservada em alguma medida" — são refutados em ordem inversa: primeiramente, do capítulo 7, 2 ao fim do 8, refuta-se a tese favorável à mera contenção da ira — "alguns acham que o melhor é moderar a ira, não suprimi-la" (7, 1) —; em seguida, do capítulo 9, 1 até o fim do livro I, defende-se que a ira "nada tem de útil em si".

LIVRO II

Capítulo 1, 1-2: preâmbulo que anuncia a discussão sobre se a manifestação da ira é instintiva e inconsciente ou refletida e intencional;

Capítulos 1, 3, 2-5: descrição do processo de manifestação da ira; distinção entre, de um lado, a ira e, de outro, impulsos instintivos incontroláveis e perversidade inveterada;

Capítulos 6-17: retomada da refutação das teses aristotélicas sobre a ira;[94]

Capítulo 18 até o fim do livro II: principal articulação de todo o diálogo, na qual a exposição teórica cede lugar a considerações sobre a prática terapêutica. A transição é assinalada na frase "Visto que tratamos das questões em torno da ira, passemos a seus remédios" (18, 1). Expõem-se, primeiramente, preceitos terapêuticos "para não cair na ira", portanto, para quando o mal ainda não estiver instalado na alma (II, 18, 2 ao II, 36); depois, expõem-se preceitos "para, já nela, não errar", ou seja, para depois que o mal já estiver instalado na alma (III, 5, 3 ao III, 40). A exposição dos preceitos relativos aos remédios apresenta divisão em duas partes: profiláctica (livro II) e terapêutica (livro III);

Capítulos 18, 2, 19-21, 11: preceitos preventivos relativos à infância;

Capítulos 22, 1, 23-36, 6: preceitos preventivos relativos à idade adulta.

LIVRO III

Capítulos 1-5, 2: preâmbulo, com anúncio da seguinte divisão: "direi, de início, (a) como não incidimos na ira, depois, (b) como nos liberamos dela, finalmente, (c) como moderamos o irado e o aplacamos e reconduzimos à sanidade".

Capítulos 5, 3, 6-13: (a) como não incidimos na ira;

Capítulo 13: (b) como nos liberamos da ira;

Capítulos 14-25: longo exemplário de casos a imitar e a evitar, tomado a historiadores gregos e romanos;

Capítulos 26-38: longa digressão, com algumas retomadas de tópicos já tratados;

Capítulos 39-40: (c) como moderamos o irado; preceitos sobre a atitude colérica dos outros;

Capítulos 41-43: epílogo — o diálogo termina com uma peroração apoiada no tema da mortalidade (III, 42-43), e não, como talvez fosse mais previsível, com um panorama dos tópicos expostos no decorrer da obra sobre a natureza da ira ou sobre as precauções a serem tomadas contra ela.

A comparação dos dois diálogos, a despeito de opiniões em contrário, permite notar a presença de um mesmo modelo estrutural na composição de cada uma das seções principais, com uma divisão em três partes: preâmbulo, desenvolvimento e epílogo. Certamente por ser uma obra bem mais compacta que o diálogo sobre a ira, tendo menos de um quinto de sua extensão, *Sobre a tranquilidade da alma* apresenta uma organização comparativamente bastante esquemática, como se pode constatar a seguir, no quadro sinóptico dos tópicos temáticos e das principais articulações desse diálogo:

CAPÍTULO 1: fala de Sereno

1, 1-4: preâmbulo: dilema sobre o estado de instabilidade do equilíbrio da alma (imagem do paciente diante do médico); segue-se a descrição dos sintomas de um estado de oscilação da alma relativos a:

1, 5-9: bens e prazeres [*patrimonia et uoluptates*]: hesitação diante do desejo de bens e de prazeres sensórios;

1, 10-12: atividades [*negotia*]: alternância entre desejo de atuação social e de inação e recolhimento aos estudos;

1, 13-14: ócio [*studia*]: dilema ético e estético relativo à prosa filosófica, em que se contrapõem, de um lado, a adesão a um estilo simples e, de outro, uma prática discursiva que avança incontrolavelmente para o estilo sublime;

1, 15-17: epílogo com retomada dos tópicos do preâmbulo.

Logo após a fala de Sereno, o conteúdo e o plano geral da fala de Sêneca são indicados no início do segundo capítulo:

Ergo quaerimus, quomodo animus semper aequali secundoque cursu eat propitiusque sibi sit et sua laetus aspiciat et hoc gaudium non interrumpat, sed placido statu maneat nec attollens se umquam nec deprimens: id tranquillitas erit. Quomodo ad hanc peruenri possit, in uniuersum quaeramus: sumes tu ex publico remedio quantum uoles. Totum interim uitium in medium protrahendum est, ex quo agnoscet quisque partem suam.

[Portanto, indagamos como a alma possa sempre se encaminhar num curso equilibrado, seja propícia para si, olhe alegre para sua condição e não interrompa esse contentamento, mas permaneça num estado plácido, sem jamais exaltar-se ou deprimir-se: isso será a tranquilidade. Indaguemos de maneira geral como se poderia chegar a ela: desse remédio de uso comum tu tomarás quanto quiseres. Por enquanto, é preciso expor abertamente o vício, diante do qual cada um reconhecerá a sua parte.]

Sobre a tranquilidade da alma 2, 4-5

Ao serem desenvolvidos, os dois pontos assinalados serão abordados na ordem inversa a que foram anunciados, primeiro a descrição do vício e depois a exposição sobre como atingir o estado de permanente tranquilidade, conforme o seguinte conspecto dos tópicos:

CAPÍTULOS 2-17: fala de Sêneca
2, 1-5: preâmbulo: avaliação dos sintomas descritos por Sereno, definição do estado de cura [*tranquilitas*] e indagação sobre os meios de alcançá-lo;
2, 6-15: descrição completa das características da doença [*totum uitium in medium protrahendum*]; sintomas relativos às atividades, ao ócio e à busca dos prazeres;
3: a partir deste ponto, considerações sobre os remédios e meios de tratamento relativos a cada grupo de sintomas apontados por Sereno;
3-7: preceitos sobre atividades e sobre o ócio [*negotia* × *otium*]:
3-5: (a) atividades sociais e políticas;
6, 2: (b) avaliação de si [*se ipsum aestimare*];
6, 3: avaliação da atividade a ser exercida [*aestimanda quae adgredimur*];
7: (c) avaliação dos outros por causa de quem ou com quem se atua [*eos quorum causa aut cum quibus*];
8-9: preceitos sobre o patrimônio [*transeamus ad patrimonia*];

10-11: vicissitudes da fortuna;

12-13: preceitos sobre fontes de inquietações oriundas de circunstâncias pessoais [*priuatae tristitiae causas*] tendo em vista as vicissitudes da fortuna: falsos desejos relativos a bens e honrarias, atividades públicas e privadas;

15-16: preceitos sobre fontes de inquietações oriundas de circunstâncias externas;

17, 1-11: preceitos sobre o relacionamento entre o indivíduo e o meio social;

17, 12: epílogo.

Notas

1   Salvo indicação em contrário, a tradução das citações apresentadas nesta Introdução e nas Notas ao texto é do próprio autor.

2   Consideram-se legítimas as peças *Agamêmnon*, *Édipo*, *Fedra*, *Hércules louco*, *Troianas*, *Medeia*, *Tiestes* e *Fenícias*; as outras duas, *Hércules Eteu* e *Otávia*, são, portanto, de autoria até o momento desconhecida. Esse corpus contém as únicas peças completas que restaram de toda a dramaturgia latina.

3   O título dessa sátira é uma expressão jocosa, alusiva ao vocábulo "metamorfose", que serve de nome ao famoso poema épico de Ovídio, e poderia ser traduzida por "aboborificação", significando a transformação do recém-falecido imperador Cláudio em uma abóbora [gr. *kolokýnte*].

4   As *Epístolas morais a Lucílio* foram transmitidas em vinte livros, contendo 124 cartas. Provavelmente no século IV d.C. perderam-se os últimos livros dessa obra, a qual se estima que originalmente continha um total de 140 a 150 cartas (Veyne, 1993, p. 1094). Entre os diálogos supérstites, o *Sobre o ócio* chegou até nós em estado fragmentário. Das obras tradicionalmente classificadas como tratados filosóficos sobreviveram apenas três: *Sobre a clemência*, em dois livros (eram três no original), *Sobre os*

benefícios, com sete livros, e *Questões sobre a natureza*, contendo oito livros. Das demais obras em prosa ou há somente notícia de títulos ou restaram escassos fragmentos: nas *Questões sobre a natureza* (VI, 4, 2), Sêneca dá notícia de um tratado seu sobre terremotos: *"aliquando de motu terrarum uolumen iuuenis ediderim"* [certa vez, quando jovem, publiquei um livro sobre terremotos]. Constam como suas também as seguintes obras: *De vita patris* [A vida de meu pai], *De matrimonio* [Sobre o matrimônio], *De situ Indiae* [Sobre a Índia], *De situ et sacris Aegyptiorum* [Sobre o Egito e seus rituais sagrados], *De lapidum natura* [Sobre a natureza das pedras], *De piscium natura* [Sobre a natureza dos peixes]; da obra poética restam também alguns epigramas atribuíveis ao autor.

5   Referido pela sigla "A", esse códice está conservado na Biblioteca Ambrosiana, em Milão. A história da transmissão textual é tratada por L. D. Reynolds no artigo "The Medieval Tradition of Seneca's Dialogues" (*Classical Quarterly*, v. 18, n. 2, pp. 355-72, 1968). É interessante ressaltar, até para justificar o formato do texto da tradução aqui apresentado, que a divisão das obras em prosa em capítulos e parágrafos nunca existiu na Antiguidade e não figura nos manuscritos, mas foi introduzida por editores renascentistas a partir da metade do século XV. Segundo G. Cupaiuolo (1975, p. 78, nota 1), no caso das obras senequianas, tais divisões se difundiram só a partir do fim do século XVIII e foram sendo aprimoradas na medida em que se ampliou a compreensão de particularidades no modo de o autor articular o pensamento.

6   Sobre essa questão, um dos trabalhos mais aprofundados continua sendo o de M. Griffin (1976, *Appendices*, pp. 395--411), que propõe a seguinte cronologia: I) época de Calígula (37-41 d.C.): *Consolação a Márcia*; II) época de Cláudio (41-54): *Consolação a Políbio*, *Consolação a Hélvia* e *Sobre a ira*; III) época de Cláudio ou de Nero: *Sobre a brevidade da vida* (entre 48 e 55), *Sobre a constância do sábio* (posterior a 47), *Sobre a tranquilidade da alma* e *Sobre o ócio* (posteriores ao *Sobre a constância do sábio*); IV) época de

Nero (até 62): *Sobre a vida feliz*. Por fim, a datação de *Sobre a providência* seria, segundo a autora, indeterminável.

7   A possibilidade de uma datação mais recuada para esse diálogo é debatida desde os primeiros editores e foi registrada na edição de M. N. Bouillet (1827). No *Argumentum*, referente ao livro I de *Sobre a ira*, Bouillet sustenta que essa obra "parece estar entre os primeiros livros de Sêneca sobre filosofia" e alega o seguinte: "*Suspicamur ex verbis Senecae, lib.* III, *cap.* XVIII, *modo C. Caesar Sex. Papinium, cui pater erat consularis, Belienum Bassum, quaestorem suum, flagellis cecidit. Ait, modo: Jam nunc recenti facto. Immo ipso Caligula vivo, e cap. sequenti: Quod tantopere admiraris, isti belluae quotidianum est: ad hoc vivit, ad hoc vigilat, ad hoc locubrat. Sane haec omnia de homine qui est, non fuit. Scripsit tunc igitur: sed non edidit (melior illi mens), etsi statim opinor ab ejus morte*" [Suspeitamos com base nas palavras de Sêneca, livro III, capítulo 18: "Há pouco Caio César em um só dia golpeou com açoitadas Sexto Papínio, cujo pai fora cônsul, Betilieno Basso, seu próprio questor". Ele diz "há pouco", daí, sendo um fato então recente. Ou mesmo estando vivo o próprio Calígula, com base no capítulo subsequente: "Aquilo que te causa tanta admiração é, para essa fera, algo cotidiano; para isso vive, para isso vela, para isso lucubra". Certamente são todas palavras sobre um homem que existe, não que existiu. Portanto, ele escreveu nesse momento, mas não publicou (teve plano melhor), embora eu seja da opinião de que (o fez) logo após a morte daquele].

8   O argumento favorável à posterioridade da composição do livro III, ou mesmo a hipótese de que teria sido escrito para substituir o livro II, apoiou-se no fato de que nele apenas se repassam questões já tratadas nos dois primeiros livros. Essas hipóteses são refutadas por J. Fillion-Lahille (1984, pp. 274 ss.), que defende que os três livros se mostram perfeitamente integrados, num plano que refletiria o teor das fontes utilizadas para cada livro e que resultaria numa síntese panorâmica da evolução do pensamento estoico, desde Crisipo (estoicismo antigo), passando por Posidônio (estoicismo médio) até o estoicismo romano da época imperial.

9   Vejam-se as seguintes passagens: livro I, 20, 8; livro II, 33, 3-6; livro III, 18, 3-19, 5.

10 O antigo senador Lúcio Júnio Galião, orador muito amigo e provavelmente conterrâneo de Sêneca, o Velho (*Controvérsias* X, Prefácio, 13 e passim; *Suasórias* III, 6, 7), adotou Novato em seu testamento, o qual passou a se chamar Lúcio Júnio Galião Anaeano. Na classe senatorial eram comuns adoções desse tipo, entre outros motivos, para constituir um herdeiro.

11 M. Griffin (1976, p. 304; "Appendices", p. 396) e G. Cupaiuolo (1975, pp. 35-7) defendem uma data próxima a 52 d.C. Em síntese, eis algumas posições sustentadas sobre essa questão: P. Grimal (1975, p. 60) defendeu a hipótese de que Sêneca tenha publicado *Sobre a ira* em 41, no início do principado de Cláudio e antes do exílio, "essencialmente, sob a aparência de uma obra de direção moral, um tratado político, um tratado da realeza 'sem cólera'". Portanto, teria sido um meio pelo qual Sêneca teria tentado influenciar a conduta do novo príncipe, pela contraposição com a figura de seu antecessor, Calígula, "o tirano que fazia da cólera um método de governo". Tal finalidade seria evidenciada pelas frequentes referências feitas a este último no diálogo. J. Fillion-Lahille (1984, pp. 274 ss.; p. 335, nota 11) defendeu para a publicação o ano de 41, após o édito de Cláudio, logo no início de seu principado, pelo qual ele se comprometia a restringir seus próprios acessos de ira. Já para G. Cupaiuolo (1975, pp. 33-4) a emissão do édito, cuja data não é segura, teria sido posterior à publicação de *Sobre a ira*, tendo sido provocada por ele. Andrea Giardina (2000, p. 76), na mesma linha de Grimal, também defende a data de 41, sugerindo para *Sobre a ira* um propósito análogo ao de *Sobre a clemência*, dirigido a Nero no início de seu principado para exortar a atitude clemente como marca do novo mandatário.

12 Cf. J. Fillion-Lahille (1984, p. 279).

13 Para P. Grimal (1975, pp. 60-1), a dedicatória a Novato não é uma homenagem acidental, mas teria sido motivada

pelo fato de que ele estaria iniciando uma carreira política. Sêneca estaria aconselhando o irmão, tal como Cícero o fez em relação ao irmão Quinto, por ocasião de seu proconsulado da Ásia (cf. epístola *ad Q. fratrem* I, 37). Além de procônsul da Acaia entre 51 e 52, no ano seguinte Novato, ou Galião, foi cônsul sufeto. Ele se suicidou em 66, um ano depois da morte de Sêneca.

14 Lúcio Aneu Novato figura também como destinatário do diálogo *Sobre a vida feliz*, sendo que, ali, ele já aparece nomeado como Galião. Em relação a Cícero, que em alguns diálogos colocou em cena personagens de um passado distante e, em outros, personagens contemporâneos, seguindo um modelo aristotélico (cf. Lima, 2009, p. 214), os dedicatários de Sêneca, em conformidade com o formato epistolar uniformemente adotado — do qual Cícero já havia dado exemplo em *Sobre os deveres* [*De officiis*], dirigido a seu filho Marco —, são exclusivamente amigos íntimos ou membros de sua família.

15 Conforme observa J. Fairweather (1981, p. 27): "*To claim that one was writing at the request of some person was, like the epistolary greeting, a standard convention among ancient writers of prefaces to works whose utility needed to be emphasized*" [A alegação de que se escreveu a pedido de alguma pessoa era, tal como a saudação epistolar, uma convenção padronizada entre os autores antigos em prefácios de obras cuja utilidade necessitava ser enfatizada]. Na opinião de M. Griffin (1976, p. 319, nota 5), Novato figura como mero dedicatário, não sendo dirigidas diretamente a ele a predicação contra a ira e as exortações para evitá-la. Em alguns casos, segundo Griffin, é possível suspeitar de que a escolha dos destinatários era determinada pela conveniência de seu nome, conforme sugere a autora, ao interrogar sobre a quem poderia ser mais adequado dedicar *Sobre os benefícios* do que a Liberal, ou *Sobre a tranquilidade da alma* do que a Sereno.

16 Sêneca, *Questões sobre a natureza* IV, Prefácio, 10-2.

17 O caso aparece referido em *Atos dos apóstolos* 18,12-6. Também o poeta Estácio (c. 45-95) dá testemunho da docilidade de Novato: *"hoc plus quam Senecam dedisse mundo/ aut dulcem generasse Gallionem"* [mais do que ter dado Sêneca ao mundo/ ou ter gerado o afável Galião] (Estácio, *Silvas* II, 7, 31-2). Sobre a questão do destinatário de *Sobre a ira*, vale também transcrever o comentário de Bouillet (1827) em nota: *"Aptissime ad eum missi sunt isti* De ira *libri, quum mansuetudine et modestia commendatissimus fuerit; quod vel ex his intelligas quae, quum in Achaia proconsul esset, Judaeis dixit qui ante illius tribunal D. Paullum, tunc Corinthi agentem, superstitionis novae reum duxerant. 'Si quidem esset iniquum aliquid, aut facinus pessimum, o viri Judaei, recte vos sustinerem: Si vero quaestiones sunt de verbo, et nominibus, et lege vestra, vos ipsi videritis: judex ego horum nolo esse'"* [Muito apropriadamente foram a ele endereçados esses livros sobre a ira, dado que ele foi muito estimado por sua mansidão e comedimento, o que, além do mais, podes perceber por essas palavras que ele, quando era procônsul na Acaia, disse aos judeus que diante de seu tribunal acusaram Paulo, que então vivia em Corinto, como réu de um novo tipo de culto: "Se de fato houvesse aí alguma injustiça ou ato perverso, ó judeus, eu vos defenderia conforme a lei; se, porém, vossas demandas são sobre uma palavra, sobre nomes e sobre vossa lei, vós mesmos vereis isso; eu não quero julgar tais coisas"].

18 Em *Sobre a tranquilidade da alma*, Sereno aparece como um estoico, ao passo que ele é um epicurista no diálogo *Sobre a constância do sábio*, conforme indicado, por exemplo, em duas passagens deste último; na primeira, quem fala é o próprio Sereno; na outra, Sêneca em referência a Sereno: *"si negas accepturum iniuriam, id est neminem illi temptaturum facere, omnibus relictis negotiis Stoicus fio"* [Se negas que ele (o sábio) receberá uma injúria, ou seja, que ninguém tentará fazer-lhe isso, abandono tudo e me torno um estoico] (3, 2); *"Epicurus, quem uos patronum inertiae uestrae adsumitis"* [Epicuro, a quem vós tomais como patrono de vossa inação] (15, 4).

19   Epístola 63, 14: *"Haec tibi scribo, is qui Annaeum Serenum carissimum mihi tam inmodice flevi [...] numquam cogitaveram mori eum ante me posse. Hoc unum mihi occurrebat, minorem esse et multo minorem — tamquam ordinem fata servarent!"* [Escrevo-te isso, eu que chorei meu caríssimo Aneu Sereno de forma tão descomedida, (...) nunca eu cogitara que ele pudesse morrer antes de mim. Só me ocorria isto: que ele era mais novo, e muito mais novo, como se o destino observasse alguma ordem lógica!].

20   Cf. J. G. F. Powell (Harrison, 2005, p. 232): *"As a medium for the presentation of philosophical or reflective material, Plato was not the only precedent for the use of dialogue, and Plato's dialogues themselves offered several different models to choose from. Xenophon's works had been familiar to Romans for some generations, Aristotle's lost dialogues were praised for their style, and a number of Hellenistic philosophers had also written in the form. Cicero himself varied his technique from one dialogue to another"* [Como um meio para a apresentação de material filosófico ou próprio para reflexão, não foi Platão o único precedente para o uso do diálogo, e mesmo os diálogos de Platão ofereciam vários modelos diferentes a serem escolhidos. As obras de Xenofonte eram já familiares aos romanos há algumas gerações, os diálogos perdidos de Aristóteles eram apreciados por seu estilo, e certo número de filósofos helenísticos tinha também escrito, utilizando essa forma. O próprio Cícero variou sua técnica de um diálogo para outro]. Igualmente, R. Martin e J. Gaillard (1990, pp. 224--5): *"Et l'amour de la uarietas, autant que la répugnance pour les exposés rigides où le goût littéraire ne trouvait point son dû, ont fait que le dialogue ne se fixa pas en une forme typique, unique et codifiée. Acceptons d'y voir un genre dont la richesse même est d'être polymorphe, problématique, inconstant"* [O amor pela *uarietas*, tanto quanto a rejeição de exposições rígidas, em que o gosto literário não encontrava a devida expressão, fizeram com que o diálogo não tenha se fixado em uma forma típica, única e codificada. Devemos aceitar ver nele um gênero cuja riqueza própria é ser polimórfico, problemático, inconstante].

21   Como resumem R. Martin e J. Gaillard (1990, p. 224), *"Tout enseignement peut s'exprimer par le dialogue [...]. Il serait plus juste de dire que le dialogue est un véhicule littéraire de la culture, même si l'origine du genre peut être liée particulièrement à la philosophie"* [Todo ensinamento pode ser expresso pelo diálogo (...). Seria mais justo dizer que o diálogo é um veículo literário da cultura, ainda que a origem do gênero possa estar ligada particularmente à filosofia].

22   Cf. G. Cupaiuolo (1975, p. 63, nota 9). Note-se, em particular, a referência à solicitação de um amigo indicada na abertura de *Sobre a ira* (1, 1): *"Exegisti a me, Nouate"* [Cobraste de mim, Novato]; ou de *Sobre a providência* (1, 1): *"Quaesisti a me, Lucili"* [Perguntaste-me, Lucílio]. Esse *locus* da solicitação do interlocutor também aparece em várias cartas, por exemplo na epístola 89, 2: *"Faciam ergo quod exigis et philosophiam in partes, non in frusta dividam"* [Farei, portanto, o que me pedes e dividirei a filosofia em partes, não em fragmentos]; e na epístola 95, 1: *"Petis a me ut id quod in diem suum dixeram debere differri repraesentem et scribam tibi an haec pars philosophiae quam Graeci paraeneticen vocant, nos praeceptivam dicimus, satis sit ad consummandam sapientiam"* [Pedes que eu retome aquilo que eu dissera que devia ser adiado para data oportuna e te escreva sobre se essa parte da filosofia, que os gregos chamam de parenética e nós denominamos preceptiva, é suficiente para alcançar plena sabedoria].

23   J. G. F. Powell, "Dialogues and Treatises" (Harrison, 2005, p. 234).

24   G. Mazzoli (2000, p. 252); cf. também G. Cupaiuolo (1975, p. 63, nota 9).

25   G. Cupaiuolo (1975, p. 62, nota 6): *"Alcune sono forme che non si riferiscono stricto sensu a Novato [...] la loro presenza è da imputare alla volontà di Seneca di usare un linguaggio familiare-colloquiale, anche quando riporta*

esempi storici o crea esempi fittizi" [Algumas são formas (da segunda pessoa do singular) que não se referem stricto sensu a Novato (...), sua presença deve ser atribuída à vontade de Sêneca de usar uma linguagem familiar-coloquial, mesmo quando ele reporta exemplos históricos ou cria exemplos fictícios].

26 Na edição de L. D. Reynolds (1977), o texto do diálogo *Sobre a providência*, endereçado ao mesmo Lucílio das epístolas, apresenta divisão em seis capítulos, com um total de 68 parágrafos, de modo que é o diálogo mais curto. Um pouco mais extenso é *Sobre a tranquilidade da alma*, em que a fala de Sêneca está dividida em dezesseis capítulos, com 122 parágrafos. Já *Sobre a ira*, o mais longo, tem no total cem capítulos e 384 parágrafos, e há ainda uma lacuna no primeiro livro. Na epístola 95, 3, Sêneca reconhece sua extensão inusual: "*Ego me omissa misericordia vindicabo et tibi ingentem epistulam inpingam*" [Eu, deixando de lado minha compaixão, vou me vingar impingindo-te uma carta enorme].

27 Sobre a classificação de *Sobre a ira*, Reale (Sêneca, 2004, p. 46) afirma: "*La qualifica di 'dialogo', che l'opera conserva, è un mero omaggio alla tradizione: abbiamo in realtà un trattato sistematico, suddiviso in tre libri e inteso ad offrire al lettore lo svolgimento completo del tema proposto*" [A qualificação de "diálogo", que a obra conserva, é mera homenagem à tradição: temos, na verdade, um tratado sistemático, subdividido em três livros e destinado a oferecer ao leitor o desenvolvimento completo do tema proposto]. A questão sobre a forma dialógica é amplamente discutida por G. Cupaiuolo (1975, pp. 53-9; p. 60, nota 2).

28 Na edição de L. D. Reynolds (1977), o diálogo *ad Marciam* vem dividido em 26 capítulos, com 141 parágrafos, *ad Helviam*, em vinte capítulos e 119 parágrafos, e *ad Polybium*, em dezoito capítulos e 98 parágrafos, havendo uma lacuna inicial. A tradição do discurso consolatório desenvolveu-se com o acadêmico Crantor de Soli (m. c. 275 a.C.), autor de uma epístola ou breve tratado sobre

a dor da perda, do qual restam fragmentos, o qual teria servido de modelo para Cícero (cf. Graver, 2002, pp. 187 ss.; Cícero, *Cartas a Ático* 12, 14).

29 Ver Retórica a Herênio 4, 65 e Lausberg (1993, §432, 2).

30 Cf. J. M. Cooper e J. F. Procopé (1995, p. XXIX, nota 48); M. Griffin (1976, *Appendices* B2, "Seneca's *dialogi*", pp. 412-5).

31 Cf. P. Veyne (Sénèque, 1993, p. 391): "*Le propos de Sénèque est moins d'être un penseur qu'un éducateur: il enseigne à ses contemporains à élever leurs sentiments et à raffiner leurs manières*" [O propósito de Sêneca é menos o de ser um pensador do que um educador: ele ensina seus contemporâneos a elevar seus sentimentos e a refinar suas maneiras].

32 Como observa Harris (2004, pp. 220, 251, 374 e 380), havia, na Roma do fim da República e das primeiras décadas do Império, uma pequena e seleta audiência interessada no controle da ira. Sobre a natureza da obra filosófica senequiana e seu propósito, observam J. M. Cooper e J. F. Procopé (1995, p. XXIV): "*In his writings Seneca has no need to expound this fundamental theory. He is concerned with its practical consequence for ordinary people. And these consequences are far reaching. The solidarity, for instance, of human beings with one another and with Zeus, based in our common rationality, means that it is wrong to be hostile, angry and cruel (the theme of* On anger)" [Em sua obra, Sêneca não vê necessidade de expor essa fundamentação teórica. Ele se preocupa com sua consequência prática para as pessoas comuns. E essas consequências são de longo alcance. Por exemplo, a solidariedade dos seres humanos uns com os outros e com Zeus, baseada na comunhão de nossa racionalidade, implica o fato de que é errado ser hostil, irado e cruel (o tema de *Sobre a ira*)]; (ibid., p. XXIX): "*He was not producing school treatises. He was addressing a general educated public*" [Ele (Sêneca) não produziu tratados escolares. Ele se dirigia de maneira geral a um público educado]. Ainda T. Reinhardt (2007, "Introduction", p. XX) ressalta o caráter próprio da filosofia senequiana pela comparação

com a de Cícero: "*Most of Seneca's prose writings can be seen as exercises in practical philosophy in this changed environment [of the Empire]. Crucially, he has been called a 'first-order philosopher', in contrast to Cicero, in that he is not so much concerned with communicating doctrine as with engaging with it in an original fashion*" [A maior parte da obra em prosa de Sêneca pode ser vista como um exercício de filosofia prática nesse ambiente transformado (do Império). Fundamentalmente, ele foi denominado como um "filósofo de primeira ordem" em contraste com Cícero, no sentido de que ele não está interessado em transmitir uma doutrina tanto quanto em envolver-se com ela de maneira original].

33 Para Harris (2004, p. 406), embora Sêneca aponte em *Sobre a ira* muitos dos maus efeitos políticos e sociais da ira, ele concentra seu interesse na ira do imperador e na do cortesão, devendo ambas ser deploradas. O contexto doméstico, ainda que referido em vários exemplos, é tratado apenas indiretamente. Destaca-se o trecho sobre os expedientes educacionais adequados para se desestimular o hábito da ira nas crianças (livro II, 19-21).

34 Sêneca, Epístola 95, 57: "*Non contingit tranquillitas nisi inmutabile certumque iudicium adeptis: ceteri decidunt subinde et reponuntur et inter missa adpetitaque alternis fluctuantur*" [Não atingem a tranquilidade senão aqueles que alcançaram um discernimento imutável e seguro; os demais seguidamente decidem e abandonam sua decisão e oscilam entre aquilo a que se lançaram e o que desejam].

35 A aspiração de alcançar públicos futuros é também expressa em outra passagem das epístolas (79, 17): "*Paucis natus est qui populum aetatis suae cogitat. Multa annorum milia, multa populorum supervenient: ad illa respice. Etiam si omnibus tecum viventibus silentium livor indixerit, venient qui sine offensa, sine gratia iudicent. Si quod est pretium virtutis ex fama, nec hoc interit. Ad nos quidem nihil pertinebit posterorum sermo; tamen etiam non sentientes colet ac frequentabit*" [Nasceu para

poucos homens aquele que só pensa nas pessoas de sua época. Muitos milhares de anos, muitos milhares de povos virão: dirige teu olhar para eles. Mesmo se a inveja tiver ordenado o silêncio a todos os teus contemporâneos, virão aqueles que hão de julgar-te sem ofensividade e sem favorecimento. Se alguma recompensa da virtude provém do renome, ela não vai perecer. Obviamente não chegará até nós a palavra dos pósteros; no entanto, mesmo sem a captarmos ela irá nos cultuar e nos frequentar].

36 Cf. Epístola 52, 8-9; 14: "*Quid enim turpius philosophia captante clamores?* [...] *<At> ad rem commoveantur, non ad verba composita; alioquin nocet illis eloquentia, si non rerum cupiditatem facit sed sui*" [De fato, o que é mais torpe do que a filosofia buscar aplausos? (...) Porém, importa que eles (os ouvintes) se comovam pelo conteúdo, não pelas palavras bem-compostas; de outro modo a eloquência lhes é nociva se desperta atração não para a matéria, mas para si mesma].

37 A distinção entre o discurso oratório e o filosófico havia sido assinalada por Cícero em uma passagem do diálogo *Orator*, em que se propõe o perfil ideal do orador: "*Mollis est enim oratio philosophorum et umbratilis nec sententiis nec verbis instructa popularibus nec vincta numeris sed soluta liberius; nihil iratum habet nihil invidum nihil atrox nihil miserabile nihil astutum; casta verecunda virgo incorrupta quodam modo. Itaque sermo potius quam oratio dicitur. Quanquam enim omnis locutio oratio est tamen unius oratoris locutio hoc proprio signata nomine est*" [A linguagem dos filósofos é branda e própria do ambiente escolar, não contendo sentenças nem expressões de gosto popular, não é vinculada por ritmos, mas é solta bem livremente. Não tem nada que induza à ira nem ao ódio, nada sombrio, nada triste, nada de astucioso. É de certo modo como uma virgem casta e intocada. Assim, denomina-se antes conversação que discurso. De fato, embora toda fala seja um discurso, apenas a fala do orador é propriamente designada com esse nome] (*Orator*, 64). Igualmente, em *Sobre os fins* II, 17, Cícero faz distinção entre a oratória

forense e a que ele denomina como "retórica dos filósofos": "*Obsequar igitur voluntati tuae dicamque, si potero, rhetorice, sed hac rhetorica philosophorum, non nostra illa forensi, quam necesse est, cum populariter loquatur, esse interdum paulo hebetiorem*" [Obedecerei, portanto, à tua vontade e falarei, se for capaz, utilizando a modalidade retórica, mas essa retórica dos filósofos, não aquela nossa, forense, que exige que seja um pouco mais entorpecedora quando se fala conforme o gosto popular].

38 Algumas epístolas são quase inteiramente dedicadas à discussão desse tópico, como as de número 40, 100, 114 e 115. Igualmente, no diálogo *Sobre a tranquilidade da alma* 1, 13-14 aparecem, na fala de Sereno, observações sobre os aspectos ideais da linguagem filosófica.

39 Cf. A. Setaioli (1985, p. 784).

40 O termo *inlaboratus* deriva de *labor*, "esforço, trabalho", aqui referente em particular ao plano sintático da estruturação frasal e ao uso dos recursos de ornamentação retórica. Um bom resumo do pensamento de Sêneca acerca desse ponto relativo ao efeito do estilo filosófico encontra-se no excerto seguinte (Epístola 115, 1-2): "*Nimis anxium esse te circa verba et compositionem, mi Lucili, nolo: habeo maiora quae cures. Quaere quid scribas, non quemadmodum; et hoc ipsum non ut scribas sed ut sentias, ut illa quae senseris magis adplices tibi et velut signes. Cuiuscumque orationem videris sollicitam et politam, scito animum quoque non minus esse pusillis occupatum. Magnus ille remissius loquitur et securius; quaecumque dicit plus habent fiduciae quam curae. Nosti comptulos iuvenes, barba et coma nitidos, de capsula totos: nihil ab illis speraveris forte, nihil solidum*" [Não quero, meu caro Lucílio, que fiques muito preocupado em relação às palavras e ao modo de compô-las: tenho coisas mais importantes para cuidar. Pondera sobre o que escrever, não sobre como. E isso, não a fim só de escrever algo, mas de senti-lo, de modo que aquilo que sentires possas mais aplicar a ti mesmo e como que imprimir-lhe tua marca.

Ao deparares com uma linguagem de alguém que seja muito esmerada e polida, saibas que sua alma também está não menos ocupada com coisas pequenas. A alma realmente grande fala de modo mais atenuado e despreocupado; tudo que ela diz denota mais confiabilidade do que cuidado. Conheces esses jovens ataviados, de barba e cabelos lustrosos, inteiramente saídos de uma embalagem: nada de forte podes esperar deles, nada de sólido].

41 Cf. A. Setaioli (1985, p. 787).

42 Cícero, seguindo o modelo de Aristóteles, foi o precursor do *sermo* filosófico latino associado à oratória, conforme se pode constatar por esta passagem das *Tusculanas* I, 7: "*Sed ut Aristoteles, vir summo ingenio, scientia, copia, cum motus esset Isocratis rhetoris gloria, dicere docere etiam coepit adulescentes et prudentiam cum eloquentia iungere, sic nobis placet nec pristinum dicendi studium deponere et in hac maiore et uberiore arte versari. Hanc enim perfectam philosophiam semper iudicavi, quae de maximis quaestionibus copiose posset ornateque dicere*" [Mas, tal como Aristóteles, homem de notável engenho, conhecimento e eloquência, tendo ele se sentido tocado pela glória do rétor Isócrates, passou mesmo a ensinar os jovens a discursar e a unir a sabedoria com a eloquência. Assim, não nos agrada abandonar esse antigo estudo da oratória e nos ocuparmos dessa arte maior e mais fecunda. De fato, sempre julguei ser perfeita a filosofia que pudesse falar de maneira eloquente e bem ornamentada sobre temas de máxima importância]. A separação entre as duas modalidades discursivas, a da oratória e a da conversação, é assinalada por Cícero, em *Sobre os deveres* I, 132: "*Et quoniam magna vis orationis est eaque duplex, altera contentionis, altera sermonis, contentio disceptationibus tribuatur iudiciorum, contionum, senatus, sermo in circulis, disputationibus, congressionibus familiarium versetur, sequatur etiam convivia. Contentionis praecepta rhetorum sunt, nulla sermonis, quamquam haud scio an possint haec quoque esse*" [E visto que é grande a força da palavra e que ela tem duas modalidades, uma da ora-

tória, outra da conversação, a oratória deve ser destinada aos debates dos tribunais, das assembleias, do Senado; a conversação deve aplicar-se nos círculos de estudos, nas discussões, nas reuniões de amigos e deve acompanhar também os banquetes. Os preceitos da oratória são de domínio dos rétores, os da conversação não existem, embora talvez pudessem ser os mesmos].

43 A. Setaioli (1985, p. 782).

44 A. Setaioli (1985, p. 784): "*La filosofia senecana, essenzialmente diatribica, svolge anche attiva funzione di proselitismo, e dovrà perciò ricorrere a mezzi espressivi propriamente oratori, per flectere gli animi degli ascoltatori; ma ciò non significa un repudio dei submissiora verba del sermo, quando il discorso dovrà rivolgersi a quello stesso tipo di ascoltatori di cui parla Cicerone*" [A filosofia senequiana, essencialmente diatríbica, desempenha também ativa função de proselitismo e, por conseguinte, irá recorrer a meios expressivos propriamente oratórios, para submeter os ânimos dos ouvintes de que fala Cícero].

45 Sobre o valor da doutrina teórica como base para a ação virtuosa, destaca-se também o seguinte trecho da epístola 95, 57-59: "*Actio recta non erit nisi recta fuerit voluntas; ab hac enim est actio. Rursus voluntas non erit recta nisi habitus animi rectus fuerit; ab hoc enim est voluntas. Habitus porro animi non erit in optimo nisi totius vitae leges perceperit et quid de quoque iudicandum sit exegerit, nisi res ad verum redegerit. Non contingit tranquillitas nisi inmutabile certumque iudicium adeptis: ceteri decidunt subinde et reponuntur et inter missa adpetitaque alternis fluctuantur. Causa his quae iactationis est? quod nihil liquet incertissimo regimine utentibus, fama. Si vis eadem semper velle, vera oportet velis. Ad verum sine decretis non pervenitur: continent vitam. Bona et mala, honesta et turpia, iusta et iniusta, pia et impia, virtutes ususque virtutum, rerum commodarum possessio, existimatio ac dignitas, valetudo, vires, forma, sagacitas sensuum — haec omnia aestimatorem desiderant. Scire liceat quanti*

quidque in censum deferendum sit. Falleris enim et pluris quaedam quam sunt putas, adeoque falleris ut quae maxima inter nos habentur — divitiae, gratia, potentia — sestertio nummo aestimanda sint. Hoc nescies nisi constitutionem ipsam qua ista inter se aestimantur inspexeris" [A ação não será correta se a intenção não for correta, pois desta provém a ação. Em seguida, a intenção não será correta se o estado da alma não for correto, pois deste provém a intenção. Ora, o estado da alma não será o melhor se ela não conhecer as leis relativas à totalidade da existência, não ponderar o que se deve julgar sobre cada coisa, nem reduzir as coisas a seu valor verdadeiro. Não atingem a tranquilidade senão aqueles que alcançaram um discernimento imutável e seguro; os demais seguidamente decidem e abandonam sua decisão e oscilam entre aquilo a que se lançaram e o que desejam. Qual é a causa de sua agitação? O fato de que não podem ter clareza os que se servem do guia mais incerto: a opinião. Se queres ter desejo sempre das mesmas coisas, é preciso desejar as que são verdadeiras. Não se chega à verdade sem os fundamentos doutrinais; eles abrangem toda a existência. Os bens e os males, o que é honroso ou desonroso, o que é justo ou injusto, piedoso ou impiedoso, as virtudes e a prática das virtudes, a posse de comodidades materiais, a reputação e a honra, a saúde, o vigor, a beleza, a agudeza dos sentidos — todas essas coisas exigem quem as avalie. Que se possa saber o valor com que cada coisa deve ser declarada ao censo. Tu te enganas e atribuis a certas coisas valor maior do que elas têm, e de tal modo te enganas que as coisas que entre nós são tidas como as mais valiosas — riqueza, influência, poder — deveriam ser avaliadas em um tostão. Não saberás isso se não tiveres examinado as próprias normas pelas quais essas coisas são valoradas entre si].

46 Epístola 94, 43: *"Quis autem negabit feriri quibusdam praeceptis efficaciter etiam inperitissimos? velut his brevissimis vocibus, sed multum habentibus ponderis: Nil nimis, Avarus animus nullo satiatur lucro, Ab alio expectes alteri quod feceris. Haec cum ictu quodam audimus, nec ulli licet dubitare aut interrogare 'quare?'; adeo etiam*

sine ratione ipsa veritas lucet" [Ora, quem negará que até os menos esclarecidos são eficazmente atingidos por certos preceitos? Tal como por estes, de brevíssimas palavras, mas que têm muito efeito: "Nada em excesso", "Nenhum lucro sacia uma alma avarenta", "O que aos outros fizeres dos outros esperes". Ouvimos essas palavras acompanhadas de uma espécie de impacto, não nos sendo possível duvidar ou perguntar "Por quê?", a tal ponto que, mesmo sem passar pela razão, a própria verdade transparece].

47 Sobre os expedientes da prática declamatória no estilo de Sêneca, entre eles o uso de sentenças morais, ver Canter (1925), Bonner (1949), Berti (2007).

48 Nos diálogos aqui traduzidos, podem ser apontados numerosos exemplos de enunciados de cunho sentencioso inseridos na argumentação, os quais em geral expressam um lugar-comum ou noção que se tornou proverbial: *Sobre a ira* I, 16, 3: "Matar é às vezes a melhor espécie de misericórdia" [*Interim optimum misericordiae genus est occidere*]; II, 1, 1: "É realmente fácil o descenso pela ladeira dos vícios" [*facilis enim in procliuia uitiorum decursus est*]; II, 10, 6: "Ninguém nasce, mas se torna sábio" [*neminem nasci sapientem sed fieri*]; II, 15, 4: "Ninguém pode governar se também não puder ser governado" [*nemo autem regere potest nisi qui et regi*]; II, 28, 5: "Por vezes a adulação ofende enquanto lisonjeia" [*saepe adulatio dum blanditur offendit*]; II, 28, 8: "Temos sob os olhos os vícios alheios, a nossas costas estão os nossos" [*Aliena uitia in oculis habemus, a tergo nostra sunt*]; II, 34, 5: "Sem dupla não há luta" [*nisi paria non pugnant*]; III, 8, 8: "É mais fácil abster-se de um combate do que dele retirar-se" [*Facilius est se a certamine abstinere quam abducere*]; III, 31, 1: "Ninguém que olha para os bens alheios agrada-se dos seus" [*Nulli ad aliena respicienti sua placent*]; III, 36, 4: "Não querem aprender os que nunca aprenderam" [*nolunt discere, qui numquam didicerunt*]; III, 39, 4: "Não se curam certos males sem um ardil" [*Quaedam non nisi decepta sanantur*]; *Sobre a tranquilidade da alma* 5, 5: "O remate dos males é deixar o número dos vivos antes de

morrer" [*ultimum malorum est e uiuorum numero exire, antequam moriaris*]; 10, 3: "Toda vida é uma escravidão" [*Omnis uita seruitium est*].

49 Essa mesma observação é feita na epístola 108, 8-10, em que é atribuída a Cleanto, o segundo escolarca dos estoicos: "*Non uides quemadmodum theatra consonent, quotiens aliqua dicta sunt, quae publice adgnoscimus et consensu uera esse testamur? 'Desunt inopiae multa, auaritiae omnia'; 'in nullum auarus bonus est, in se pessimus'. Ad hos uersus ille sordidissimus plaudit et uitiis suis fieri conuicium gaudet: quanto magis hoc iudicas euenire cum a philosopho ista dicuntur, cum salutaribus praeceptis uersus inseruntur, efficacius eadem illa demissuri in animum inperitorum? Nam ut dicebat Cleanthes, 'quemadmodum spiritus noster clariorem sonum reddit cum illum tuba per longi canalis angustias tractum patentiore novissime exitu effudit, sic sensus nostros clariores carminis arta necessitas efficit'. Eadem neglegentius audiuntur minusque percutiunt quamdiu soluta oratione dicuntur: ubi accessere numeri et egregium sensum adstrinxere certi pedes, eadem illa sententia velut lacerto excussiore torquetur*" [Não vês de que modo ressoam os teatros cada vez que se diz alguma coisa que reconhecemos ser de aplicação geral e, por consenso, atestamos ser verdadeira? "Para a pobreza faltam muitas coisas; para a avareza, todas"; "para ninguém é bom o avaro; para si é ainda pior". Diante desses versos, o mais vicioso aplaude e se regozija com a censura de seus próprios vícios. Quanto maior julgas que deva ser essa reação quando tais frases são ditas por um filósofo, quando versos são enxertados em preceitos salutares para com mais eficácia eles ficarem gravados na alma dos insipientes? De fato, como dizia Cleanto, "assim como nosso sopro produz um som mais claro quando, depois de percorrer o duto de um longo canal, a trombeta por fim o expele por uma saída mais larga, também as medidas estreitas de um verso tornam mais claras nossas ideias". As mesmas coisas são ouvidas com maior desatenção e nos atingem menos enquanto ditas em prosa; quando se acrescentaram ritmos e um metro regular comprimiu um pensamento notável,

aquele mesmo aforismo foi como que arremessado por um golpe mais intenso].

50   A influência dos exemplos pela convivência física com modelos moralmente positivos ou negativos é discutida no diálogo *Sobre a ira* II, 21, 9 e III, 8, 1-8.

51   Sobre modelos romanos de virtude em Sêneca, ver R. Mayer (2008, pp. 299-315).

52   A carga maior de exemplos na parte final do diálogo está em conformidade com um modelo de disposição do discurso preceptivo, referido numa passagem da *Consolação a Márcia* 2, 1, na qual se anuncia a intenção de alterar esse procedimento: "*Scio a praeceptis incipere omnis qui monere aliquem uolunt, in exemplis desinere. Mutari hunc interim morem expedit; aliter enim cum alio agendum est: quosdam ratio ducit, quibusdam nomina clara opponenda sunt et auctoritas quae liberum non relinquat animum ad speciosa stupentibus*" [Sei que todos os que desejam aconselhar alguém começam pelos preceitos, terminam pelos exemplos. Convém desta vez mudar esse costume, pois cada pessoa requer um tratamento diferente: alguns são conduzidos pela razão, outros precisam ser confrontados com nomes ilustres e uma autoridade que não lhes deixe a alma livre ao ficarem estupefatos diante de ações notáveis].

53   Ver comentários a cada uma dessas três passagens do texto nas Notas.

54   Conforme resume A. Setaioli (1985, p. 780): "*egli è sopratutto un educatore: l'essenza e lo scopo della filosofia non hanno per lui carattere astratto e speculativo, bensì eminentemente etico e pratico*" [ele é, sobretudo, um educador: a essência e o escopo da filosofia não têm para ele caráter abstrato e especulativo, mas eminentemente ético e prático]. Ainda sobre isso, vale destacar uma passagem eloquente de P. Veyne (Sénèque, 1993, pp. 399-400): "*Cette métamorphose philosophique s'inscrit dans le*

*mouvement historique plus large que le stoïcisme; ou plutôt, ici, c'est le stoïcisme qui ne fait que suivre un mouvement de la sensibilité gréco-romaine. Ce mouvement est celui de l'*humanitas, *de cette sensiblité humanitaire dont nous avons parlé à propos de la lettre de Sénèque sur les esclaves. Depuis quatre siècles, la civilisation gréco-romaine mettait son point d'honneur à une humanisation du style des relations humaines et des sentiments; c'est assez comparable au XVIIIe siècle, après Rousseau*" [Essa metamorfose filosófica inscreve-se no movimento histórico mais longo que o estoicismo; ou antes, aqui, é o estoicismo que não faz outra coisa senão seguir um movimento da sensibilidade greco-romana. Esse movimento é o da *humanitas*, essa sensibilidade humanitária da qual falamos a propósito da carta de Sêneca sobre os escravos. Depois de quatro séculos, a civilização greco-romana tornou um ponto de honra a humanização dos modos das relações humanas e dos sentimentos; o que é facilmente comparável ao século XVIII, depois de Rousseau].

55 Ao menos algumas das alegadas falhas de estruturação podem também ter sido causadas pela transmissão do texto.

56 Cf. Antonio La Penna (2004, p. 36): "*Ma il sermo di Seneca non vuol essere un arido svolgimento logico: deve far sentire la sincerità, la mancanza di infingimenti, ma anche l'amore per ciò che vien detto*" [Mas o *sermo* de Sêneca recusa-se a ser um árido desenvolvimento lógico: ele deve fazer perceber a sinceridade, a ausência de fingimento, e ainda o amor por aquilo que é dito]. Sobre essa questão é bastante precisa a opinião de A. Setaioli, registrada marginalmente em seu estudo (1985, p. 808, nota 186): "*Mi sembra comunque metodologicamente pericoloso voler ricondurre a una rigida coerenza tutte le affermazioni di Seneca, che, non dimentichiamolo, era soprattutto un educatore. Egli ha senza dubbio una sua visione unitaria, ma di un livello diverso, e direi superiore, a quello che implica mancanza assoluta di contraddittorietà: la sua vera coerenza consiste nella continua tensione in vista del raggiungimento dello scopo etico*" [Parece-me, no entanto,

metodologicamente perigoso querer reconduzir a uma rígida coerência todas as afirmações de Sêneca, que, não nos esqueçamos, era sobretudo um educador. Sem dúvida, ele tem uma visão unitária própria, mas de um nível diferente, e eu diria superior, em relação àquele que implica absoluta ausência de proposições contraditórias].

57 Cf. M. Martinho dos Santos (1999): nesse estudo, por meio de uma ampla análise de tópicos teóricos sobre o discurso dialógico, expostos por Sêneca nas epístolas, mostra-se que nas espécies dialógicas, como a epístola ou o diálogo, se pressupunha uma composição que imitasse a conversa improvisada, de modo que era artifício próprio do gênero produzir o efeito de incongruência e fortuidade similar ao de uma conversação informal.

58 Cf. William Harris (2004, p. 115); T. Reinhardt ("Introduction", p. xvi): *"The representatives of the 'Roman Stoa', which included Seneca, Musonius Rufus (ad 30-100), Epictetus (ad 55-135), and the emperor Marcus Aurelius (ad 121-80), addressed Romans specifically and offered a popularized version of Stoicism in which ethics overshadowed the two other branches of philosophy; of these, Seneca was the only one to write in Latin"* [Os representantes do estoicismo romano, dentre os quais estavam Sêneca, Musônio Rufo (30-100 d.C.), Epiteto (55-135 d.C.) e o imperador Marco Aurélio (121-180 d.C.), dirigiram-se especificamente aos romanos e ofereceram uma versão popularizada do estoicismo, na qual a ética ofuscava os dois outros ramos da filosofia; Sêneca, dentre eles, foi o único a escrever em latim]. Em M. Griffin (1976, pp. 7-8): *"Seneca's choice of Latin as a medium is a sure sign that his interest in writing was at least as great as his interest in philosophy: serious philosophers in his time and immediately after wrote in Greek. Cicero had tried to answer the objections of the educated who scorned the idea of reading philosophy in Latin when it was available in Greek, but the persistence of this attitude probably goes some way towards explaining why Seneca is not quoted or mentioned as a standard philosophical authority until the Chris-*

tian fathers" [A opção de Sêneca pelo latim como meio de expressão é um claro sinal de que seu interesse pela escrita era pelo menos tão grande quanto seu interesse pela filosofia: em sua época e na imediatamente posterior, filósofos sérios escreviam em grego. Cícero havia tentado responder às objeções de ilustrados que rejeitavam a ideia de ler filosofia em latim quando ela estava disponível em grego, mas a persistência dessa atitude provavelmente explica de alguma forma por que Sêneca não é citado ou mencionado como uma autoridade em filosofia até os Padres cristãos].

59 Cf. Harris (2004, pp. 4, 102-3, 128); J. Fillion-Lahille (1984, p. 17).

60 A questão da ira é tratada em algumas seções do terceiro e, sobretudo, do quarto livro das *Tusculanas*.

61 Na obra de Diógenes Laércio, ver, por exemplo, os seguintes livros: IV, 12; V, 24, 45; VII, 4, 110, 111, 178; X, 28. Um catálogo indicando as principais obras da Antiguidade sobre o tema, conhecidas por fragmentos ou das quais se tem apenas notícia, é apresentado por Harris (2004, pp. 127-8).

62 Platão, *A república*, livro IV, 435e-442c, 580d-581c. A concepção platônica da existência de faculdades de natureza oposta que atuariam na alma de modo separado e independente deve ser contrastada com a concepção estoica de uma constituição unitária da alma, veiculada por Sêneca na seguinte passagem de *Sobre a ira* (I, 8, 2-3): *"Neque enim sepositus est animus et extrinsecus speculatur adfectus, ut illos non patiatur ultra quam oportet procedere, sed in adfectum ipse mutatur ideoque non potest utilem illam uim et salutarem proditam iam infirmatamque reuocare. Non enim, ut dixi, separatas ista sedes suas diductasque habent, sed adfectus et ratio in melius peiusque mutatio animi est"* [Na verdade, a alma não está apartada, observando as paixões do lado de fora, de modo a não lhes permitir avançar além do que convém, mas ela própria se transforma na paixão, e por isso não pode reconvocar aquela sua energia útil e salutar, estando

já entregue e enfraquecida. Como eu disse, a paixão e a razão não possuem sedes próprias, separadas e distintas, mas são uma mutação da alma para melhor ou para pior]. Conforme resume T. Reinhardt (2007, pp. XIV-XV): "*The Stoics analyse emotions as judgements of a certain sort: unlike Platonists, they do not posit an irrational part of the soul, and hold that we experience passions when we misguidedly assent to impressions of a certain sort, 'impulsive' impressions, with assent being a faculty which is within our gift to control. Inappropriate emotional behaviour thus becomes an error of judgement. Morever, since the human soul only has a rational part, which receives different types of impression to which we can then assent or not, there is strictly speaking only one sin, namely, assenting in cases where it is wrong to give assent. This helps to explain one of the famous Stoic paradoxes: that one is either a sage or a madman*" [Os estoicos analisam as emoções como um certo tipo de julgamento; diferentemente dos platônicos, eles não estabelecem uma parte irracional da alma e sustentam que nós experimentamos as paixões quando equivocadamente damos assentimento a certo tipo de impressão, as impressões "impulsivas", sendo que o assentimento é uma faculdade cujo controle está dentro de nossa capacidade. Desse modo, um comportamento emocional inadequado torna-se um erro de julgamento. Além disso, uma vez que a alma humana dispõe apenas de uma parte racional, que recebe diferentes tipos de impressões, às quais podemos dar ou não assentimento, numa consideração estrita, o único erro possível é dar assentimento em casos em que é equivocado fazê-lo. Isso ajuda a explicar um dos famosos paradoxos estoicos: que uma pessoa ou é sábia ou insana].

63 Ver, por exemplo, *Ética a Nicômaco* II, 6 1106b (na tradução de Mário da Gama Kury): "a excelência deve ter a qualidade de atingir o alvo do meio-termo. Estou falando da excelência moral, pois é esta que se relaciona com as emoções e ações, e nestas há excesso, falta e meio-termo. Por exemplo, pode-se sentir medo, confiança, desejos, cólera, piedade, e de um modo geral prazer e sofrimento,

demais ou muito pouco, e em ambos os casos isso não é bom; mas experimentar esses sentimentos no momento certo, em relação aos objetos certos e às pessoas certas, e de maneira certa, é o meio-termo e o melhor, e isso é característico da excelência". Ainda a seguinte passagem (II, 7, 1108a): "Em relação à cólera também há excesso, falta e meio-termo. Embora essas situações não tenham praticamente nomes, uma vez que qualificamos a pessoa que está numa situação intermediária de amável, chamemos o meio-termo de amabilidade; quanto às pessoas que estão nas situações extremas, chamemos as que se excedem de irascíveis e essa espécie de deficiência moral de irascibilidade, e chamemos as que pecam pela falta de apáticas, e essa espécie de deficiência moral de apatia".

64 São elas: I, 3; I, 9; I, 17; III, 3 e III, 5.

65 Sobre a relação entre o texto de Sêneca e obras de Aristóteles, ver J. Fillion-Lahille (1970; 1984, pp. 203-10); Harris (2004, p. 62, nota 59; p. 115); Laurenti (1979); Cooper e Procopé (1995, p. 27).

66 A principal fonte de informação sobre a obra de Crisipo é a obra do médico e filósofo Galeno de Pérgamo (II-III d.C.), *Sobre as doutrinas de Hipócrates e Platão*, a qual contém citações de Crisipo analisadas por J. Fillion-Lahille (1984, pp. 51 ss.).

67 *Discussões tusculanas* IV, 48-54 e 77-79.

68 Cf. J. Fillion-Lahille (1984, p. 17).

69 Quanto a isso, veja-se a exposição e refutação da tese peripatética nas *Discussões tusculanas* IV, 39-57. As mesmas ideias aparecem sintetizadas no terceiro livro do diálogo *Sobre os deveres*. A respeito do posicionamento de Cícero nas *Tusculanas*, Graver (2002, p. XII) observa o seguinte: *"it is the Stoic position which he recommends to his readers in these books as the best-reasoned view, the one most suitable for statesmen, and the only one which is able to confer real*

happiness on its adherents. This is in contrast to some of his own earlier writings, for in his earlier work On the Orator, *as in some of the letters, he tends to favor the Peripatetic view as one well suited to a man in public life*" [é a posição dos estoicos que ele (Cícero) recomenda a seus leitores nesses livros como o ponto de vista mais bem fundamentado, o mais adequado para magistrados e o único capaz de conferir real felicidade aos que aderirem a ele. Essa opinião contrasta com alguns de seus textos anteriores, pois em sua obra *Sobre o orador*, assim como em algumas das cartas, ele tende a favorecer o ponto de vista peripatético como o mais adequado para um homem na vida pública].

70 Antípatro foi diretor da escola estoica nas décadas de 150 e 140 a.C. Sêneca, na epístola 92, 5, faz referência a ele como um dos grandes mestres dessa escola [*inter magnos sectae huius auctores*] e ainda o cita indiretamente, a partir de Posidônio, na Epístola 87, 38-40.

71 À diferença do estoicismo médio, na doutrina estoica inicial parece ter havido mais ênfase na teoria do que na terapêutica das paixões, conforme se depreende, entre outras fontes, desta passagem de Cícero (*Tusculanas* IV, 9): "*Quia Chrysippus et Stoici cum de animi perturbationibus disputant, magnam partem in his partiendis et definiendis occupati sunt, illa eorum perexigua oratio est, qua medeantur animis nec eos turbulentos esse patiantur*" [Pois que Crisipo e os estoicos, quando discutem sobre as perturbações psíquicas, estão em grande parte ocupados em classificá-las e defini-las, sendo muito pouco aquilo que dizem sobre os meios de curar as almas e evitar que fiquem transtornadas].

72 Posidônio escreveu também um *Perì pathôn* [*Sobre as paixões*], citado por Galeno. A respeito das fontes de *Sobre a ira*, encontra-se um resumo do estado da questão em J. Fillion-Lahille (1984, pp. 37-8); ver também M. Griffin (1976, pp. 168 ss.). Quanto à influência de Posidônio nos primeiros capítulos do segundo livro de *Sobre a ira*, ver J. Fillion--Lahille (op. cit., pp. 163-9). Pode-se pensar que o filósofo

Sótion, referido por Estobeu (XIV, 10; XX, 53-4) como autor de um tratado sobre a ira (*Perì orgês*), tenha sido o neopitagórico Sótion de Alexandria, professor de Sêneca, e, nesse caso, essa obra seria por certo uma importante fonte. Vale observar que há notícia de quatro filósofos de nome Sótion que viveram no período de um século e meio anterior à época de Sêneca. É importante destacar também o filósofo Quinto Séxtio, o Pai, mencionado por Sêneca em *Sobre a ira* II, 36, 1. Por fim, parece inegável o fato de que Sêneca tinha conhecimento do quarto livro das *Tusculanas*, em que Cícero se ocupa do mesmo tema.

73 Cf. Reale (Sêneca, 2004, pp. CIV-CXII).

74 A refutação das proposições aristotélicas se dá no livro I, especialmente entre os capítulos 5, 2 e o 11. É importante considerar que as reflexões de Aristóteles sobre as paixões, e particularmente sobre a ira, em uma obra como a *Retórica* (II, 2, 1378a; 31-3), visavam a um propósito e a um público bem diferentes daqueles que Sêneca tinha em vista, já que, como bem observa D. Konstan (S. Braund e G. Most, 2004, p. 118), Aristóteles escreveu para potenciais oradores a fim de instruí-los sobre como influenciar as paixões dos membros das assembleias e, sobretudo, dos jurados nos tribunais. As tensões próprias do contexto social ateniense do século IV a.C. tornavam aceitável e útil a manifestação da ira no caso de ataque à dignidade social de um cidadão. Já o diálogo senequiano insere-se na tradição dos tratados filosóficos do período helenístico, cujo público era preferencialmente os que detinham poder político e econômico, o que, em certa medida, explicaria a ênfase dada nesses tratados ao controle das paixões e até a sua eliminação, como propunham os estoicos.

75 Na epístola 85, 3, Sêneca menciona essa posição dos peripatéticos ao reportar sua refutação de uma proposição silogística, supostamente atribuída aos estoicos: "'*Qui prudens est et temperans est; qui temperans est, et constans; qui constans est inperturbatus est; qui inperturbatus est sine tristitia est; qui sine tristitia est beatus est;*

ergo prudens beatus est, et prudentia ad beatam vitam satis est.' Huic collectioni hoc modo Peripatetici quidam respondent, ut inperturbatum et constantem et sine tristitia sic interpretentur tamquam inperturbatus dicatur qui raro perturbatur et modice, non qui numquam. Item sine tristitia eum dici aiunt qui non est obnoxius tristitiae nec frequens nimiusve in hoc vitio; illud enim humanam naturam negare, alicuius animum inmunem esse tristitia; sapientem non vinci maerore, ceterum tangi; et cetera in hunc modum sectae suae respondentia. Non his tollunt adfectus sed temperant" ["Quem é prudente é também moderado; quem é moderado é também constante; quem é constante é imperturbável; quem é imperturbável não sente tristeza; quem não sente tristeza é feliz; logo, o homem prudente é feliz e a prudência é suficiente para se ter uma vida feliz." Alguns peripatéticos respondem a essa argumentação do seguinte modo: deve-se interpretar imperturbável, constante e sem tristeza como se fosse denominado imperturbável quem rara e moderadamente ficasse perturbado, não quem nunca ficasse. Igualmente, afirmam que se denomina sem tristeza quem não está sujeito à tristeza nem sofre desse vício com frequência ou em demasia; dizem que é negar a natureza humana afirmar que a alma de alguém seja imune à tristeza, que o sábio não seja dominado pelo desgosto, mas seja tocado por ele, e seguem com essas objeções próprias de sua escola. Com elas, não eliminam as paixões, mas as moderam].

76 Nesse caso, o que se denomina "intelectualismo" diz respeito ao estudo das paixões empreendido pelos estoicos e particularmente ao fato de eles atribuírem a causa geradora das paixões não a um fator irracional, mas a um julgamento [*krísis*], que impulsionaria a reação passional.

77 Cf. J. Fillion-Lahille (1970b, pp. 299-303; 1984, pp. 221-8).

78 Cícero, em *Sobre os fins dos bens e dos males* II, 9, 26, critica uma divisão tríplice dos desejos que teria sido proposta por Epicuro, citando uma divisão dúplice adotada com mais coerência por seguidores da doutrina epicurista: "*De*

duo enim genera quae erant, fecit tria. hoc est non dividere, sed frangere. qui haec didicerunt, quae ille contemnit, sic solent: 'Duo genera cupiditatum, naturales et inanes, naturalium duo, necessariae et non necessariae'. confecta res esset" [De dois tipos que havia (de desejo), ele (Epicuro) fez três. Isso não é dividir, mas fragmentar. Os que aprenderam essas noções, que ele expõe de modo impreciso, costumam enunciar assim: "Dois são os tipos de desejos, os naturais e os vãos; dentre os naturais, há duas espécies: os necessários e os não necessários". Fica resolvida a questão].

79 Cf. Cícero, *Sobre os fins* II, 21, referindo o pensamento de Epicuro: *"'Si ea, quae sunt luxuriosis efficientia voluptatum, liberarent eos deorum et mortis et doloris metu docerentque qui essent fines cupiditatum, nihil haberemus <quod reprehenderemus>, cum undique complerentur voluptatibus nec haberent ulla ex parte aliquid aut dolens aut aegrum, id est autem malum'"* ["Se aquilo que para os luxuriosos é fonte de prazer os liberasse do medo dos deuses, da morte e da dor e os ensinasse quais são os limites dos desejos, nada teríamos a lhes repreender, já que em toda circunstância eles obteriam satisfação de seus prazeres e não teriam em parte alguma qualquer dor ou sofrimento, isto é, nenhum mal"]. Sêneca, na Epístola 85, 18, comenta a concepção epicurista sobre a relação entre virtude e prazer: *"Epicurus quoque iudicat, cum virtutem habeat, beatum esse, sed ipsam virtutem non satis esse ad beatam vitam, quia beatum efficiat voluptas quae ex virtute est, non ipsa virtus. Inepta distinctio: idem enim negat umquam virtutem esse sine voluptate. Ita si ei iuncta semper est atque inseparabilis, et sola satis est; habet enim secum voluptatem, sine qua non est etiam cum sola est"* [Epicuro também julga que, por possuir virtude, o homem é feliz, mas que a própria virtude não é suficiente para a vida feliz, porque o que torna feliz é o prazer que provém da virtude e não ela própria. Distinção inepta: pois ele mesmo nega que a virtude existe sem o prazer. Assim, se ela está sempre unida a ele e dele é inseparável, também sozinha é suficiente, pois tem consigo o prazer, sem o qual não existe mesmo quando sozinha].

80 Sêneca, na Epístola 18, 14, menciona uma frase de Epicuro sobre essa questão do limite: "*Delegabo te ad Epicurum, ab illo fiet numeratio: 'inmodica ira gignit insaniam'*" [Vou te remeter a Epicuro; ele fará o acerto contigo: "uma ira descomedida gera a insânia"]. Como comenta J. Fillion-Lahille (1984, p. 224): "*Ce n'est donc pas la colère en soi qui se trouve ainsi condamné par Epicure, mais ses excès seulement*" [Não é, portanto, a cólera em si mesma que é, assim, condenada por Epicuro, mas apenas seus excessos].

81 Como observa J. Fillion-Lahille (1984, p. 225), contra a ideia da legitimidade de uma paixão moderada, Sêneca, em *Sobre a ira* I, 10, 4; 12-13, rebate a tese aristotélica; antes, Cícero havia respondido aos epicuristas no diálogo *Sobre os fins* II, 27: "*Et quidem illud ipsum non nimium probo et tantum patior, philosophum loqui de cupiditatibus finiendis. an potest cupiditas finiri? tollenda est atque extrahenda radicitus. quis est enim, in quo sit cupiditas, quin recte cupidus dici possit? ergo et avarus erit, sed finite, et adulter, verum habebit modum, et luxuriosus eodem modo. qualis ista philosophia est, quae non interitum afferat pravitatis, sed sit contenta mediocritate vitiorum?*" [E isso de fato não aprovo inteiramente e apenas tolero: um filósofo falar de desejos limitados. Acaso pode o desejo sofrer limitação? Deve ser eliminado e extirpado desde a raiz. Ora, há quem tenha desejo e não possa ser corretamente chamado de cúpido? Então também haverá um avaro, mas que se atém a um limite, e um adúltero, porém comedido, e do mesmo modo um devasso. Que filosofia é essa que não faz eliminar a depravação, mas fica contente com a mediania dos vícios?]. J. Fillion-Lahille defende que Sêneca, no segundo livro de *Sobre a ira*, se dirige aos epicuristas, e não novamente aos aristotélicos, já confrontados no primeiro livro.

82 Ver *Sobre a ira* II, 1, 3 ss.

83 Ver M. Griffin (1976, p. 180, nota 4). Argumentos contra a origem dessa teoria no estoicismo antigo aparecem em J. M. Rist (*Stoic philosophy*. Nova York: Cambridge University Press, 1969, pp. 37-42); M. Pohlenz (*Die Stoa*. Göttingen:

Vandenhoeck & Ruprecht, 1959. v. I: pp. 307-8; v. II: p. 154); I. Hadot (*Seneca und die griechisch-römische Tradition der Seelenleitung*. Berlim: de Gruyter, 1969, p. 133, nota 45).

84   Sobre o impulso inicial involuntário, Sêneca fala numa passagem das *Epístolas a Lucílio* 57, 4: "*Quaedam enim, mi Lucili, nulla effugere virtus potest; admonet illam natura mortalitatis suae. Itaque et vultum adducet ad tristia et inhorrescet ad subita et caligabit, si vastam altitudinem in crepidine eius constitutus despexerit: non est hoc timor, sed naturalis adfectio inexpugnabilis rationi*" [A certos estímulos, meu caro Lucílio, a mente mais perfeita não pode escapar; a natureza adverte-a de sua condição mortal. Assim, faz o rosto franzir ante fatos tristes, faz sentir um arrepio ante o inesperado e ter vertigem quem espia de uma altura imensa, postado na beirada. Isso não é temor, mas uma reação natural que a razão não pode suplantar].

85   Cf. Bréhier (1951, p. 250).

86   O estilo paratático e silogístico dessa passagem imita provavelmente a linguagem da fonte utilizada por Sêneca.

87   *Sobre a ira* I, 3, 7: "*Capit ergo uisus speciesque rerum quibus ad impetus euocetur, sed turbidas et confusas*".

88   Como explica G. Reale (Sêneca, 2004, p. xcv): "*La vecchia Stoa non ha messo a tema la facoltà determinante della 'volontà' e il suo defferente ruolo rispetto alla ragione. Ha messo in evidenza la disposizione d'animo come determinante l'azione, ma ha sempre connesso strettamente questa disposizione con la conoscenza. È stato proprio Seneca a rompere lo schema dell'intellettualismo ellenico, introducendo il concetto di* uoluntas" [O estoicismo antigo não colocou em questão a faculdade determinante da "vontade" e o seu diferente papel em relação à razão. Colocou em evidência a disposição de ânimo como determinante da ação, mas sempre vinculou estreitamente essa disposição com o conhecimento (do bem e do mal). Sêneca foi quem rompeu o esquema do intelectualismo helênico, introduzindo o conceito de *uoluntas*].

89 Cf. *Sobre a ira* II, 1, 5: "*Ille simplex est, hic compositus et plura continens: intellexit aliquid, indignatus est, damnauit, ulciscitur: haec non possunt fieri, nisi animus eis quibus tangebatur adsensus est*" [O primeiro movimento é simples, o outro é complexo e compreende vários passos: perceber algo, indignar-se, condenar, cobrar vingança. Esses processos não podem ocorrer se a alma não deu assentimento aos estímulos pelos quais estava sendo atingida].

90 Cf. M. Wilson (2007, p. 431). J. M. Cooper e J. F. Procopé (1995, p. XXVIII) reproduzem a opinião negativa de diversos autores sobre a composição das obras senequianas: "*With their repetitions, apparent inconsistencies and abrupt transitions, they all too often leave the reader in a state of confusion about what is being said where and for precisely what reason*" [Com suas repetições, aparentes inconsistências e transições abruptas, todos eles (os diálogos e tratados) com muita frequência deixam o leitor em um estado de confusão sobre o que está sendo dito, onde e por que razão precisamente]. No tocante à estruturação de *Sobre a tranquilidade da alma*, conclui R. Waltz em sua edição (Seneque, 1950, p. 64): "*Ce traité, qui est l'un des plus vivants et des plus pénétrants de Sénèque, est aussi malheureusement l'une de ses oeuvres les plus mal construites. Les six premiers chapitres seuls se tiennent; le reste est absolument flottant. Le plan général pourrait se résumer ainsi: 1er description du mal qu'il s'agit de combattre (chap.* I-II*); 2e exposé des remèdes (chap.* III-XVII*)*" [Esse tratado, que é um dos mais vigorosos e mais penetrantes de Sêneca, é também, infelizmente, uma de suas obras mais mal construídas. Somente os seis primeiros capítulos se sustentam; o restante é absolutamente flutuante. O plano geral poderia ser resumido assim: 1) descrição do mal a ser combatido (caps. I-II); 2) exposição dos remédios (caps. III-XVII)].

91 G. Cupaiuolo (1975, pp. 76-7), depois de detida reflexão sobre os vários argumentos propostos para explicar a organização do diálogo *Sobre a ira*, procura formular uma justificativa para o fato comumente apontado da ausência de uma ordenação rigorosa nesse diálogo: "*Qualunque sia*

> *stata la causa della mancanza di una struttura ordinata si può tuttavia affermare che questo nella trattazione del tema, lungi dal preoccupare Seneca, dava a lui modo di esplicare meglio se stesso. Quindi la mancanza di ordine nel de ira come non ha eccessivamente preoccupato il suo autore, così non deve preoccupare noi; come è stata di buon grado accettata dal suo autore, così deve essere accettata da noi. Anche quindi a livello di struttura compositiva [...] esiste la possibilità di spiegare la presenza di determinate deviazioni (e di conseguenza l'assenza di un rigido ordine compositivo) tenendo presente da una parte la natura di S., la sua volontà, dall'altra il genere e le particolari finalità che l'opera in questione, secondo l'intenzione di S., deve conseguire; Seneca è tale scrittore da cercare di trovare fra le forme quella che meglio corrisponda all'idea e al modo in cui la vive il suo creatore"* [Qualquer que tenha sido a causa da falta de uma estrutura ordenada, pode-se, todavia, afirmar que isso, no tratamento do tema, longe de preocupar Sêneca, fornecia-lhe um modo de se explicar melhor. Daí, a falta de ordem em Sobre a ira, assim como não preocupou demasiadamente seu autor, igualmente não deve nos preocupar; assim como foi aceita de bom grado por seu autor, igualmente deve ser aceita por nós. Mesmo no nível da estrutura compositiva (...) existe a possibilidade de explicar a presença de determinados desvios (e por consequência, a ausência de uma ordem compositiva rígida) tendo presente, de um lado, a natureza de Sêneca, a sua vontade, e, de outro, o gênero e a finalidade particular que a obra em questão, segundo a intenção de Sêneca, deve alcançar; Sêneca é um escritor capaz de tentar encontrar entre as formas aquela que melhor corresponda à ideia e ao modo como o seu criador a vivencia].

92 Cf. Harris (2004, p. 377, nota 71; pp. 378-9).

93 Por ser bastante preciso, é útil citar um breve resumo de *Sobre a ira* traçado por G. Mazzoli (Robertis e Resta, 2004, pp. 268-9): "*Nel primo libro (inizialmente lacunoso) se ne indaga l'indole, se ne dimostra l'innaturalezza, la non utilità, la radicale incomptibilità con l'autentica grandezza d'animo.*

Nel secondo libro la riflessione si sposta alla genesi dell'ira, che, dopo una prima fase involontaria e perciò incoercibile, si sviluppa come vera e propria passione solo col concorso della volontà. Cade dunque sotto il potere della ragione: non ha alcuna giustificazione, e il saggio anche di fronte agli errori umani dovrà assolutamente astenersene. Sul piano terapeutico si propone una duplice linea d'azione: impedirla o reprimerla; preliminare è una precisa presa di coscienza delle sue cause e dei suoi effetti, in funzione pedagogica ma anche di autocontrollo. Il terzo libro passa all'ordinata e concreta rassegna dei remedi, anzitutto per non incorrere nell'ira, poi per liberarsene, finalmente per guarirne gli altri. Funge da deterrente una serie impressionante d'esempi, intesi soprattutto a mostrare la più grave conseguenza dell'ira: la ferocia e crudeltà dei tirani" [No primeiro livro (inicialmente lacunoso), indaga-se sobre a índole da ira, demonstra-se seu caráter contrário à natureza, sua inutilidade, sua radical incompatibilidade com a autêntica grandeza de alma. No segundo livro, a reflexão se concentra na gênese da ira, que, depois de uma primeira fase involuntária e, por isso, incoercível, se desenvolve propriamente como uma paixão somente com o concurso da vontade. Portanto, ela cai sob o poder da razão, não tem nenhuma justificativa, e o sábio, mesmo em face dos erros humanos, deverá abster-se inteiramente dela. Sob o plano terapêutico, propõe-se uma dúplice linha de ação: impedi-la ou reprimi-la; é um passo preliminar, uma exata tomada de consciência das suas causas e dos seus efeitos, com finalidade pedagógica, mas também de autocontrole. O terceiro livro passa a uma ordenada e concreta inspeção dos remédios, primeiro, para não incorrer na ira, depois, para livrar-se dela, e finalmente, para curar os outros. Uma impressionante série de exemplos desempenha função dissuasiva, visando sobretudo a mostrar a mais grave consequência da ira: a ferocidade e crueldade dos tiranos].

94 Ou, para J. Fillion-Lahille, refutação das proposições epicuristas (cf. acima, nota 77).

Liberalibus me studiis tradidi. Quamquam paupertas alia suaderet et ingenium <eo> duceret ubi praesens studii pretium est, ad gratuita carmina deflexi me et ad salutare philosophiae contuli studium.

[Consagrei-me aos estudos liberais. Embora a pobreza me aconselhasse diferentemente e meu talento oratório me conduzisse para onde se obtém imediata recompensa, desviei-me para a gratuidade dos poemas e dirigi-me ao estudo salutar da filosofia.]

Sêneca, *Questões sobre a natureza* iva, Prólogo, 14

"Aliter" inquis "loqueris, aliter uiuis". Hoc, malignissima capita et optimo cuique inimicissima, Platoni obiectum est, obiectum Epicuro, obiectum Zenoni; omnes enim isti dicebant non quemadmodum ipsi uiuerent, sed quemadmodum esset <et> ipsis uiuendum. De uirtute, non de me loquor, et cum uitiis conuicium facio, in primis meis facio: cum potuero, uiuam quomodo oportet.

["Falas de uma forma", diz alguém, "e vives de outra." Essa crítica — gente tão maligna e hostil aos homens melhores — foi lançada a Platão, lançada a Epicuro, lançada a Zenão. Todos eles de fato diziam não como viviam eles próprios, mas como deveriam viver. Eu falo sobre a virtude, não sobre mim, e eu faço censura aos vícios, primeiramente aos meus. Quando puder, viverei como se deve.]

Sêneca, *Sobre a vida feliz* 18, 1

Sobre a ira

PARA NOVATO

Livro I

1 **1** Cobraste de mim, Novato, que eu escrevesse sobre como poderia ser atenuada a ira. E não é sem motivo que me parece que tenhas um particular temor dessa paixão, de todas a mais terrível e violenta. De fato, nas outras existe certo grau de calma e placidez; essa é plena de excitação e ímpeto, enfurecida por uma ânsia desumana de dor, combates, sangue, suplícios. Indiferente a si, desde que seja nociva a outro, ela se arroja a seus próprios dardos e é ávida por uma vingança que há de arrastar consigo 2 o vingador. Assim, alguns sábios disseram que a ira é uma breve insânia. Ela é igualmente desenfreada, alheia ao decoro, esquecida de laços afetivos, persistente e aferrada ao que começou, fechada à razão e aos conselhos, incitada por motivos vãos, inábil em discernir o justo e o verdadeiro, muito similar a algo que desaba e se espedaça 3 por cima daquilo que esmagou. Mas para comprovares a insanidade dos que estão em poder da ira, observa a própria aparência deles, pois assim como são sintomas claros dos loucos o aspecto audaz e ameaçador, o semblante sinistro, a face enviesada, o passo apressado, as mãos inquietas, a cor mudada, os suspiros sucessivos e veementes, assim também 4 o são os sinais dos que enraivecem: seus olhos inflamam e cintilam, é intenso o rubor por todo o rosto, devido ao sangue que lhes ferve desde o fundo do peito, os lábios tremem, cerram-se os dentes, arrepiam-se e eriçam-se os

cabelos, a respiração intensa e estridente, o estalido dos dedos retorcendo-se, os gemidos e mugidos, a fala abrupta, com palavras pouco claras, e as mãos que a todo tempo se entrechocam, e os pés a baterem no chão, e o corpo todo convulso e lançando avultantes ameaças de ira, a face de aspecto disforme e horrendo dos que se desfiguram e intumescem. Não se sabe se é mais detestável ou mais

5 deformante esse vício. Os demais é possível esconder e alimentar em segredo: a ira põe-se à mostra e sai à face, e quanto maior, com tanto mais evidência eferversce. Não vês, como em todos os animais, tão logo se erguem para atacar, os sinais se antecipam e seu corpo inteiro deixa a condição habitual e tranquila e eles açulam a própria

6 ferocidade? A boca dos javalis espuma, aguçam-se suas presas pelo atrito, os cornos dos touros arremetem contra o vazio e a areia é espalhada pelo golpe de seus pés, fremem os leões, infla-se o colo das serpentes irritadas, sinistro é o aspecto das cadelas raivosas. Nenhum animal é tão horrendo e tão perigoso por natureza que nele não fique aparente, logo que a ira o tenha invadido, o acréscimo de

7 renovada ferocidade. Não ignoro que também as demais paixões são dificilmente ocultadas; que a luxúria, o medo e a audácia dão sinais de si e podem ser pressentidos. De fato, nenhuma agitação mais veemente nos penetra sem nada provocar no rosto. Que diferença há, então? É que as outras paixões ficam aparentes; esta fica proeminente.

1 2 Mas agora, caso queiras observar seus efeitos e danos, nenhuma peste teve maior custo para o gênero humano. Verás assassínios e venenos e mútuas acusações entre réus, cidades devastadas e extermínios de povos inteiros, cabeças de chefes vendidas em hasta pública, tochas lançadas a habitações. Não se veem incêndios restritos ao interior das muralhas, mas imensas extensões de território reluzindo

2 sob a chama inimiga. Olha os alicerces de cidades de tão vasto renome, os quais mal se distinguem: a ira as demoliu. Olha soledades desertas por muitas milhas, sem morador:

a ira as desolou. Olha tantos chefes que passaram para a história, exemplos de mau destino: um, a ira trespassou em seu aposento; outro, ela abateu durante sagrada acolhida à mesa; a um, ela espedaçou em frente à sede das leis e diante do olhar de um fórum apinhado; a outro, ordenou destinar seu sangue ao parricídio perpetrado pelo filho; de um, mandou abrir a régia cerviz por mão de um escravo; de
3 outro, estender seus membros numa cruz. E até aqui me refiro a suplícios individuais; que dizer se, deixados aqueles contra os quais a ira ardeu individualmente, fosse teu desejo olhar para as assembleias massacradas a ferro, e para a plebe trucidada sob a invasão do soldado, e povos inteiros condenados à morte num flagelo generalizado

> A ira transforma todas as coisas do melhor e mais justo em seu contrário. Quem quer que ela tenha atingido, a ira não consente que se lembre de nenhum de seus deveres. Incida ela em um pai, ele se torna adversário; em um filho, torna-se parricida; em uma mãe, torna-se madrasta; em um cidadão, torna-se inimigo; em um rei, torna-se tirano.
>
> Martino Bracarense, *Sobre a ira*, 2

> Que os filósofos não souberam qual a natureza da ira, fica evidente pelas definições dela que Sêneca enumerou nos livros que escreveu sobre a ira. "A ira", diz ele, "é o desejo de vingar uma injúria ou, como afirma Posidônio, o desejo de punir aquele pelo qual alguém julga ter sido injustamente lesado. Alguns assim a definiram: a ira é um impulso da alma que visa a ser nocivo para com aquele que foi ou quis ser nocivo."
>
> Lactâncio, *Sobre a ira de Deus*, 17, 13

4 como se abandonassem o cuidado de nós ou desprezassem nossa autoridade. Como? Por que o povo se enfurece contra os gladiadores, e de modo tão injusto que considere uma ofensa o fato de não morrerem de bom grado? Ele se julga menosprezado e, pelo aspecto, pelo gesto, pelo

ardor, converte-se de espectador em adversário. Seja isso o que for, não é ira, mas quase ira, assim como a das crianças que, se caíram, querem surrar o chão e, amiúde, nem sequer sabem por que se irritaram, mas tão somente se irritaram, sem causa e sem ofensa, não, porém, sem alguma ideia de ofensa, nem sem desejo de algum castigo. São iludidos com a simulação de pancadas, são aplacados por lágrimas fingidas de quem lhes pede perdão e, com uma falsa vingança, sua falsa raiva é eliminada.

3 "Por vezes nos enfurecemos", argumenta-se, "não com aqueles que nos ultrajaram, mas com os que mostram intenção de nos ultrajar, comprovando-se que a ira não nasce de uma injúria." É verdade que nos enfurecemos com os que mostram intenção de nos ultrajar, mas em nosso próprio pensamento nos ultrajaram, e quem fará uma injúria já a está fazendo. "Para comprovar", diz alguém, "que a ira não é um desejo de castigo, os mais fracos amiúde se enfurecem com os mais poderosos e não almejam um castigo que não esperam." Primeiro, dissemos haver o desejo de exigir castigo, não a possibilidade; as pessoas, porém, almejam até o que não podem. Depois, ninguém é tão insignificante que não possa esperar o castigo mesmo do homem mais eminente. Para sermos nocivos, todos somos poderosos. A definição de Aristóteles não se afasta muito da nossa. Pois ele afirma que a ira é o desejo de devolver uma dor. Encontrar a diferença entre essa definição e a nossa exigiria longa explanação. Contra ambas afirma-se que as feras se enraivecem sem terem sido instigadas por uma injúria nem com vistas a um castigo ou à dor alheia. De fato, mesmo se realizam tais coisas, não as buscam. Mas deve-se dizer que as feras carecem de ira, bem como todos os seres, exceto o homem. De fato, embora ela seja inimiga da razão, no entanto, em parte alguma ela nasce a não ser onde a razão tem lugar. As feras têm impulsos, raiva, ferocidade, agressividade; mas ira, por certo, não têm mais do que luxúria, embora em certos

5 prazeres sejam mais intemperantes que o homem. Não há por que acreditares naquele que diz:

> *O javali não se lembra de sua ira, a corça, de fiar-se*
> *na corrida, nem os ursos de atacar os fortes rebanhos.*
>
> Ovídio, *Metamorfoses* VII, 545-6

Ele denomina ira o atiçar-se, o atirar-se. Na realidade não 6 sabem irar-se mais do que perdoar. Os animais carecem de paixões humanas, mas têm certos impulsos semelhantes a elas. De outro modo, se neles existissem amor e ódio, existiriam amizade e rivalidade, dissentimento e concórdia. Disso neles também se encontram alguns vestígios, mas são próprios dos 7 corações humanos esses bens e males. Apenas ao homem foi concedida a prudência, a previdência, a diligência e a reflexão, e não somente das virtudes humanas os animais foram privados, mas também dos vícios. Toda a sua forma, tanto externa como interna, é diferente da humana. Aquela sua faculdade diretora e principal foi diferentemente formada. Assim como há neles de fato uma voz, mas indefinida, confusa e incapaz de palavras; assim como há uma língua, mas travada, sem desembaraço para os vários movimentos, assim também sua faculdade diretora é em si pouco sutil, pouco exata. Ela capta, portanto, aparências e imagens das coisas pelas quais venha a ser induzida ao ataque, mas estas são 8 turvas e difusas. Por tal motivo, suas investidas e agitações são veementes; medo, porém, e inquietações, ou tristeza e ira não existem neles, mas sensações similares a essas. Por isso, logo elas cedem e se convertem em seu contrário e, depois de eles se enraivecerem e de ficarem intensamente espavoridos, alimentam-se e, ao frêmito e ao ir e vir delirante, logo se seguem o repouso e o sono.

1   4 Explicou-se suficientemente o que é a ira. Em que ela difere da irascibilidade fica evidente: como o ébrio difere de quem está embriagado, e o medroso, de quem está com medo. O irado pode não ser iracundo; o iracundo

pode por vezes não estar irado. Os demais aspectos que distinguem a ira em suas espécies, tendo entre os gregos várias denominações, irei omiti-los, dado que entre nós não têm designações próprias, mesmo se nós chamarmos um temperamento de amargo ou acerbo, e ainda atrabilioso, raivoso, vociferador, antipático, áspero, todas essas sendo variedades da ira, entre as quais pode-se incluir o mal--humorado, tipo refinado de iracúndia. Existem de fato certas iras que se atêm ao grito; há outras não menos pertinazes do que frequentes; outras, de mão cruel, são mais parcas nas palavras; outras, excessivas no amargor das palavras e maldições; umas não vão além de queixas e abominações; outras são graves, profundas e concentradas; mil outras espécies existem desse múltiplo mal.

5 Indagou-se o que é a ira, se ocorre em algum outro animal além do homem, em que ela se distingue da iracúndia, quantas são suas espécies. Agora indaguemos se a ira está em conformidade com a natureza, se ela é útil e se deve ser conservada em alguma medida. Se está em conformidade com a natureza, ficará patente ao observarmos o homem. O que há de mais dócil do que ele enquanto está equilibrado o estado de sua alma? Porém, o que é mais cruel do que sua ira? O que há de mais afetuoso com os outros do que o homem? O que há de mais hostil do que sua ira? O homem foi criado para o auxílio mútuo; a ira, para a destruição mútua. Ele quer congregar-se, ela, desunir; ele, ser útil, ela, ser nociva; ele, socorrer até os desconhecidos, ela, atacar até os mais caros; ele mostra-se pronto até a consagrar-se ao proveito dos outros; ela, a pôr-se em risco, contanto que abata. Portanto, quem desconhece mais a natureza do que aquele que atribui à sua melhor e mais perfeita obra esse vício feroz e pernicioso? A ira, como dissemos, é ávida de castigo, e residir esse desejo no peito tão afável do homem não está de modo algum em conformidade com sua natureza. A vida humana consiste nas ações benéficas e na concórdia e, não pelo terror, mas pelo amor mútuo, ela é compelida à aliança e ao auxílio comum.

6 "Como, então? Não é às vezes necessário o castigo?" Por que não? Mas este sem a ira, com base na razão, pois ele não é nocivo, mas medica sob a aparência de ser nocivo. Assim como certas estacas tortas, para que as desentortemos pomo-las ao fogo e, depois de lhes ajustar as cunhas, apertamos forte, não para quebrá-las, mas para estirá-las, assim também é pela dor do corpo e da alma que corrigimos os temperamentos deturpados pelo vício. Certamente o médico, nos distúrbios mais leves, primeiro tenta não desviar-se muito do hábito cotidiano e procura, com alimentos, poções, exercícios, impor um balanceamento, bem como firmar a saúde apenas pela mudança no hábito de vida. O próximo passo é que seja de proveito uma dieta. Se não são de proveito a dieta e o balanceamento, ele suspende algumas coisas e as corta. Se nem mesmo assim há resposta, proíbe os alimentos e, com a abstinência, alivia o corpo. Se essas medidas mais brandas se mostraram inúteis, ele faz uma incisão sobre uma veia, bem como aplica suas mãos aos órgãos, se estão fazendo mal a tecidos adjacentes e espalhando a doença. Nenhum tratamento cujo efeito é salutar parece duro. Assim, convém que o legislador e governante de uma cidade, por mais tempo que puder, trate os temperamentos com palavras e com essas medidas mais brandas, para que lhes aconselhe o que deve ser feito e concilie em suas almas o desejo do honesto e do justo, provoque o ódio aos vícios, o apreço pelas virtudes. Deve em seguida passar a um discurso mais severo, pelo qual ainda advirta e censure. Finalmente, recorra aos castigos, e estes ainda leves, revogáveis. Imponha suplícios extremos a crimes extremos, a fim de que ninguém perca a vida, exceto se perdê--la for do interesse até mesmo daquele que a perde. Por esse único aspecto ele se diferenciará daqueles que medicam, pois eles, aos que não puderam conceder a vida, uma saída fácil lhes fornecem, e o outro, com desonra e execração, expulsa da vida os condenados, não porque o castigo de alguém o deleita — de certo, está longe de um sábio uma ferocidade

tão desumana —, mas para que seja uma advertência para todos e, já que vivos não quiseram ser úteis, da morte deles a nação pelo menos obtenha utilidade. Portanto, à natureza humana não apetece o castigo; por isso, de modo algum a ira está em conformidade com a natureza do homem, uma vez que a ela o castigo apetece. E eu referirei um argumento de Platão — de fato, em que prejudica servirmo-nos de bens alheios, daquela parte em que são nossos? —, "O homem virtuoso", diz ele, "não causa dano". O castigo causa dano; portanto, o castigo não se ajusta ao homem virtuoso, e por isso, nem a ira, porque o castigo se ajusta à ira. Se o homem virtuoso não se alegra com o castigo, não se alegrará sequer com essa paixão à qual o castigo serve de prazer; portanto, a ira não é natural.

7 Embora a ira não seja natural, deve ser admitida porque muitas vezes foi útil? Ela exalta e incita os ânimos, sem ela nada de magnífico a bravura realiza na guerra se ali não foi ateada uma chama e aqui um aguilhão não estimulou e lançou aos perigos os audazes. Assim, alguns acham que o melhor é moderar a ira, não suprimi-la, e depois de reduzido o que é excessivo, compeli-la a uma margem salutar e ainda reter aquele tanto sem o qual a ação ficará lânguida e a energia e o vigor da alma serão dissipados. Primeiro, é mais fácil excluir do que controlar impulsos perniciosos, e não acolhê-los do que moderá-los depois de acolhidos. De fato, depois que se assentaram em seu domínio são mais poderosos do que quem os controla, e não toleram sofrer cortes ou ser diminuídos. Em seguida, a própria razão, à qual estão entregues os freios, detém seu poder durante o tempo exato em que se mantém separada das paixões. Se se misturou a elas e contaminou-se, não consegue deter o que teria podido remover. Uma vez, pois, conturbada e abalada a mente, passa a servir àquilo pelo que é compelida. O início de certas coisas está em nosso poder, seus estágios ulteriores nos arrebatam com sua força e não permitem regresso. Do mesmo modo como os corpos

lançados num abismo não têm nenhum poder sobre si e não podem, depois de precipitar-se, resistir ou deter-se, pois a queda irrevogável exclui todo cálculo e arrependimento e é impossível não chegar ali onde antes teria sido possível não ir, assim também a alma — se ela se projetou na ira, no amor e em outras paixões, não é permitido reprimir-lhe o impulso; é imperioso que seja arrebatada e levada ao fundo por seu próprio peso e pela natureza proclive de seus vícios.

1 8 O melhor é desprezar de imediato o primeiro irritamento da ira, combater suas sementes e atentar para que não incidamos na ira. É dado que, se começou a nos alterar, difícil é o retorno ao estado normal, já que não existe razão ali onde uma vez se introduziu a paixão e, por nossa vontade, algum direito lhe foi dado. Ela fará doravante
2 quanto quiser, não quanto lhe for permitido.   Antes de tudo, eu digo, é preciso rechaçar da fronteira o inimigo. De fato, depois que entrou e transpôs as portas, ele não aceita restrições vindas de prisioneiros. Na verdade, a alma não está apartada, observando as paixões do lado de fora, de modo a não lhes permitir avançar além do que convém, mas ela própria se transforma na paixão, e por isso não pode reconvocar aquela sua energia útil e salutar, estando
3 já entregue e enfraquecida.   Como eu disse, a paixão e a razão não possuem sedes próprias, separadas e distintas, mas são uma mutação da alma para melhor ou para pior. Como então a razão, ocupada e oprimida pelos vícios, ressurgirá depois de ter cedido à ira? Ou, de que maneira se livrará da confusão na qual prevaleceu a mistura dos piores
4 elementos?   "Mas alguns", alega-se, "conseguem conter--se na ira." Será então que agem de tal modo que nada fazem daquilo que a ira lhes dita ou de modo que fazem apenas parte daquilo? Se nada fazem, fica evidente que para as ações não é necessária a ira, a qual vós invocáveis
5 como se ela possuísse algo mais forte que a razão.   Enfim, pergunto: ela é mais vigorosa que a razão ou mais fraca? Se mais vigorosa, como a razão poderá impor-lhe um limite,

dado que nada, exceto o que tem menos força, costuma ser obediente? Se é mais fraca, sem ela a razão é por si suficiente para a execução de suas ações e não deseja o auxílio do que tem menos força. "Mas alguns irados se controlam e se contêm." Quando? Na hora em que a ira esvaece e por si mesma se retira, não quando está em pleno fervor, pois em tal momento ela é mais poderosa. "Como, então? Às vezes, mesmo em ira, eles não só deixam ir incólumes e intactos os que odeiam, como ainda se abstêm de lhes causar mal?" Sim, fazem-no. Quando? Na hora em que a paixão repeliu a paixão, ou o medo ou o desejo obteve algo. Não se aquietou, nesse momento, pelo benefício da razão, mas pela paz traiçoeira e maligna das paixões.

9 Afinal, nada ela tem de útil em si nem estimula a alma para as atividades bélicas. É certo que nunca a virtude precisa ter ajuda do vício, bastando-se a si mesma. Toda vez que é necessário ímpeto, ela não se ira, mas ergue-se e, com a intensidade que julgou necessária, excita-se e acalma-se. Igualmente os dardos, ao serem projetados por catapultas, estão na dependência daquele que os lança no tocante à intensidade com que venham a ser arremessados. "A ira", diz Aristóteles, "é necessária, e coisa alguma sem ela pode ser levada a cabo se ela não enche a alma e inflama o espírito. Deve-se, porém, utilizá-la não como se fosse um general, mas um soldado." Isso é falso, pois se ela escuta a razão e segue por onde é conduzida, já não é ira, da qual é própria a contumácia. No entanto, se opõe resistência e não se mantém quieta onde lhe foi ordenado, mas deixa arrastar-se por seu capricho e ferocidade, é um auxiliar da alma tão inútil quanto um soldado que não atende ao sinal de retirada. Assim, se ela tolera que lhe seja aplicado um limite, deve ser chamada por outro nome, deixou de ser ira, que entendo como desenfreada e indômita; se não tolera, é perniciosa e não deve ser enumerada entre as coisas que servem de auxílio. Desse modo, ou não é ira ou é inútil. De fato, se alguém exige punição, não por estar

ávido da punição em si, mas porque é necessária, não deve ser contado entre os irados. O soldado útil será aquele que sabe obedecer a uma decisão. As paixões são tão ruins como servas quanto como guias.

10 Por isso, a razão nunca tomará para seu auxílio impulsos improvidentes e violentos, junto aos quais ela própria não teria nenhuma autoridade, os quais nunca poderia reprimir, exceto se a eles tivesse contraposto os que lhes são pares e semelhantes, como contra a ira, o medo; contra a inércia, a ira; contra o temor, a avidez. Que este mal fique longe da virtude: a razão alguma vez apelar para os vícios! Não pode uma alma assim obter repouso seguro; é inevitável que seja atacada e atormentada se está protegida por seus próprios males, se não pode ser forte sem ira, laboriosa sem avidez, calma sem temor. Há de viver numa tirania aquele que cai na servidão de alguma paixão. Fazer as virtudes baixarem à condição de clientes dos vícios não o envergonha? Depois, a razão deixa de ter poder se nada ela consegue sem a paixão, e começa a se igualar a esta, a ser sua semelhante. Pois que diferença há se a paixão, sem a razão, é irrefletida tanto quanto a razão, sem a paixão, é ineficaz? Duas coisas são iguais quando uma não pode existir sem a outra. Mas quem sustentaria que a paixão se iguala à razão? Afirma-se: "A paixão é útil, se moderada". Não, ela é útil, se baseada na natureza. Mas se não tolera o controle e a razão, com a moderação não se conseguirá mais do que isto: quanto menor ela for, menos há de prejudicar. Portanto, uma paixão moderada não é outra coisa que um mal moderado.

11 "Mas contra um inimigo", replica-se, "a ira é necessária." Em nenhuma outra ocasião ela o é menos do que quando é preciso que os impulsos sejam não precipitados, mas comedidos e obedientes. De fato, que outra coisa é o que debilita os bárbaros, de corpos tão robustos, tão resistentes a fadigas, senão a ira, extremamente nociva a eles mesmos? Aos gladiadores também, a arte os protege,

2 a ira os desnuda. Depois, de que serve a ira quando a razão oferece o mesmo proveito? Acaso tu achas que o caçador fica irado com as feras? Ora, tanto ele captura as que lhe chegam quanto persegue as que lhe fogem, e tudo isso a razão faz sem ira. O que fez sucumbir tantos milhares de cimbros e teutões espalhados pelos Alpes, a ponto de não um mensageiro, mas a repercussão desse evento ter levado aos seus a notícia de tão grande desastre, senão o fato de que tinham ira em lugar de bravura? Ela, embora às vezes tenha rechaçado e aplanado obstáculos, com mais frequência, serve também de destruição para
3 si mesma. O que há de mais animoso que os germanos? Que povo é mais arrojado no ataque? Qual mais ávido por armas, para as quais nascem e são criados, as quais são seu único cuidado, sendo negligentes em tudo o mais? Qual é mais empedernido perante todo sofrimento, a ponto de, em grande parte de seus corpos, não se terem provido de nada que os cobrisse, nem de abrigos contra o perpétuo
4 rigor do clima? Estes, porém, antes mesmo que possam avistar uma legião, os hispanos e os gauleses e homens da Ásia e da Síria, fracos na guerra, os massacram, vulneráveis por nenhuma outra razão além de sua iracúndia. Pois bem, àqueles corpos, àquelas almas que desconhecem prazeres, luxo, riquezas, dá-lhes método, dá-lhes disciplina; para não dizer nada além, será necessário remontarmos pelo menos
5 à antiga conduta romana. De que outro modo Fábio reanimou as forças abaladas de nossa soberania, senão sabendo contemporizar, prolongar e retardar, coisas todas que os irados não sabem? Teria perecido nossa soberania, que estava então em situação extrema, se Fábio tivesse ousado tanto quanto a ira tentava persuadi-lo. Levou em consideração a sorte de seu povo e, avaliadas as suas forças, das quais fração alguma podia perecer sem a perda do todo, pôs de lado o rancor e a vingança, atento unicamente à eficácia e às oportunidades. Ele venceu a ira antes de
6 vencer Aníbal. Que dizer de Cipião? Tendo deixado para

trás Aníbal e o Exército púnico e tudo com que deveria irar-se, não transferiu ele a guerra para a África com tanta lentidão que despertou nos malevolentes a opinião de desregramento e indolência? Que dizer do outro Cipião? Não sitiou Numância por muito tempo e tolerou com resignação esse pesar, seu e de seu povo: o de Numância ser vencida em mais longo tempo que Cartago? Ao cercar e bloquear os inimigos, apertou-os até que se lançassem à própria espada. Assim, a ira não é útil nem em batalhas ou guerras, pois ela é propensa à temeridade, e os perigos, enquanto quer impô-los, deles não se acautela. A virtude mais cabal é a que em torno de si fez longa e detida inspeção, teve autodomínio e avançou lenta e obstinadamente.

12 "Como, então", objeta-se, "um homem virtuoso não se enche de ira se viu o próprio pai ser assassinado, a mãe ser raptada?" Não ficará irado, mas irá vingá-los, irá defendê-los. E temes o quê? Que o amor filial, mesmo sem ira, seja para ele um estímulo pouco intenso? Ou da mesma forma deves questionar: "Como, então? Quando vir ser morto seu pai ou seu próprio filho, o homem virtuoso não irá chorar nem se abater?". Tais coisas vemos acontecer às mulheres toda vez que uma leve suspeita de perigo as aflige. Os seus deveres, o homem virtuoso cumprirá imperturbado, intrépido; e assim fará o que é digno de um homem de virtude: nada fará que seja indigno de um homem. Meu pai será assassinado: irei defendê--lo; foi assassinado: buscarei justiça, porque é necessário, não porque me dói. "Iram-se os homens virtuosos pelas injustiças contra os seus." Quando dizes isso, Teofrasto, buscas malevolência para com preceitos de maior vigor e abandonas o juiz voltando-te para a audiência: como toda gente se enfurece com os infortúnios desse tipo que ocorrem aos seus, pensas que as pessoas julgarão que esse é o comportamento que se deve adotar. De fato, quase sempre cada um julga ser justa a paixão que reconhece em si mesmo. Mas fazem o mesmo se não lhes fornecem

água quente de modo adequado, se foi quebrado um vaso de vidro, se seu calçado ficou coberto de lama. Não é o afeto que move aquela ira, mas a fraqueza, tal como nas crianças que choram pela perda tanto de seus pais quanto de suas amêndoas. Irar-se pelos seus não é próprio de uma alma afetuosa, mas da que é fraca. O que é belo e digno é apresentar-se como defensor de seus pais, filhos, amigos, concidadãos, conduzido pelo próprio dever, benévolo, ponderado, prudente, não impulsivo e raivoso. De fato, nenhuma paixão é mais desejosa de vingar-se do que a ira, e por isso mesmo ela é inábil para vingar-se. Por ser muito apressada e insana, como em geral toda cupidez, ela própria serve de obstáculo para aquilo a que se apressa. Assim, nem na paz, nem na guerra, ela jamais foi um bem. Ela torna a paz semelhante à guerra; nos combates, esquece que Marte é imparcial, e não tendo poder sobre si, cai em poder de outrem. Depois, os vícios não devem ser admitidos na prática porque alguma vez alcançaram algum efeito. Ora, mesmo as febres aliviam alguns tipos de indisposições e nem por isso deixa de ser melhor passar totalmente sem elas. Abominável é o tipo de remédio em que a saúde se deva a uma doença. De modo semelhante, a ira, mesmo se às vezes, tal como um veneno, uma queda ou um naufrágio, tenha se mostrado inesperadamente útil, nem por isso deve ser considerada benéfica. Certamente, o que é nocivo serviu muitas vezes como algo salutar.

13 Depois, os bens que se deve possuir, quanto maiores tanto melhores e mais desejáveis eles são. Se a justiça é um bem, ninguém dirá que ela será melhor se algo tiver sido tirado dela. Se a bravura é um bem, ninguém desejará que ela seja diminuída em alguma parte. Portanto, também a ira, quanto maior, tanto melhor. Quem, pois, haveria de recusar o incremento de um bem? Ora, é desvantajoso que a ira sofra aumento. Portanto, que ela também exista. Não é um bem o que, pelo crescimento, se torna um mal. "Útil", alega--se, "é a ira, porque nos torna mais combativos." Do mesmo

modo também a embriaguez, pois ela nos torna atrevidos e ousados, e muitos, estando pouco sóbrios, foram melhores no ferro. Do mesmo modo deves dizer que também o frenesi e a insânia são necessários às nossas forças, pois amiúde o furor nos deixa mais vigorosos. Como? Algumas vezes, por um efeito contrário, o medo não tornou audaciosa uma pessoa e o temor da morte não excitou ao combate até os mais inertes? Mas a ira, a embriaguez, o medo e outras coisas desse tipo são estímulos torpes e passageiros e não fornecem instrumentos à virtude, que em nada precisa dos vícios, mas, quando muito, eleva um pouco o ânimo fraco e indolente. Ninguém, ao irar-se, torna-se mais valoroso, exceto quem não o tivesse sido sem a ira. Assim, ela não vem em auxílio da virtude, mas em lugar desta. Que dizer do fato de que, se a ira fosse um bem, ela seria um atributo dos homens mais perfeitos? Ora, os mais iracundos são as crianças, os velhos e os doentes, e tudo o que é fraco é por natureza irritadiço.

14 "Não pode acontecer", diz Teofrasto, "de um homem virtuoso não se enfurecer com os maus." Nesse sentido, quanto mais virtuoso for alguém, tanto mais iracundo ele será. Porém, ao contrário, vê se ele não é mais sereno e livre de paixões, e sem ódio a ninguém. Efetivamente, que motivo tem ele para odiar os que erram, quando a loucura os compele a delitos desse tipo? Ora, não é próprio de um homem prudente odiar os que erram; de outro modo ele próprio será odioso para si. Pense ele em tudo quanto faz de contrário à boa conduta, em tudo que fez que requer perdão; logo ficará irado também consigo. Um juiz equitativo não profere uma sentença sobre uma causa sua e outra sobre uma causa alheia. Não se encontrará ninguém, repito, que possa absolver-se, e cada um se diz inocente quando leva em conta uma testemunha, não sua consciência. Quanto mais humano seria oferecer uma alma dócil e paternal aos que erram, e não persegui-los, mas chamá-los de volta! Aquele que erra pelos campos por ignorar o caminho é melhor endereçá-lo ao trajeto certo do que rechaçá-lo.

15 Deve-se, então, corrigir quem erra, seja pela advertência, seja pela força, seja branda, seja asperamente, e ele deve tornar-se melhor tanto para si quanto para os outros, não sem castigo, mas sem ira. Quem de fato se enfurece contra aquele a quem se está medicando? Mas eles não podem ser corrigidos e não há neles nada de afável ou promissor: que sejam então tirados do convívio social os que hão de piorar tudo com que travam contato e deixem de ser nocivos da única maneira que podem, mas isso sem ódio. Pois qual a razão para eu odiar aquele a quem presto o maior benefício exatamente quando eu o livro de si mesmo? Acaso alguém odeia seus membros quando os amputa? Isso não é ira, mas uma lamentável cura. Matamos a pancadas os cães bravos e abatemos o boi selvagem e feroz, e aos animais doentes deitamos o ferro para que não contaminem o rebanho, eliminamos os fetos malformados, inclusive afogamos nossos filhos se nasceram fracos e disformes. Não é ira, mas um ato racional separar o que é inútil do que é são. Ao que pune, nada convém menos do que irar-se, uma vez que o castigo se mostra ainda mais proveitoso para a correção se foi refletidamente imposto. Daí por que Sócrates diz a seu escravo: "Eu te surraria se não estivesse irado". Ele adiou a repreensão do escravo para um momento de maior equilíbrio; naquele momento repreendeu-se. Será afinal moderada a paixão de alguém, tendo em vista que Sócrates não ousou entregar-se à ira?

16 Portanto, para a correção dos que erram e incidem em crimes, não é preciso um censor irado. Realmente, sendo a ira um delito da alma, não convém que quem corrija esteja em erro ele também. "Como? Não vou me irar com o ladrão? Não vou me irar com o envenenador?" Não, também não me irrito comigo quando me faço uma sangria. Todo tipo de punição eu aplico como um remédio. Estás ainda enredado no primeiro estágio dos erros e neles não incorres com gravidade, mas com frequência: uma censura, primeiro em particular, depois em público, tentará te emendar. Tu

avançaste demasiado longe para poder ser curado com palavras: serás refreado pelo rebaixamento de teu status. Há necessidade de imprimir-te marca mais funda para que possas senti-la: serás mandado para o exílio, a lugares desconhecidos. Uma perversidade em ti já solidificada exige remédios mais amargos: recorrer-se-á às prisões públicas e ao calabouço. Tua alma é insanável, entrelaça crimes com crimes e não és mais impelido por pretextos, que para o mal nunca hão de faltar, mas a própria prática de delitos é para ti pretexto suficiente para praticar novos delitos. Estás imbuído na maldade e a tal ponto a tens mesclada com tuas vísceras que, a não ser junto com estas, não poderia ela ser expelida. Há muito tempo, pobre-diabo, estás em busca de morrer. Nós te prestaremos uma boa ajuda. Iremos privar-te dessa insânia pela qual atormentas e és atormentado, e depois de teres te enlameado nos suplícios teus e nos alheios, diante de ti poremos o único bem que te resta: a morte. Por que irar-me com alguém quando mais lhe posso ser útil? Matar é às vezes a melhor espécie de misericórdia. Se, como terapeuta experiente e instruído, eu tivesse entrado num hospital ou na casa de uma pessoa rica, não poderia prescrever a mesma coisa a todos os que por causas diversas estivessem doentes. Noto uma variedade de vícios em tão numerosas pessoas e fui incumbido de cuidar da cidade. Para a doença de cada um, que seja buscado seu remédio. Este seja sanado pela vergonha; aquele, por uma viagem; este outro, pela dor; aquele, pela privação; aqueloutro pelo ferro. Assim, se for preciso vestir a toga escura de magistrado e convocar a multidão com a trombeta, avançarei para o tribunal, não enfurecido nem hostil, mas com o semblante da lei, e formularei aquelas palavras solenes com voz branda e grave, em vez de enraivecida, e ordenarei, não com ira, mas com severidade, a execução. E quando eu ordenar que seja decapitado um condenado, quando eu costurar o parricida dentro de um saco, quando eu enviar para a execução o soldado e quando, sobre a rocha Tarpeia, eu posicionar o traidor ou inimigo público, estarei sem ira e com aquela expressão e disposição com que golpeio serpentes e animais venenosos. "É necessário iracúndia para punir." Por quê? Parece-te que a lei sente ira contra os que não conhece, os que não viu, os que espera que não venham a existir? Deve--se então assumir o espírito dessa lei, que não sente ira, mas emite uma sentença. De fato, se ao homem virtuoso convém irar-se diante de atos perversos, também lhe convirá ter inveja diante das situações afortunadas de homens perversos. O que é efetivamente mais revoltante do que florescerem alguns e abusarem da indulgência da sorte, pessoas para as quais não se encontra nenhuma sorte que lhes possa ser má o bastante? Mas o homem bom tanto olhará sem ódio para os privilégios de tais pessoas, quanto sem ira para seus crimes. O bom juiz condena as coisas reprováveis, não as odeia. "Como, então? Quando o sábio tiver em suas mãos algo desse tipo, sua alma não ficará tocada e mais inflamada que de costume?" Admito que sentirá um leve e tênue impulso. Com efeito, como afirma Zenão, também na alma do sábio, mesmo quando é curada uma ferida, a cicatriz permanece. Sentirá, portanto, certos sinais e sombras das paixões, mas delas, na verdade, estará isento.

17 Aristóteles diz que certas paixões, se alguém faz bom uso delas, valem por armas. Isso seria verdadeiro se pudessem ser tomadas e largadas, tais como equipamentos bélicos, ao arbítrio de quem se reveste delas. Essas armas que Aristóteles dá à virtude lutam por si próprias, não esperam o manejo, são elas que dominam, não são dominadas. Não precisamos de outros instrumentos; a natureza nos proveu suficientemente de razão. Deu-nos esse dardo robusto, duradouro, obediente, que não tem dois gumes nem é passível de ricochetear contra seu dono. Não apenas para nos precavermos, mas para agirmos, a razão é ela própria suficiente por si. De fato, o que é mais insensato do que ela pedir o apoio da iracúndia, desta que é inconstante, sendo ela estável; desta que é infiel, sendo ela fiel; desta que é

enferma, sendo ela sã? Que dizer de que, também para as ações nas quais apenas o concurso da iracúndia parece necessário, a razão seja por si muito mais eficaz? Pois esta, tão logo julgue que se deva fazer algo, nisso persevera. Com efeito, melhor do que ela mesma nada se há de encontrar que possa demovê-la. Por conseguinte, uma vez fixados seus propósitos, ela persiste. É frequente que a misericórdia tenha feito recuar a ira. Esta efetivamente apresenta não uma robusta solidez, mas um inchaço vazio, e serve-se de uma violência inicial que se assemelha aos ventos que se elevam da terra e são muito intensos ao se abaterem, sem persistência, sobre rios e pântanos. Ela começa com grande ímpeto, depois arrefece, fatigada antes do tempo, e não se tendo ocupado de nada além de crueldade e novos tipos de castigos, quando é para punir, já está enfraquecida e suave. A paixão logo decai, a razão é inalterável. De resto, mesmo quando a ira perseverou, se são numerosos os que mereceram morrer, às vezes, depois do sangue de dois ou três, ela deixa de matar. Seus primeiros golpes são enérgicos. Assim também o veneno das serpentes é nocivo quando elas saem de seu abrigo; são inofensivos os seus dentes quando frequentes mordidas os deixaram exauridos. Portanto, não sofrem igual punição os que cometeram igual delito, e muitas vezes quem menos o cometeu é quem mais sofre, porque foi entregue a ela quando estava ainda bastante recente. E em tudo ela é instável: ora se manifesta além do que convém, ora perdura bem menos do que é devido. É de fato indulgente consigo, julga a seu bel-prazer, não quer ouvir, não deixa espaço para justificativa, agarra-se àquilo contra o que investiu e não permite que seja anulado seu julgamento, mesmo se é ele errôneo.

18 A razão concede um tempo a uma e outra parte, depois pede um prazo também para si, a fim de que tenha um período para extrair a verdade; a ira se apressa. A razão quer proclamar o que é justo; a ira quer que pareça justo aquilo que ela proclamou. A razão não olha nada

além do próprio caso que é tratado; a ira é abalada por fatores sem importância e que se apresentam fora da causa. Exasperam-na um rosto bem seguro, uma voz bem nítida, a expressão arrojada, um traje muito apurado, um grupo de defesa bastante ostentoso, o favor popular. Muitas vezes, por ódio ao advogado, condena o réu. Mesmo se a verdade se impõe a seus olhos, ama e defende o erro. Não quer ser demovida e, nas más iniciativas, parece-lhe mais honrosa a pertinácia que o arrependimento. Cneu Pisão foi, em nossa época, homem isento de muitos vícios, porém maldoso, agradando-lhe a severidade em lugar da firmeza. Tomado de ira, ordenou que fosse levado à execução um soldado que havia retornado de uma licença sem o seu companheiro, sob a suspeita de que tivesse matado quem ele não exibia a seu lado. Pedindo-lhe este algum tempo para procurá-lo, não lhe concedeu. O condenado foi levado fora da trincheira e já estendia o pescoço quando de súbito apareceu o companheiro que se considerava assassinado. Então, o centurião encarregado do suplício ordena à sentinela embainhar a espada, reconduz a Pisão o condenado a fim de restituir diante de Pisão sua inocência, já que a fortuna a tinha restituído ao soldado. Por grande multidão são levados, abraçados um ao outro, com enorme alegria dos companheiros de quartel. Pisão sobe furioso ao tribunal e ordena serem conduzidos os dois à morte, tanto o soldado que não matara quanto o que não morrera. O que haveria mais injusto do que isso? Porque um se mostrara inocente, os dois pereciam. Pisão acrescentou um terceiro, pois ordenou ao suplício o próprio centurião que havia trazido de volta o condenado. Num mesmo local foram colocados três que haveriam de perecer por causa da inocência de um só. Oh, que ardilosa é a iracúndia para forjar motivos de furor! "A ti", diz ela, "ordeno o suplício porque foste condenado; a ti, porque foste para teu companheiro a causa de sua condenação; a ti, porque, tendo recebido ordem para matar, não obedeceste a teu comandante." Excogitou como produzir três crimes porque não encontrara nenhum.

19 A iracúndia, afirmo-te, tem isto de mal: não quer que a governem. Enfurece-se com a própria verdade se esta se mostrou contrária à sua vontade. Com gritos, tumulto e agitação de todo o corpo, persegue aqueles aos quais se aferrou, lançando-lhes insultos e maldições. Isso a razão não faz; porém, se assim é necessário, em silêncio e tranquila, ela faz desaparecer por completo casas inteiras e extingue famílias molestas para o Estado, inclusive esposas e filhos, demole edifícios e os arrasa, extirpa nomes hostis à liberdade. E isso sem se indignar e agitar a cabeça, nem fazer algo indecoroso para um juiz, cujo semblante deve ser o mais plácido e natural, especialmente quando pronuncia sentenças de tanta importância. "Que necessidade há", dizia Hierônimo, "quando queres matar alguém, de antes morder teus próprios lábios?" E se ele tivesse visto um procônsul saltando de sua tribuna, arrancando os feixes do lictor e rasgando sua própria vestimenta, porque as do outro, o réu, estavam demorando para serem rasgadas? Que necessidade há de virar a mesa, atirar copos, jogar-se contra colunas, arrancar os cabelos, bater na coxa e no peito? O que se pode pensar dessa potência da ira que, por não explodir contra outro com a rapidez desejada, se volta contra si mesma? São contidas, por fim, essas pessoas pelos que lhes estão próximos, os quais lhes rogam que acalmem a fúria contra si.

Nada disso faz quem, estando isento de ira, aplica a cada um a pena merecida. Não raro absolve aquele cujo delito ele flagra. Se o arrependimento do ato oferece uma boa esperança, se ele entende que a maldade não vem do fundo da alma, mas, como dizem, está na superfície, concederá uma impunidade que não será nociva nem aos que a recebem, nem aos que a dão. Por vezes reprimirá os crimes maiores com mais leveza do que os menores, se aqueles foram cometidos por um lapso, não por crueldade, e nestes existe uma astúcia oculta, não só encoberta, mas inveterada. Ele não penalizará com punição igual um mesmo delito de duas pessoas, se uma incorreu por negligência e outra teve intenção de ser nociva. Em toda punição ele manterá a consciência de que uma se aplica para emendar os maus; outra, para eliminá-los. Em ambos os casos, terá em consideração não o passado, mas o futuro — de fato, como diz Platão, nenhuma pessoa sábia pune porque se cometeu um erro, mas para que não se cometa mais, pois os fatos passados não podem ser reparados, os futuros são prevenidos —, e os que ele quiser que se tornem exemplos do insucesso da maldade fará matá-los em público, não somente para eles próprios perecerem, mas para com seu perecimento dissuadir os outros. Bem vês o quanto aquele que deve ponderar e avaliar questões como essas precisa, livre de toda inquietação, abordar com muito cuidado o tratamento deste recurso, o poder de vida e de morte. É um erro confiar a espada a um irado.

20 Nem mesmo deve-se julgar que a ira vá conferir algo à grandeza da alma. Com efeito, aquilo não é grandeza, é intumescência. Para corpos inchados por excesso de líquido nocivo, tal doença não é um incremento, mas um excedente maléfico. Todos que uma alma delirante eleva acima dos pensamentos próprios do homem, creem emanar algo profundo e sublime. Porém, não há nada de sólido por baixo disso, e o que se ergueu sem fundações é propenso a desabar. Não tem a ira em que se apoiar; não se origina de algo firme e permanente, mas é volúvel e inane, e da grandeza de alma está tão distante quanto da bravura está a audácia; da confiança, a insolência; da austeridade, a tristeza; da severidade, a crueldade. Há muita diferença, afirmo, entre o ânimo sublime e o soberbo. A iracúndia não medita nada de amplo e de belo. Ao contrário, parece-me próprio de uma alma prostrada e infeliz, consciente de sua fraqueza, sofrer constante dor, como os corpos ulcerados e enfermos que gemem ao mais leve toque. Assim, a ira é

um vício típico, sobretudo, da mulher e da criança. "Mas acomete inclusive os homens." Realmente, há também homens com um temperamento pueril e feminino. "Como, então? Não são proferidas pelos irados certas sentenças que pareceriam enunciadas por uma grande alma?" Sim, para os que ignoram a verdadeira grandeza da alma, como naquela frase famosa e abominável: "Que odeiem, desde que temam". Lembra que foi escrita no tempo de Sula. Não sei qual das duas coisas ele desejou para si de pior: que fosse alvo de ódio ou de temor. "Que odeiem." Então lhe vem à mente que irão execrá-lo, atraiçoá-lo, oprimi-lo. E o que acrescentou? Que os deuses o percam, tal foi o remédio que encontrou digno de seu ódio. "Que odeiem!" Como? Desde que lhe obedeçam? Não. Desde que o aprovem? Não. O quê, então? "Desde que o temam." Assim eu não desejaria nem mesmo ser amado. Achas que isso foi dito com espírito elevado? Estás enganado; isso realmente não é elevação, mas desumanidade.

Não há por que acreditares nas palavras dos irados. Seus estrépitos são enormes, ameaçadores; no íntimo, sua alma está apavorada. Nem há por que considerar verdadeiro o que se diz com tanta eloquência em Tito Lívio: "Homem de caráter antes elevado que bondoso". Não se pode separar isso: ou também será bom ou não terá elevação, pois entendo a elevação da alma como inabalável, não apenas sólida interiormente, mas uniforme e estável desde a base, tal qual não pode existir nas índoles perversas. Estas, de fato, podem ser terríveis, turbulentas e perniciosas; grandeza, cujo fundamento e força é a bondade, certamente não terão. No entanto, por sua linguagem, por seus esforços e por todo aparato externo, farão crer em sua grandeza. Falarão algo que tu julgarias próprio de uma alma elevada, tal como Calígula, que, tendo se irritado contra o céu, cujos estrondos perturbavam os pantomimos — que ele imitava com mais entusiasmo do que assistia —, e por causar susto durante o divertimento, devido aos raios (pena que bem pouco certeiros), chamou Júpiter para uma luta até a morte, bradando aquele verso de Homero: "Ou me arrebatas ou eu a ti!".

Quanta loucura! Achou que nem sequer de Júpiter poderia sofrer dano, ou que até mesmo a Júpiter poderia ele infligir dano. Não acho que essa frase tenha tido pouco peso para incitar a mente dos conjurados. De fato, pareceu-lhes o cúmulo da paciência tolerar alguém que não podia tolerar Júpiter.

21 Nada, portanto, nem mesmo quando parece ser violenta e desprezar deuses e homens, nada há na ira de grandioso nem de nobre. Ou então, se para alguém a ira parece produzir uma alma elevada, que lhe pareça também o amor pelo luxo; este deseja repousar em marfim, vestir-se de púrpura, cobrir-se de ouro, deslocar terras, cercar águas do mar, formar quedas em rios, erguer bosques suspensos. Que lhe pareça própria de uma alma elevada também a avareza; esta se deita sobre montes de ouro e prata e cultiva campos que têm nomes de províncias e, sob cada capataz, possui territórios mais extensos do que os que eram sorteados aos cônsules. Que lhe pareça própria de uma alma elevada também a libido; ela atravessa a nado estreitos de mar, castra grupos de meninos, expõe-se à espada do marido, desprezando a morte. Que lhe pareça própria de uma alma elevada também a ambição; ela não se contenta com os cargos anuais, mas, se lhe é possível, deseja ocupar com um único nome o calendário, dispor por todo o orbe inscrições suas. Todas essas coisas, não importam quais o seu êxito e sua dimensão, são estreitas, miseráveis, desprezíveis; somente a virtude é sublime e elevada, e nada é grandioso se ao mesmo tempo não for sereno.

Livro II

1   1 O primeiro livro, Novato, encerrou matéria mais amigável. É realmente fácil o descenso pela ladeira dos vícios. Agora é preciso vir a aspectos mais sutis. Indagamos, então, se a ira se inicia por um juízo ou por um impulso, ou seja, se é espontaneamente movida ou, como a maior parte do que se origina dentro de nós, sem que disso tenhamos
2   consciência. A discussão, no entanto, deve descer a essas questões para que possa, depois, alçar-se a pontos mais elevados. Com efeito, em nosso corpo, também, os ossos, os nervos e as articulações, a estrutura do todo e os órgãos vitais, em nada atraentes à vista, são dispostos primeiro; depois aqueles elementos dos quais vem todo atrativo da face e da fisionomia; e após tudo isso, é vertida a última cor, que mais encanta os olhos, já concluído o corpo.
3   Sem dúvida, o que move a ira é a ocorrência da ideia de uma injúria, mas indagamos se ela segue de imediato essa ideia e se ela se exterioriza sem que o consinta a alma ou
4   se é movida com o assentimento desta. Aceitamos que a ira nada ousa por si mesma, mas, sim, com a aprovação da alma, pois tomar a ideia de uma injúria recebida e desejar sua vingança, e juntar uma coisa à outra — que não se deve sofrer agressão e que se deve obter vingança —, isso não é
5   um impulso da alma suscitado sem a nossa vontade. O primeiro movimento é simples, o outro é complexo e compreende vários passos: perceber algo, indignar-se,

condenar, cobrar vingança. Esses processos não podem ocorrer se a alma não deu assentimento aos estímulos pelos quais estava sendo atingida.

2. "Qual é a pertinência dessa questão?", perguntas. É para que saibamos o que é a ira, pois se ela nasce contra nossa vontade, nunca irá se curvar à razão. Todos os movimentos que não são feitos por nossa vontade são invencíveis e inevitáveis, como o arrepio ao sermos aspergidos de água fria, o asco a certos contatos; diante de notícias muito ruins, eriçam-se nossos pelos, alastra-se um rubor diante de palavras insolentes e segue-se uma vertigem quando se olha para precipícios. Posto que nenhuma dessas sensações esteja em nosso poder, a razão não tem como persuadir a que não sejam produzidas. A ira é evitada por preceitos. É efetivamente um vício voluntário da alma, não desses que ocorrem por certa condição da sorte humana e que, por isso, sucedem até com as pessoas mais sábias, devendo incluir-se entre eles também aquele primeiro impulso que nos move depois da suposição de uma injúria. Este sobrevém até em meio a divertidos espetáculos teatrais e leituras de antigas histórias. Muitas vezes, parecemos ficar irados com Clódio, ao exilar Cícero, e com Antônio, ao matá-lo. Quem não se exalta contra as armas de Mário, contra as proscrições de Sula? Quem não se enfurece com Teódoto e Áquila, e com o próprio menino que ousou um crime nada pueril? O canto, às vezes, e sua veloz modulação nos estimula, bem como aquele som marcial das trombetas. Move nossas mentes tanto uma pintura medonha quanto a triste visão dos mais justos suplícios. Daí é que rimos para os que nos riem e nos contrista a multidão dos aflitos, e nos inflamamos diante de disputas alheias. Tais sentimentos não são iras, tanto quanto não é tristeza o que contrai nossa fronte à vista de um naufrágio encenado, tanto quanto não é temor o que percorre a alma dos leitores quando Aníbal, depois de Canas, sitia nossas muralhas, mas todas essas coisas são movimentos de almas que, todavia, não querem ser

movidas; não são paixões, mas princípios que preludiam as paixões. Assim, pois, a trombeta excita os ouvidos de um velho militar, em plena paz e já em traje civil, e o ruído das armas excita os cavalos de campanha. Dizem que Alexandre, enquanto Xenofanto cantava, lançou sua mão às armas.

3 Nada dessas coisas que impelem fortuitamente a alma deve ser chamado de paixão: a alma, por assim dizer, sofre-as mais do que as produz. Portanto, a paixão não é ser movido em função de imagens que nos ocorrem dos fatos, mas entregar-se a elas e seguir esse movimento fortuito. Realmente, se alguém considera um indício de paixão e um sintoma do estado da alma a palidez e as lágrimas caindo, a excitação de um desejo obsceno ou um suspiro profundo, um olhar repentinamente mais acerbo ou algo semelhante a tais coisas, engana-se e não entende que estes são impulsos do corpo. Assim, não só o mais bravo guerreiro por vezes empalideceu enquanto se armava, como também, depois de dado o sinal de combate, os joelhos do mais feroz soldado tremeram um pouco e o coração de um grande general palpitou antes que as hostes se entrechocassem, e no mais eloquente orador, enquanto se preparava para falar, ficaram rígidas as extremidades de seus membros. A ira não apenas deve ser movida, mas deve extravasar. Ela é de fato um impulso. Nunca, porém, existe um impulso sem o assentimento da mente, pois não é possível ser tratada a vingança e o castigo sem que o saiba a alma. Alguém se julgou lesado, quis vingar-se, mas, dissuadido por algum motivo, aplacou-se de imediato: a isso não chamo ira, a esse movimento da alma obediente à razão. A ira é aquela que transpõe a razão, que a arrebata consigo. Portanto, aquele primeiro abalo da alma, que a ideia de injúria incutiu, não é ira tanto quanto não o é a própria ideia de injúria. Aquele impulso seguinte, que não apenas recebeu a ideia de injúria, mas a aprovou, é ira, concitação da alma que procede à vingança por vontade

e discernimento. Não há a menor dúvida de que o temor contenha em si a fuga, e a ira, o impulso agressor. Vê, então, se julgas que é possível ou buscar ou prevenir algo sem o assentimento da mente.

4 E para saberes como têm início as paixões ou crescem ou se exacerbam, há um primeiro movimento involuntário, como uma preparação da paixão e certa ameaça; um outro, com uma vontade não contumaz, como se fosse preciso eu me vingar, já que fui ofendido, ou fosse preciso castigar essa pessoa, já que cometeu um delito. Um terceiro movimento é já incontrolado: ele não quer se vingar se for necessário, mas de qualquer maneira; ele derrota a razão. Aquele primeiro impacto na alma não podemos evitar pela razão assim como nem aquelas sensações que dissemos acontecer aos nossos corpos: que o bocejo alheio não estimule o nosso, que os olhos não se fechem ante a súbita aproximação dos dedos. Essas coisas não pode a razão vencer, o hábito, talvez, e a assídua observação as atenuam. Aquele segundo movimento, que nasce de um juízo, é eliminado por um juízo.

5 É preciso ainda examinar o seguinte: se é fato que os que comumente ficam irados e se regozijam com sangue humano porventura se enfurecem quando matam aqueles de quem não receberam injúria, e nem julgam tê-la recebido, tal como foi o caso de Apolodoro ou o de Fálaris. Isso não é ira, é ferocidade, pois não causa um malefício porque recebeu uma injúria, mas está disposta inclusive a recebê-la, desde que possa causar um mal. Não são para sua vingança que lhe são requeridos açoites e lacerações, mas para seu prazer. O que ocorre, então? A origem desse mal vem da ira, que, por sua frequente prática e satisfação, quando chegou ao esquecimento da clemência e expulsou da alma todo laço humano, converte-se finalmente em crueldade. Assim, pois, riem e se regozijam, desfrutam intenso prazer e estão muito distanciados da feição dos irados, sendo cruéis por diversão.

4   Dizem que Aníbal falou assim, quando viu um fosso cheio de sangue humano: "Que belo espetáculo!". Quanto mais belo lhe teria parecido se tivesse enchido um rio ou um lago! Admirar-nos de quê, se és intensamente cativado por esse espetáculo, pois que nasceste no sangue e desde criança te afizeste às matanças? Há de acompanhar-te uma fortuna que irá favorecer por vinte anos tua crueldade e dará por toda parte a teus olhos um grato espetáculo: irás assistir-lhe ao redor do Trasimeno, de Canas e, finalmente,
5   ao redor de tua Cartago.   Há pouco, Voleso, procônsul da Ásia sob o divino Augusto, depois de, com uma segure, ter abatido trezentos num só dia, caminhando entre os cadáveres com semblante soberbo, como se tivesse feito algo magnífico e digno de se contemplar, proclamou em grego: "Que régia façanha!". Tivesse ele sido um rei, o que teria feito? Isso não foi ira, mas um mal maior e insanável.

1   6 "A virtude", afirma-se, "tal como é benevolente com as ações honrosas, deve, da mesma forma, mostrar-se irada com as ações torpes." E se alguém afirmasse que a virtude deve ser tanto baixa quanto elevada? Ora, quem diz isso quer que ela seja exaltada e rebaixada, ainda que o contentamento diante do que é feito com retidão seja notável e grandioso; a ira, diante do erro alheio, é sórdida e
2   própria de um coração mesquinho.   E jamais a virtude irá se expor a imitar os vícios enquanto os reprime. Ela deve castigar sua própria ira, que não é melhor em comparação a nada, por vezes é até pior do que esses delitos com os quais ela se enfurece. Comprazer-se e alegrar-se é próprio e natural da virtude: irar-se não está em conformidade com a sua dignidade, não mais do que abater-se. Ora, a tristeza é companheira da iracúndia, e naquela, toda ira torna a cair,
3   ou após arrepender-se ou após sofrer um revés.   E se for próprio do sábio irar-se com os erros, mais irado ele ficará com os erros maiores e estará frequentemente irritado. Segue-se disso que o sábio não apenas ficaria irado, mas seria irascível. Ora, se nem uma ira intensa nem frequente

acreditamos que tenha lugar na alma do sábio, por que
4 não o liberaríamos totalmente dessa paixão? De fato,
não pode haver medida se ele há de sentir-se irado pelo
que cada um tenha feito. Ele será, sem dúvida, ou iníquo,
se ficar irado de maneira igual com delitos desiguais, ou
extremamente irascível, se tantas vezes se inflamar quantas
um crime tiver merecido sua ira.

1 7 E o que é mais indigno do que o estado de espírito de
um sábio depender da maldade alheia? Sócrates deixará de
poder retornar para casa com o mesmo semblante com que
dela havia saído? Ora, se o sábio deve sentir-se irado com o
que foi feito de errado e exaltar-se e entristecer-se por crimes,
nada é mais desventurado que o sábio; toda a sua vida
2 transcorrerá às voltas com a iracúndia e o abatimento. Que
momento pois haverá em que não veja fatos reprováveis?
Quantas vezes tiver saído de casa, deverá andar no meio
de celerados e avarentos, perdulários e devassos, felizes
com esses vícios. Seus olhos não se voltarão a parte alguma
sem que encontrem o que os deixe indignados: sucumbirá
se, de si próprio, tiver exigido ira sempre que uma causa a
3 pedir. Esses milhares de pessoas que se apressam ao fórum
no alvorecer: quão torpes seus litígios e ainda mais torpes as
testemunhas que as acompanham! Um desaprova as últimas
disposições de seu pai, das quais teria sido melhor não
ser merecedor; outro disputa com a própria mãe; outro se
apresenta como delator de um crime do qual é réu manifesto;
elege-se um juiz para condenar atos que ele próprio cometeu
e o público, aliciado pela bela palavra do advogado, se põe
favorável a essa má causa.

1 8 Por que descrevo casos individuais? Quando vires o
fórum lotado de gente, e o Campo de Marte repleto pela
afluência da multidão, e o circo em que o público comparece
em sua maior parte, saibas disto: ali existem tantos vícios
2 quantos homens. Entre esses que vês trajando toga, não há
paz alguma: um é levado a destruir o outro por um ligeiro
ganho, ninguém obtém lucro senão com o dano de outrem,

odeiam quem é feliz, desprezam o infeliz, não suportam alguém superior, oprimem o inferior, são incitados por desejos diversos, querem que tudo se arrase em troca de um leve prazer ou espólio. Sua vida não é diferente da dos que convivem e lutam com os mesmos parceiros numa escola de gladiadores. É esse um agrupamento de feras, com a diferença de que elas são mansas entre si e se abstêm de morder seus semelhantes, já eles são saciados pela mútua laceração. Somente nisto diferem dos animais: no fato de que estes se tornam mansos com quem os alimenta, e a raiva dos homens devora exatamente quem os nutriu.

9 Nunca o sábio deixará de sentir ira caso tenha uma vez começado: tudo é repleto de crimes e vícios. Comete-se-os em maior número do que se poderia sanar pela punição. Disputa-se num amplo certame de maldades. A cada dia é maior o desejo de praticar uma falta e menor a vergonha. Depois de expulso o respeito pelo que é melhor e mais justo, onde bem lhe pareça, a cobiça se impõe. Já nem são furtivos os crimes: eles se dão diante dos olhos; a maldade se mostra em público e se fortalece no coração de todos, a ponto de a inocência não ser rara, mas nula. Acaso foram indivíduos ou pequenos grupos que violaram a lei? De todos os lados, como se a um sinal dado, eles se insurgem para confundir o lícito e o ilícito:

> [...] *o hóspede não está a salvo do anfitrião,*
> *nem, de seu genro, o sogro; é rara a afeição mesmo entre irmãos;*
> *um homem ameaça de morte a esposa; ela, o marido;*
> *terríveis madrastas misturam acônitos cor de anil;*
> *o filho indaga antes do tempo a idade do pai.*

E que pequena parcela de crimes é essa? O poeta não descreveu guarnições rivais pertencentes a um mesmo partido, juramentos conflitantes de pais e filhos, chamas lançadas à pátria pela mão de um cidadão, batalhões de violentos cavaleiros circulando à procura de esconderijos de proscritos, fontes contaminadas por venenos, pestes intencionalmente produzidas, trincheiras escavadas para sitiar os próprios pais, cárceres lotados, incêndios que consomem cidades inteiras, tiranias mortíferas, reuniões clandestinas para aniquilar reinos e bens públicos, atos tidos como gloriosos, que são crimes enquanto é possível reprimi-los, raptos, estupros e nem mesmo uma língua que tenha se abstido de torpezas. Acrescenta então os perjúrios coletivos de nações, os acordos rompidos e tudo que não opondo resistência é integrado ao despojo do mais forte, conluios, furtos, fraudes, calotes, para os quais não bastam nossos três fóruns. Se queres que o sábio se enfureça tanto quanto a indignação pelos crimes o exige, ele não haveria de enfurecer-se, mas de ensandecer.

10 Será melhor pensares o seguinte: não se deve sentir ira contra os erros. Que diríamos se alguém se irritasse com os que dão passos inseguros na escuridão; e com os surdos que não escutam suas ordens; e com as crianças porque, descuidando dos deveres, se voltam para jogos e divertimentos tolos com seus companheiros? E se quisesses irar-te com os que adoecem, os que envelhecem, os que se cansam? Entre outros incômodos da condição mortal, há também este: a turvação de nossa mente e não apenas a inevitabilidade de errar, mas o amor pelos erros. Para que não fiques irado contra cada indivíduo é preciso perdoar a todos, é preciso conceder vênia ao gênero humano. Se te irritares com os jovens e com os velhos porque erram, irrita-te com as crianças: elas vão errar. Alguém por acaso se irrita com crianças cuja idade ainda não dispõe de discernimento? Ainda maior e mais justa é a desculpa de ser um homem do que a de ser criança. Nascemos nessa condição, expostos a doenças da alma não menos numerosas que as do corpo, seres que não são obtusos ou ineptos, mas que utilizamos mal nossa perspicácia, sendo exemplos de vícios uns para os outros. Alguém que

segue os que antes tomaram um mau caminho, como não teria ele desculpa uma vez que se extraviou por uma via
4 coletiva? A severidade do general se mostra aos soldados individualmente, mas é necessária vênia quando o exército inteiro desertou. O que tolhe a ira do sábio? A multidão dos faltosos. Ele entende o quanto seria não só injusto mas arriscado irar-se contra um vício coletivo.

5 Heráclito, toda vez que saía e via tantos em torno de si a viver mal — mais do que isso, a morrer mal —, chorava, compadecia-se de todos que se aproximavam alegres e felizes, sendo terno seu coração, porém frágil demais, e ele próprio estava entre os que deviam ser lamentados. Por outro lado, dizem que Demócrito nunca aparecia em público sem sorrir, tanto não lhe parecia sério tudo que era tratado a sério. Onde há lugar aqui para a ira? Ou se deve rir de tudo ou se deve chorar.

6 O sábio não ficará irado com os que erram. Por quê? Porque sabe que ninguém nasce, mas se torna sábio; sabe que, em cada época, pouquíssimos se convertem em sábios; porque tem completo conhecimento da condição da vida humana, e nenhum homem sensato se enfurece contra a natureza. Iria ficar admirado de não penderem frutos nas matas silvestres? Iria se admirar de espinheiras e sarçais estarem repletos de ervas inúteis? Ninguém se enfurece
7 quando é a natureza a defensora do vício. Desse modo, o sábio, sereno e justo diante dos erros, não como inimigo, mas como alguém que corrige os que erram, todo dia sai à rua com esta intenção: "Vão me aparecer muitos que são viciados no vinho, muitos gananciosos, muitos ingratos, muitos avaros, muitos que são acossados pelas fúrias da ambição". Todas essas coisas ele vai olhar tão benévolo
8 quanto um médico a seus doentes. Acaso aquele cujo navio, depois de avariada sua estrutura, abre água por todo lado, enfurece-se com os nautas e com o próprio navio? Antes acorre e obstrui uma parte da água, outra parte ele faz escoar, veda as fendas visíveis, com um esforço

contínuo combate as que são invisíveis e que ocultamente causam infiltração nos porões, nem se detém pelo fato de brotar o mesmo tanto que havia escoado. É preciso um longo tratamento contra males contínuos e fecundos, não para que desapareçam, mas para que não vençam.

1 11 "É útil a ira", dizem, "porque evita o menosprezo, porque atemoriza os maus." Primeiro, a ira, se é equivalente a quanto ameaça, pela própria razão que a faz inspirar terror é também odiosa; ora, é mais perigoso ser temido do que desprezado. Mas se ela não tem força, fica mais exposta ao desdém e não escapa ao ridículo: o que é, de fato, mais 2 frívolo do que uma ira que tumultua no vazio? Depois, certas coisas, por serem mais aterradoras, não são, por isso, preferíveis, e eu não desejaria que se dissesse isto a um sábio: "Esta arma que é das feras é também do sábio: causar temor". Como? Não se teme a febre, a podagra, a úlcera maligna? Acaso há por isso algo de bom nessas coisas? Ao contrário, sendo todas repudiadas, disformes e repulsivas, por isso mesmo são temidas. Assim, a ira em si é disforme e muito pouco temível, porém é temida por muitos, tal como 3 uma máscara disforme o é pelas crianças. Que dizer do fato de que o temor sempre recai sobre seus causadores e de que ninguém é temido ficando seguro ele próprio? Que te ocorra, aqui, aquele verso de Labério que, pronunciado no teatro durante a guerra civil, atraiu para si a simpatia dos espectadores tal como se tivesse sido emitida a voz do sentimento público: "Há de muitos temer, alguém que 4 muitos temem". Assim, a natureza estabeleceu que tudo o que é grande por meio do temor alheio não está livre de seu próprio medo. O quanto ficam assustados os corações dos leões aos mais leves ruídos! Uma sombra, uma voz ou um odor insólito inquietam as mais bravias feras: tudo o que causa terror também treme. Portanto, não há razão para que qualquer sábio deseje ser temido, nem para que alguém julgue a ira como algo considerável porque ela serve para atemorizar, já que até mesmo as coisas mais

desprezíveis são temidas, como venenos, ossos pestilentos e mordidas. Não é de admirar quando um cordão adornado com penas detém enormes bandos de feras e as lança sobre armadilhas, o qual, por essa própria reação por ele produzida, é chamado de espantalho. Coisas fúteis são motivo de terror para criaturas fúteis. O movimento de um carro e a visão das rodas girando reconduzem os leões para a jaula; o grunhido dos porcos aterra os elefantes. Assim, a ira é temida do mesmo modo que uma sombra o é pelas crianças e uma pena vermelha, pelas feras. Ela mesma não tem em si nada de firme ou de forte, mas abala os espíritos frívolos.

12 "A maldade", afirma-se, "deve ser eliminada da natureza se quiseres eliminar a ira; mas não se pode fazer nenhuma dessas duas coisas." Primeiramente, alguém pode não ter frio apesar de, pela lei da natureza, ser inverno e pode não ter calor, apesar de estar nos meses de verão: ou ele está protegido, por virtude do lugar, contra a intempérie da estação, ou a resistência de seu corpo prevaleceu sobre ambas as sensações. Em seguida, inverte o argumento: é forçoso que elimines de tua alma a virtude antes de acolher a ira, dado que os vícios não coexistem com as virtudes e que ninguém pode ser ao mesmo tempo colérico e virtuoso tanto quanto enfermo e sadio. "Não é possível", afirma-se, "eliminar toda a ira da alma, nem a natureza humana permite isso." Ora, nada existe tão difícil e árduo que a mente humana não possa vencer e uma assídua meditação não possa levar à familiarização, e nenhuma paixão é tão feroz e soberana que não possa ser domada pela disciplina. Tudo o que o espírito ordenou a si próprio ele obteve: alguns conseguiram nunca rir; alguns privaram seu corpo de vinho; outros, de sexo; outros, de líquidos; um outro, contentando--se com um breve sono, prolongou uma vigília infatigável; aprendeu-se a correr sobre cordas finíssimas e traiçoeiras, a carregar pesos enormes, quase intoleráveis para as forças humanas, a mergulhar em profundidades imensas e suportar

as águas do mar sem respirar. Há mil outras coisas nas quais a pertinácia transcendeu todo obstáculo e mostrou que não é difícil nada daquilo a que a própria mente se impõe resistir. Para esses casos a que pouco antes me referi, não houve remuneração alguma ou mesmo uma que fosse digna de esforço tão pertinaz. De fato, o que de magnífico consegue quem se adestrou a caminhar por cordas esticadas, a submeter os ombros a um fardo enorme, a não permitir aos olhos o sono, a penetrar no mar profundo? E, no entanto, seu esforço alcançou o objetivo do trabalho sem uma grande recompensa. Não recorreremos à paciência, nós a quem espera tamanho prêmio: a tranquilidade inalterável de uma alma feliz? Quão valioso é escapar do maior dos males, a ira, e junto com ela, da raiva, da violência, da crueldade, do furor e de outras paixões que são suas companheiras!

13 Não há por que buscarmos para nós uma defesa e uma licença justificada, dizendo tratar-se de algo útil ou inevitável. A qual vício faltou, por fim, um defensor? Não há por que dizer que não se pode extirpar a ira: padecemos de males curáveis e, como nascemos para o bem, se quisermos nos emendar, a própria natureza nos ajuda. Nem é árduo e áspero, como pareceu a alguns, o caminho para as virtudes: facilmente nos aproximamos delas. Não venho até vós como mentor de ideias vãs. É fácil o trajeto para uma vida feliz: apenas empreendei-o sob bons auspícios e com a boa ajuda dos deuses. Muito mais difícil é fazer o que fazeis. O que é mais repousante do que a quietude da alma? O que é mais fatigante do que a ira? O que é mais leniente do que a clemência? O que é mais atribulativo do que a crueldade? A pudicícia descansa, a libido é ocupadíssima. Enfim, o cuidado de todas as virtudes é fácil, os vícios são cultivados com alto custo. A ira deve ser eliminada. Isso em parte reconhecem também aqueles que dizem que ela deve ser atenuada. Seja excluída por inteiro, não será de proveito algum. Sem ela, com mais justiça e facilidade serão suprimidos os crimes, os maus serão punidos e modificados para melhor. Tudo que o sábio deve empreender, ele o fará sem o auxílio de qualquer meio nocivo, e não irá introduzir nada cujos limites ele precise observar atentamente.

14 Assim, nunca deve ser admitida a ira; deve-se às vezes simulá-la, se é preciso estimular os ânimos fracos dos ouvintes, tal como instigamos, com esporas e tochas sob o ventre, os cavalos que demoram a largar na corrida. Às vezes, deve-se incutir medo naqueles em que a razão não tem eficácia. Irritar-se não é verdadeiramente mais útil do que afligir-se ou temer. "Como, então? Não ocorrem motivos que provocam a ira?" Mas é aí que mais se deve impor-lhe resistência. Nem é difícil vencer-lhe o ímpeto quando também os atletas, ocupados com a parte de si mais sem valor, suportam, no entanto, golpes e dores a fim de exaurir as forças de quem os machuca, e ferem não quando a isso os aconselha a sua ira, mas a ocasião. Dizem que Pirro, o maior dos instrutores de luta, costumava advertir os que ele treinava para que não se irritassem. A ira, é certo, perturba a técnica e olha somente onde possa agredir. Assim, a razão aconselha em geral a paciência; a ira, a retaliação, e quando podíamos ter nos livrado de males incipientes, em maiores nos vemos lançados. A alguns, a afronta de uma só palavra, recebida sem serenidade, os relegou ao exílio, e os que não quiseram suportar em silêncio uma leve injustiça foram cobertos de gravíssimos males e, indignados por alguma diminuição sofrida em sua mais plena liberdade, atraíram sobre si o jugo servil.

15 "Para comprovar", diz alguém, "que a ira tem em si algo de nobre, verás povos livres que são os mais iracundos, como os germanos e os citas." Isso ocorre porque as índoles por natureza fortes e sólidas, antes que sejam abrandadas pela disciplina, são propensas à ira. De fato, certas qualidades são inatas apenas nas melhores índoles, tal como a terra fértil, mesmo sem cultivo, cria árvores robustas e é frondoso o bosque de um solo fecundo. De igual maneira, também as índoles fortes por natureza sofrem a iracúndia, e as que são ígneas e férvidas nada contêm de franzino e miúdo, mas seu vigor é imperfeito tal como o de todos os seres que se desenvolvem sem arte própria, apenas por dom da natureza. Mas se não são logo domados, os que eram predispostos ao fortalecimento, habituam-se à audácia e à temeridade. Como? Às almas mais dóceis não estão ligados vícios mais leves, como a compaixão, o amor, a timidez? Assim, posso te apontar exemplos frequentes de boa índole por meio também de seus males, mas nem por isso deixam de ser vícios, ainda que sejam indícios de uma natureza superior. Depois, todos esses povos livres, devido à sua ferocidade, à maneira dos leões e dos lobos, assim como não podem viver na servidão, não podem também governar. Com efeito, não possuem o vigor da natureza humana, mas o de um ser feroz e intratável. Ora, ninguém pode governar se também não puder ser governado. Desse modo, o poder esteve geralmente nas mãos dos povos que se valem de um clima mais ameno. Aqueles que estão expostos às friagens do norte são "ásperas índoles", como diz o poeta, "e muito semelhantes a seu clima".

16 "Em animais considerados os mais nobres", alega-se, "encontra-se muita ira." Erra quem aduz, como exemplo para o homem, aqueles seres em que o impulso está em lugar da razão. Mas nem no caso deles esse fator é o mesmo para todos: a iracúndia é de ajuda para os leões; o temor, para os cervos; para o gavião, o ataque; para a pomba, a fuga. E que dizer de tampouco ser verdade que os melhores animais sejam os mais iracundos? Eu consideraria as feras, cujo alimento provém da caça, quanto mais iradas, melhores; mas poderia louvar a sujeição dos bois e dos cavalos, obedientes aos freios. Porém, qual o motivo para fazer o homem voltar-se para exemplos tão estéreis quando se tem o cosmos e Deus, a quem o homem, dentre todos os viventes, é o único a conhecer, para ser o único a poder imitá-lo? "Os que são tidos como os mais

espontâneos", afirma-se, "são os iracundos." De fato, são confrontados com os fraudulentos e astuciosos e parecem espontâneos porque são transparentes. Eu, no entanto, não diria que são espontâneos, mas incautos: aos tolos, luxuriosos e perdulários impomos essa denominação e a todos os vícios de pouca astúcia.

1   17 "Um orador irado", afirma-se, "é às vezes melhor." Não, mas o que imita o irado, pois mesmo os atores, ao declamarem, movem o público não por estarem irados, mas por bem representar o irado. E diante dos juízes, igualmente, não só numa assembleia, mas sempre que é preciso compelir a nosso arbítrio a mente dos outros, nós simularemos ora a ira, ora o medo, ora a compaixão, para incutir isso nos outros, e muitas vezes o que as paixões verdadeiras não teriam produzido, a imitação das paixões produziu. "É lânguida a alma que carece de ira",
2   dizem. É verdade se ela não possui nada mais vigoroso do que a ira. Não é preciso ser um bandido ou sua vítima, ser compassivo ou cruel: a alma de um é branda demais, a do outro, dura demais. Seja temperado o sábio, e nas ações a serem realizadas com maior energia, empregue não a ira, mas o vigor.

1   18 Visto que tratamos das questões levantadas sobre a ira, passemos a seus remédios. São de dois tipos, segundo penso: um para não cairmos na ira e outro para, estando nela, não cometermos erros. Tal como, no cuidado de nosso corpo, uns são os preceitos para proteger a saúde e outros para restituí-la, assim também devemos de um modo repelir a ira e, de outro, detê-la. Para evitá-la, serão dados alguns preceitos concernentes ao percurso completo da vida: eles serão divididos entre os relativos à educação e os relativos às etapas subsequentes.

2   A educação requer o máximo de atenção, havendo ela de ser de enorme proveito. É sem dúvida fácil moldar as almas ainda tenras, mas dificilmente são cortados os vícios que cresceram conosco.

19 A mais disposta à iracúndia é a natureza da alma ardente. Pois, dado que existem quatro elementos — fogo, água, ar e terra —, existem propriedades similares a eles: quente, frio, árido e úmido. E assim, a mistura dos elementos produz as variedades de lugares, animais, corpos e costumes; por conseguinte, as índoles inclinam-se mais para um elemento, na medida em que nelas tenha sido mais abundante a força dele. Por isso, certas regiões denominam-se úmidas; outras, áridas, quentes ou frias. As mesmas são as diferenças nos animais e nos homens: importa quanto cada um contenha em si de úmido e de quente. Conforme a porção que nele prevalecer de um elemento, daí advirá seu modo de ser. A natureza ardente produzirá os iracundos; o fogo de fato é ativo e pertinaz. A mistura com o frio produz os tímidos; o frio de fato entorpece e contrai. Do mesmo modo, pretendem alguns dos nossos que a ira é incitada no peito, ao efervescer o sangue em torno do coração. A causa de que este seja preferencialmente apontado como o local da ira não é outra senão porque, em todo o corpo, a parte mais quente é o peito. Aqueles em que há mais umidade, neles a ira cresce aos poucos, porque o calor não lhes está disponível, mas é adquirido com o movimento. Assim, as iras das crianças e das mulheres são mais aguçadas do que violentas, e mais leves enquanto estão no início. Nas idades secas, a ira é veemente e robusta, mas sem evolução, não sofre muito acréscimo porque o frio se segue ao calor, logo declinante. Os velhos são difíceis e queixosos, como os doentes e os convalescentes e aqueles cujo calor se esgotou por cansaço ou diminuição do sangue. Na mesma situação estão os consumidos de sede e fome e os que têm o corpo exangue, mal alimentado e enfraquecido. O vinho acende as iras, porque aumenta o calor. Segundo a natureza de cada um, aquecem-se alguns estando ébrios; outros, estando feridos. Não há outra causa para que os mais irascíveis sejam os ruivos e enrubescidos, cuja cor, por natureza, é tal qual

costuma vir a ser a dos demais em plena ira, pois o sangue deles é fluido e agitado.

20 Mas, do mesmo modo que a natureza torna alguns propensos à ira, podem incidir muitas outras causas de mesmo poder que a natureza: uns foram conduzidos a essa condição por uma doença ou uma lesão em seu corpo; outros, pelo trabalho ou pela constante vigília e inquietações noturnas, desejos e amores. Qualquer outra coisa que tenha sido nociva ao corpo ou à alma dispõe a mente enferma para as queixas. Mas tudo isso são fatores iniciais e suas causas. Maior poder tem o hábito, que, caso seja inveterado, alimenta o vício. Mudar a natureza é verdadeiramente difícil e, uma vez mesclados os elementos de cada um ao nascer, não é possível alterá-los. Mas é útil conhecê-los por este motivo: para que se privem as índoles ardentes do vinho, o qual Platão julga que se deva negar às crianças e veta que se incite o fogo com fogo. Nem mesmo se deve enchê-los de alimentos, pois os corpos se dilatam e, junto com o corpo, as almas intumescem. Que uma atividade os exercite sem os cansar, para que seu calor diminua, não a ponto de consumir-se, e se dissipe aquela fervência excessiva. Os jogos também serão úteis. O prazer moderado relaxa a alma e a equilibra. Para os temperamentos mais úmidos e os mais secos e frios não há risco decorrente da ira, mas é preciso temer os vícios mais paralisantes: o medo, a renitência, a desesperança e a desconfiança. Assim, é preciso abrandar e animar tais índoles e atraí-las para a alegria. E porque uns são os remédios que se devem usar contra a ira, outros, contra a tristeza, e esses males devem ser tratados por meios não apenas dessemelhantes, mas contrários, sempre atacaremos aquele mal que se mostrar exacerbado.

21 Será de grande proveito, afirmo-te, que as crianças tenham desde logo uma educação saudável. É difícil, porém, conduzi-las, porque devemos ter cuidado para não nutrirmos nelas a ira ou não abatermos sua índole. O

caso exige observação diligente, pois uma e outra — tanto aquilo que se deve intensificar quanto aquilo que se deve reprimir — alimentam-se de meios semelhantes, porém as semelhanças facilmente enganam mesmo quem estiver atento. Cresce, na liberdade, o espírito; na servidão, ele se abate; eleva-se quando recebe elogio e é levado a ter confiança em si, mas essas mesmas ações geram insolência e iracúndia. Assim, é preciso conduzir o espírito da criança entre um e outro procedimento, de tal maneira que ora utilizemos os freios, ora as esporas. Não se lhe permita nada que seja humilhante ou servil. Nunca lhe seja necessário suplicar, nem lhe seja útil pedir; antes se faça concessão a uma de suas demandas em vista não só de suas ações anteriores, mas de suas boas promessas para o futuro. Em competições com colegas, não deixemos que seja vencida nem que se enfureça. Empenhemo-nos para que se torne amiga daqueles com quem costuma rivalizar, para que na disputa se acostume a querer não hostilizar, mas vencer. Sempre que triunfar e fizer algo digno de elogio, não lhe permitamos vangloriar-se nem jubilar--se, pois ao deleite sobrevém a exultação, à exultação, a jactância e a excessiva estima de si. Daremos a ela certo relaxamento, mas não a debilitaremos na indolência e ociosidade, e a manteremos longe do contato dos prazeres, pois nada produz mais iracundos do que uma educação mole e complacente. Por esse motivo, quanto mais formos indulgentes com um filho único e quanto mais permitirmos aos que são órfãos, mais corrompida será sua alma. Não resistirá às ofensas aquele a quem nada jamais foi negado, cujas lágrimas a mãe, solícita, sempre enxugou, quem foi defendido contra o preceptor. Não vês como quanto maior a fortuna, maior a ira que a acompanha? Ela aparece principalmente nos ricos, nos nobres e nos magistrados, quando tudo que em sua alma havia de leviano e fútil alteou-se com a brisa afortunada. A prosperidade nutre a iracúndia quando uma multidão de aduladores sussurra a ouvidos soberbos: "Vais deixar ele te responder? Tu não te medes por tua alta posição; tu te rebaixas", e outras palavras a que mentes saudáveis e desde cedo bem estruturadas a custo resistiram. Desse modo, a infância deve ser afastada da adulação: que ela ouça a verdade. E que por vezes sinta temor, sempre mostre respeito, levante-se em reverência aos mais velhos. Nada obtenha por força da ira: o que lhe tenha sido negado ao chorar seja-lhe oferecido ao mostrar-se em calma. E tenha a riqueza dos pais à vista, não à disposição. Sejam-lhe repreendidos os malfeitos. Será conveniente dar às crianças professores e pedagogos tranquilos: tudo que é novo adapta-se ao que lhe está próximo e cresce à sua semelhança. Os adolescentes logo passam a reproduzir os costumes de suas nutrizes e pedagogos. Um menino educado junto a Platão, depois de retornar para os pais, quando viu seu pai vociferando, disse: "Junto de Platão nunca vi isso". Não duvido que teria mais rapidamente imitado seu pai do que a Platão. Antes de tudo, que seja frugal sua alimentação, não luxuosa sua roupa e seu teor de vida seja semelhante ao de seus iguais. Aquele a quem desde o início tiveres tornado igual a muitos não ficará enfurecido por alguém lhe ser comparado.

22 Mas isso diz respeito a nossos filhos. No nosso caso, de fato a fortuna do nascimento e a educação já não dão mais lugar nem para vício, nem para preceito. É preciso regular as etapas subsequentes da vida. Assim, devemos lutar contra as causas primeiras. A causa da iracúndia é a impressão de se ter sofrido uma injúria, na qual não se deve crer facilmente. Nem se deve logo aceder a indícios, mesmo claros e manifestos, pois alguns, falsos, trazem a aparência de verdadeiros. Sempre se deve aguardar: o passar do tempo revela a verdade. Não sejam os nossos ouvidos fáceis às acusações. Suspeitemos e estejamos cientes deste vício da natureza humana: acreditarmos de bom grado no que involuntariamente ouvimos e nos irarmos antes de efetuar um julgamento. Que dizer de sermos impelidos

não apenas por acusações, mas por suspeitas, e que, depois de interpretar o olhar e o riso alheio no pior sentido, sentimos ira contra inocentes? Assim, é preciso defender a causa da parte ausente contra nós mesmos e nossa ira deve ser mantida em suspenso. Pode-se de fato aplicar uma pena adiada, não se pode revogar a que foi aplicada.

1 23 É conhecido aquele tiranicida que foi apanhado antes de ter concluído sua missão e sofreu tortura ordenada por Hípias para que indicasse seus cúmplices; ele nomeou os amigos que cercavam o tirano e os que sabia terem máximo apreço pela salvação dele. Depois de mandar matar um a um, conforme iam sendo nomeados, Hípias perguntou-lhe se restava algum: "Somente tu", respondeu ele. "Não deixei nenhum outro a quem fosses caro." A ira fez com que o tirano emprestasse sua mão ao tiranicida, matando com sua
2 própria espada os seus defensores. Bem mais magnânimo foi Alexandre. Depois de ter lido uma carta de sua mãe em que ela o advertia contra o veneno de seu médico Filipo, não convencido, bebeu a poção que dele recebera. No tocante a
3 seu amigo, acreditou mais em si mesmo. Foi digno de ter um amigo inocente e digno de torná-lo. E eu louvo ainda mais esse fato em Alexandre porque ninguém foi tão sujeito à ira. Ora, nos reis, quanto mais rara a moderação, mais
4 louvável ela é. Fez isso também o célebre Caio César, que, após a guerra civil, se utilizou da vitória com enorme clemência. Ao ter encontrado caixas com cartas enviadas a Cneu Pompeu por aqueles que pareciam ter estado ou no partido oposto ou em nenhum dos dois, incinerou-as. Embora fosse habitualmente moderada sua cólera, preferiu, porém, não incitá-la. Julgou o tipo mais grato de perdão desconhecer o que cada um havia praticado.

1 24 A credulidade produz grande parte do mal. Por vezes, nem se deve ouvir, já que em certos casos é melhor ser enganado que desconfiar. Há de se eliminar da mente a suspeita e a conjectura, estímulos os mais falazes: "Aquele me saudou de modo pouco amável; aquele não foi receptivo

ao meu beijo; aquele encerrou logo a conversa; aquele não me convidou para jantar; a aparência dele me pareceu bem hostil". Não faltará argumento para a suspeita: é preciso simplicidade e apreciação benevolente das coisas. Não creiamos em nada além do que nos vier diante dos olhos e for evidente, e toda vez que nos tiver parecido vã nossa suspeita, repreendamos a credulidade, pois tal censura irá nos habituar a não crer com facilidade.

25 Daí se segue também que não nos deixemos irritar por coisas mínimas e insignificantes. É pouco ativo nosso escravo ou a água um tanto quente para beber ou está desarrumado o leito ou a mesa foi posta com negligência: exaltar-se por essas coisas é insânia. É doente e de saúde deplorável quem se encolhe com uma leve brisa; são fracos os olhos que se ofuscam diante de uma roupa branca; é um dissoluto aquele cujo flanco lhe dói pelo esforço alheio. Dizem ter existido um tal Mindíride, da cidade dos sibaritas, que, ao ver alguém que cavava e erguia bem alto a enxada, proibiu-o de fazê-lo em sua presença, queixando-se de ter se fatigado. O mesmo se queixou de passar mal por ter se deitado sobre pétalas de rosa amassadas. Quando os prazeres corromperam juntamente a alma e o corpo, nada parece tolerável, não por sofrer condições duras, mas por ser delicado quem sofre. Pois qual o motivo para que nos deixe em fúria a tosse de alguém ou um espirro, uma mosca espantada com pouco cuidado, um cão à nossa frente ou a chave que caiu das mãos de um escravo descuidado? Irá tolerar com calma os insultos de um concidadão e as injúrias lançadas numa assembleia popular ou na cúria essa pessoa cujos ouvidos o ruído de um banco arrastado ofende? Irá suportar a fome e a sede de uma expedição militar no verão esse que se enfurece com o escravo que dissolve mal o gelo? Assim, nada alimenta mais a iracúndia do que o luxo desregrado e intolerante. Com dureza deve ser tratada a alma para que não sinta um golpe se não for pesado.

26 Ficamos irados ou com aqueles dos quais nem sequer podemos receber uma injúria ou com aqueles dos quais poderíamos receber uma injúria. Dentre os primeiros, alguns são desprovidos de senso, como um livro que às vezes jogamos fora por ter sido escrito com letras muito miúdas e o rasgamos por estar cheio de erros, como as vestimentas que retalhamos porque nos desagradam. Quanto é estúpido irar-se contra essas coisas que não merecem nem sentem nossa ira! "Mas é evidente que nos ofendem os que as produziram." Primeiro, em geral ficamos irados antes que em nossa mente seja feita essa distinção. Depois, talvez também os próprios autores tragam justificativas válidas: um não pôde fazer melhor do que fez nem aprendeu mal para te deixar injuriado; outro não fez assim com intuito de ofender-te. Por último, o que é mais delirante do que despejar contra as coisas a bile acumulada contra os homens? Ora, tal como é próprio de um louco irar-se com essas coisas que são inanimadas, assim também com os animais, que não nos causam nenhuma injúria porque não podem querê-la; não há de fato injúria se não for decorrente de uma decisão. Assim, podem ser nocivos a nós tal como o ferro ou a pedra, mas injúria não nos podem causar. Ademais, alguns julgam ser depreciados quando os mesmos cavalos são obedientes a um cavaleiro e rebeldes com outro, como se por reflexão, não pelo hábito e pela técnica de manejo, os animais fossem mais submissos a uns que a outros. Ora, assim como é estúpido irar-se com estes, igualmente com as crianças e com os que não estão muito distantes do discernimento infantil, pois todas essas faltas, diante de um juiz imparcial, apresentam em favor da inocência a irreflexão.

27 Existem alguns seres que não podem ser nocivos e não têm nenhuma outra força que não seja benéfica e salutar, como os deuses imortais, que nem querem prejudicar, nem podem, pois a natureza deles é dócil e plácida, estando tão longe de injuriar os outros quanto a si mesmos. Pessoas insanas, portanto, e que ignoram a verdade, imputam-lhes a violência do mar, as chuvas excessivas, a persistência do inverno, enquanto nenhuma dessas coisas que nos são nocivas ou proveitosas são dirigidas propriamente a nós. Com efeito, não somos no mundo a causa do retorno do inverno e do verão: essas coisas têm suas próprias leis, conforme as quais se exercem os atos divinos. Nós nos superestimamos se nos vemos como dignos de que fenômenos tão importantes sejam movidos por nossa causa. Por conseguinte, nada disso ocorre no intuito de nos injuriar, mas ao contrário, nada há que não reverta em nossa preservação. Dissemos que há os que não podem ser nocivos e alguns que não querem. Entre estes últimos estarão os bons magistrados, nossos pais, nossos preceptores e os juízes, cuja punição deve ser recebida assim como o escalpelo, a abstinência e outras coisas que para serem benéficas nos torturam. Foi-nos aplicada uma punição: ocorra-nos não apenas o que estamos padecendo, mas o que tenhamos feito. Submetamos nossa vida a um conselho. Se quisermos dizer a nós mesmos a verdade, julgaremos que ao nosso delito cabe pena maior.

28 Se queremos ser juízes imparciais em todas as questões, primeiramente disto nos persuadamos: que dentre nós não há ninguém sem culpa. Pois uma enorme indignação origina-se deste pensamento: "Não cometi falta nenhuma", "nada fiz". Na verdade, nada reconheces. Indignamo-nos por termos sido castigados com uma advertência ou reprimenda, sendo que cometemos um erro nesse momento ao acrescentarmos a arrogância e a contumácia a nossas faltas. Quem é este que se proclama inocente perante todas as leis? Ainda que fosse assim, que limitada inocência é ser bom perante a lei! Quão mais extensa é a regra dos deveres do que a de nosso direito! Quanto nos exige a devoção, a benevolência, a generosidade, a justiça, a lealdade, exigências que estão todas fora dos códigos legais! Mas nós não podemos ser fiéis nem mesmo àquela tão estrita

fórmula de inocência: uma coisa foi a que fizemos, outra a que meditamos; uma a que elegemos, outra a que favorecemos. Em alguns casos somos inocentes por falta de êxito. Pensando nisso, sejamos mais benevolentes com os que cometem uma falta, confiemos nos que nos repreendem. De todo modo, não nos irritemos com os homens bons — de feito, com quem não, se até com os bons? —, muito menos com os deuses. Sem dúvida, não por falha deles, mas por uma lei relativa aos mortais, padecemos tudo que nos acontece de prejudicial. "Mas nos acometem doenças e dores." De todo modo, havemos de nos liberar deste domicílio putrefeito que nos coube em sorte.

Dirão que alguém falou mal de ti: pensa se não o fizeste primeiro, pensa de quantos falas mal. Pensemos, insisto eu, que uns não nos fazem injúria, mas a devolvem, que outros a fazem em nosso favor, uns a fazem obrigados, outros sem saber, que até os que a fazem por querer e intencionalmente não estão, apesar da injúria que nos fazem, buscando somente a injúria: ou se deixaram levar pelo deleite de um gracejo ou fizeram algo não para nos causar dano, mas porque não podia alcançar seu objetivo se não nos passasse para trás. Por vezes a adulação ofende enquanto lisonjeia. Cada um que recordar quantas vezes incorreu em falsa suspeita, quantos obséquios seus a fortuna revestiu com a aparência de injúria, a quantas pessoas, depois de odiá-las, começou a amar, não poderá irar-se de pronto, sobretudo se, em silêncio, disser para si mesmo a cada ocorrência que o ofender: "Também eu cometi isso". Mas onde encontrarás um juiz tão imparcial? Aquele que cobiça a esposa de alguém e julga o fato de ela ser de outro como motivo bastante justo para amá-la, ele mesmo não quer que sua própria esposa seja olhada. O mais enérgico guardião da lealdade é o traidor, é o próprio perjuro que faz perseguição às mentiras e o caluniador tolera de muito malgrado sofrer um processo; não quer que se atente contra o pudor de seus jovens escravos quem não preserva o seu próprio. Temos sob os olhos os vícios alheios, a nossas costas estão os nossos. Daí por que um pai pior que o filho recrimina seus demorados festins e nada perdoa à luxúria alheia quem nada tenha negado à sua. De um lado, o tirano se enfurece contra o homicida; de outro, pune os furtos quem saqueia os templos. Há uma grande parte dos homens que não se sente irada com os delitos, mas com os delituosos. A reflexão sobre nós mesmos nos tornará mais moderados, se nos consultarmos: "Nós também por acaso cometemos algo semelhante? Erramos desse mesmo modo? Convém-nos condenar tais coisas?".

29 O maior remédio para a ira é o adiamento. Pede a ela em seu início não que perdoe, mas que pondere. Ela tem fortes impulsos iniciais; irá deixá-los, caso espere. E não tentes eliminá-la no todo; será inteiramente vencida ao ser consumida em suas partes. Dentre essas coisas que nos ofendem, umas nos são reportadas, outras nós mesmos as ouvimos e vemos. Quanto às que nos foram relatadas, não devemos logo lhes dar crédito: muitos mentem para enganar; muitos, porque foram enganados. Um capta um favor por meio de uma acusação e forja uma injúria a fim de parecer condoer-se por ela ter sido feita. Existe a pessoa maligna e que gostaria de romper amizades consolidadas. Existe o insuflador, que deseja assistir aos combates e observar de longe e em segurança os que pôs em conflito. Se fosses julgar sobre uma pequena soma, sem uma testemunha, não aceitarias a causa, uma testemunha sem prestar juramento não valeria, irias conceder defesa a ambas as partes, irias conceder-lhes tempo, não as ouvirias uma vez só. De fato, a verdade mais reluz quanto mais amiúde ela vem a nossa mão. Condenas de imediato um amigo? Antes de ouvi-lo, antes de interrogá-lo, antes de lhe permitir conhecer seu acusador ou seu crime, te enfureces com ele? Já ouviste de fato o que é alegado por ambas as partes? Essa mesma pessoa que delatou deixará de falar se tiver de apresentar provas: "Não vás me forçar a depor", dirá, "eu, se colocado

lá na frente, negarei. Além disso, nunca mais te direi nada". Ele, ao mesmo tempo, não só instiga, como se retira da disputa e do combate. Não querer dizer-te algo se não for em segredo é quase nada dizer-te: o que há de mais injusto do que, em sigilo, dar crédito e, em público, irar-se?

30 De certas ofensas somos nós mesmos testemunhas. Nelas deveremos investigar a natureza e a intenção daqueles que as praticam. É uma criança: faça-se concessão a sua idade, ela não sabe se está agindo mal. É um pai: ou ele nos foi tão benéfico que tem até o direito de nos injuriar, ou talvez seja uma mercê o motivo por que somos ofendidos. É uma mulher: ela erra. Recebeu-se uma ordem: quem se exalta contra uma necessidade exceto um injusto? Recebeu-se um ferimento: não é injúria sofrer o que tenhas praticado primeiro. Ele é um juiz: creias na sentença dele mais do que na tua. Ele é um rei: se ele pune um culpado, cedas à justiça; se um inocente, cedas à fortuna. É um animal desprovido de fala ou um ser semelhante a esse: tu, se te enfureces, o imitas. É uma doença ou uma calamidade: ela passará mais ligeira por quem a suportar. É um deus: tanto perdes tempo ao dirigires tua ira contra ele quanto ao rogares que ele dirija a dele contra outro. É um bom homem o que fez essa injúria: não creias. É mau: não te admires. Ele receberá de outro a punição que deve receber de ti, e aquele que agiu mal já a recebeu de si mesmo.

31 São dois, como disse, os fatores que incitam a iracúndia: primeiro, que nos pareça ter recebido uma injúria — sobre isso falou-se o bastante; depois, que nos pareça tê-la recebido injustamente — sobre isso há que se falar. Os homens julgam certas coisas como injustas porque não deveriam sofrê-las, outras, porque não as teriam esperado. Consideramos imerecidas as que são imprevistas. Assim, nos afeta principalmente o que ocorre contra nossa esperança e expectativa. Não é outro o motivo para que, com as pessoas de casa, os mínimos fatos nos irritem; entre amigos, chamamos injúria uma

3 negligência sua. "Como, então", pergunta alguém, "as injúrias dos inimigos nos afetam?" É porque não as esperávamos ou, certamente, não tão graves. Isso se deve ao nosso excessivo amor-próprio. Julgamos que devemos ser invioláveis até aos nossos inimigos. Cada um tem dentro de si a alma de um rei, de modo que deseja atribuir
4 livre poder a si, mas não contra si. Ou a ignorância ou a arrogância nos deixam iracundos. Por que é de admirar que os maus empreendam más ações? Que há de novo se um inimigo é nocivo, um amigo nos ofende, um filho incorre em um deslize, um escravo comete uma falta? Dizia Fábio que, para um general, a desculpa mais vergonhosa era dizer: "Não levei isso em conta". Eu acho que é a mais vergonhosa para um homem. Leva em conta e espera tudo: mesmo nas boas índoles existirá algo mais rude.
5 A natureza humana produz almas insidiosas, produz ingratas, produz cobiçosas, produz impiedosas. Quando julgares os costumes de um indivíduo, pensa sobre os da coletividade. Onde for maior tua satisfação, maior temor hás de sentir; onde tudo te parecer tranquilo, aí os fatores nocivos não estão ausentes, mas em repouso. Sempre considera que haverá algo que te ofenda: um timoneiro confiante nunca solta por inteiro as velas sem dispor de equipamentos para rapidamente recolhê-las.
6 Pensa antes de tudo no seguinte: o ímpeto nocivo é repulsivo e execrável, e é absolutamente alheio ao homem, por cuja benevolência até criaturas ferozes se amansam. Olha cervizes de elefantes, submetidas ao jugo, e lombos de touros impunemente pisoteados por crianças e mulheres, que saltam por cima deles, e serpentes rastejando em volta de taças e de ombros, num deslizar inofensivo, e, no espaço doméstico, ursos e leões que se mostram mansos com os tratadores, e feras que adulam seu dono. Será uma vergonha
7 trocar de costumes com os animais. É um sacrilégio ser nocivo à pátria; portanto, também a um cidadão, pois este é parte da pátria — as partes são sagradas se o

todo é venerando —; consequentemente, também a um homem, pois este é teu concidadão em uma cidade maior. E se as mãos quisessem fazer mal aos pés, e os olhos às mãos? Assim como entre si todos os membros estão em harmonia porque interessa ao todo que cada um deles seja preservado, assim também os homens pouparão cada um dos indivíduos porque foram gerados para a coletividade, e a sociedade, por outro lado, não pode manter-se preservada senão pela conservação e pelo amor de suas partes. Nem mesmo as víboras, as cobras-d'água ou algum outro animal nocivo por sua mordida ou ataque, nós abateríamos se posteriormente pudéssemos amansá-los ou fazer com que não representassem perigo para nós ou para os outros. Por conseguinte, nem mesmo ao homem seremos nocivos porque errou, mas para que não erre, e a punição não será nunca referente ao passado, mas ao futuro, pois não há ira, mas precaução. Realmente, se é preciso punir todo aquele que possui um caráter vicioso e maléfico, a punição não excluirá ninguém.

32 "Mas a ira contém de fato algum prazer e é doce devolver uma dor." De modo algum, pois se é honroso, no caso dos favores, recompensar benefícios com benefícios, não o é recompensar injúrias com injúrias. Ali, é vergonha ser suplantado; aqui, suplantar. "Vingança" é uma palavra desumana e, no entanto, acolhida como justa, e a retaliação não difere muito senão em grau. Quem devolve uma dor erra apenas de modo mais perdoável. Alguém que não conhecia Marco Catão agrediu-o no banho, por inadvertência — pois quem lhe faria uma injúria conhecendo-o? Momentos depois, Catão disse a esse homem, que procurava desculpar--se: "Não me lembro de ter sido agredido". Julgou melhor não reconhecer a injúria do que vingá-la. "Nenhum maleficio", indagas, "foi feito ao agressor depois de tamanha petulância?" Não, mas ao contrário, foi-lhe feito um bem enorme: passou a conhecer Catão. É próprio de uma grande alma desdenhar as injúrias. O tipo mais ultrajante de

vingança é não considerar alguém digno de que contra ele se busque vingança. Muitos, ao vingarem leves injúrias, cravaram-nas fundo em si mesmos. É grande e nobre aquele que, à maneira de uma enorme fera, escuta indiferente os ladridos de cães pequeninos.

33 "Sofreremos menor desprezo", diz alguém, "se nos vingarmos de uma injúria." Se chegamos à vingança como um remédio, venhamos a ela sem ira, não como se fosse doce vingar-se, mas como se fosse útil. Muitas vezes, porém, foi melhor dissimular do que se vingar. As injúrias dos poderosos devem ser suportadas com ar alegre, não apenas com paciência. Irão fazê-las de novo se acreditarem que as fizeram bem. Isto têm de pior as almas insolentes devido a sua elevada fortuna: dos que ultrajaram, também sentem ódio. É bem conhecida a frase daquele que envelheceu em convivência com reis; quando alguém o interrogou sobre como alcançara coisa tão rara num palácio, a velhice, respondeu-lhe: "Recebendo injúrias e agradecendo-as". Por vezes, é tão inconveniente castigar uma injúria que não convém sequer reconhecê-la. Depois que Caio César pôs na prisão o filho de Pastor, ilustre cavaleiro romano, irritado por sua elegância e pelo trato de seus cabelos, enquanto o pai lhe rogava que concedesse a salvação do filho, como se o tivessem lembrado do suplício, mandou que aquele fosse imediatamente levado à morte. Porém, para que não agisse de forma completamente desumana em relação ao pai, convidou-o para jantar naquele mesmo dia. Pastor veio com o semblante nada repreensivo. César ergueu-lhe um brinde numa taça e colocou junto a ele um guarda. O infeliz padeceu isso como se bebesse o sangue de seu filho. César fez trazer-lhe perfume e uma guirlanda e ordenou vigiar se os usaria. Usou-os. Naquele dia em que enterrara o filho, ou melhor, em que não o enterrara, punha-se à mesa como um conviva entre cem e, velho, sofrendo de gota, sorvia brindes que seriam pouco louváveis até mesmo pelo nascimento de seus filhos,

e nem uma lágrima, entretanto, derramou, nem permitiu que sua dor irrompesse por sinal algum. Ceou como se rogasse em favor do filho. Perguntas por que razão? Ele tinha outro. E Príamo, então? Não dissimulou sua ira e abraçou os joelhos de um rei, levou a seus próprios lábios aquela mão funesta e banhada com o sangue de seu filho e depois ceou? Porém, sem perfume, sem guirlanda, e seu crudelíssimo inimigo exortou-o, com muitas palavras consolatórias, a que se servisse de alimento, não a que esvaziasse enormes copos tendo um guarda postado acima da cabeça. Eu teria desprezado aquele pai romano se tivesse temido por si, mas foi o afeto que lhe reprimiu a ira. Ele se fez digno de que lhe fosse permitido retirar-se do banquete para recolher os restos mortais do filho. Nem mesmo isso lhe permitiu o jovem soberano, bondoso nesse momento e amável: com brindes constantes, provocava o velho, aconselhando-o a que aplacasse sua dor. Por sua vez, ele se mostrou alegre e esquecido do que naquele dia havia passado. Teria perecido seu outro filho se o conviva não tivesse agradado ao carrasco.

34 Portanto, devemos nos abster da ira, quer seja um igual aquele que se há de agredir, quer seja um superior ou um inferior. Contender com um igual é arriscado, com um superior é loucura, com um inferior é baixeza. É próprio de um homem pusilânime e mesquinho revidar a quem o morde. Os ratos e as formigas, se lhes diriges a mão, voltam-te as presas. Os seres fracos julgam ser atacados se são tocados. Ficaremos mais brandos se meditarmos em que nos foi útil alguma vez aquele contra quem nos iramos e, em vista de seus méritos, a ofensa será remida. Ocorra-nos também o seguinte: quanta estima há de nos trazer a fama de clemência, quantos amigos úteis o perdão já nos granjeou. Não alimentemos ira contra filhos de inimigos particulares ou de inimigos públicos. Entre os exemplos da crueldade de Sula está o fato de ter banido da república os filhos dos proscritos. Nada é mais

injusto do que alguém tornar-se herdeiro do ódio a seu
pai. Pensemos, sempre que nos for difícil perdoar, se a
todos nós é útil ser inexoráveis. Com que frequência pediu
perdão aquele que o negou! Com que frequência alguém
prostrou-se aos pés daquele a quem havia rechaçado dos
seus! O que é mais honorável do que transformar a ira em
amizade? Que aliados mais fiéis tem o povo romano do
que os que estiveram entre seus mais ferrenhos inimigos?
O que seria hoje o Império se uma salutar previdência não
houvesse integrado os vencidos aos vencedores? Alguém
te mostrará ira. Tu, em resposta, desafia-o com teus favores. Cai sem demora a inimizade com a deserção da parte
contrária. Sem dupla não há luta. Mas a ira vai combater
nos dois lados. Vem o confronto. O melhor foi quem
primeiro recuou o passo; vencido foi quem venceu. Ele te
atingiu; retrocede, pois revidando lhe darás mais frequente
ocasião e pretexto para ferir-te, e não poderás depois
retirar-te quando quiseres.

35 Alguém quiçá desejaria ferir com tal violência o inimigo, a ponto de deixar a mão no ferimento e não poder
retirá-la após o golpe? Ora, a ira é como um dardo: é difícil despegá-la. Nós nos provemos de armas ligeiras, de uma
espada precisa e hábil; não evitaremos os impulsos da alma,
violentos, dificultosos e incontroláveis? Só nos apraz
a velocidade que detém o passo onde foi ordenada e não
ultrapassa os limites fixados, que pode ser controlada e
reconduzida da corrida para o andar normal. Sabemos que
os nervos estão doentes quando se movem a despeito de
nós. Está velho ou enfermo quem corre quando quer andar.
Consideraremos mais sãos e vigorosos os movimentos da
alma que se dão conforme nosso arbítrio, não os que são
levados pelo seu próprio.

Nada, porém, mostrou-se tão útil quanto examinar, primeiro, a deformidade de algo, depois sua periculosidade. Em
nenhuma outra paixão a face é mais transtornada. Ela torna
feios os mais belos rostos, converte as feições mais tranquilas

em ferozes. Todo encanto abandona os irados, e se sobre eles um manto foi disposto com esmero, irão arrastar a vestimenta e abandonar todo cuidado de si. Se, por natureza ou por arte, não é disforme a aparência de seus cabelos soltos, eles ficam eriçados juntamente com a alma. Intumescem-se as veias, o peito é agitado por uma respiração ofegante, a erupção raivosa da voz dilata o pescoço. Então, ficam trêmulos os membros, inquietas as mãos, agitado todo o corpo. Qual julgas ser o estado da alma cuja imagem exterior é tão feia? Quão aterradora é sua feição dentro do peito, ardente sua respiração e intenso o seu ímpeto, que haverá de explodir se não extravasar! Tal qual a aparência dos inimigos ou das feras embebidas na matança, ou se dirigindo à matança; tais quais os monstros infernais imaginados por poetas, cingidos de serpentes e soprando fogo; tais quais as mais funestas deusas dos infernos, que saem para incitar guerras e disseminar a discórdia entre os povos e lacerar a paz, assim, para nós deve figurar a ira, seus olhos ardendo em chamas, ela ecoando sibilos e mugidos, gemidos e gritos, ou se algum ruído existe mais abominável do que esses, brandindo armas com ambas as mãos — de fato, nem cuida de se proteger —, torva, cruenta, cheia de cicatrizes e machucada por seus próprios golpes, o andar vesano, envolta em basto nevoeiro, atacando, devastando, pondo em fuga, sendo alvo do ódio de todos, sobretudo do seu próprio, ávida por que pereçam terras, mares e céu se de outro modo não puder ser nociva, ao mesmo tempo deletéria e detestável. Ou então, se te agrada, seja ela tal qual aparece em nossos poetas: "um açoite sangrento agita Belona com a destra" ou "com o manto rasgado, caminha Discórdia exultante"; ou então, se possível, imagine-se para essa terrível paixão uma face ainda mais terrível.

36 Como diz Séxtio, foi útil a alguns irados olhar-se no espelho. Perturbou-os tão grande mudança em si mesmos. Como que levados para diante dos próprios olhos, não se reconheceram. E quão pouco da real deformidade

2   aquela imagem refletida reproduzia! Se essa alma pudesse ser mostrada e pudesse refletir-se em alguma matéria, confundiria nosso olhar por ser escura e manchada, fervente, disforme e intumescida. Mesmo agora, quando ocultada entre ossos, carnes e tantos entraves, é tão grande sua deformidade;
3   o que seria então se ela se mostrasse nua? Podes acreditar que ninguém verdadeiramente tenha sido afastado da ira por causa de um espelho. E por quê? Quem veio ao espelho para se modificar já havia se modificado. Para os irados, nenhuma imagem é de fato mais encantadora do que aquela atroz e horrenda, e querem até parecer como tais.
4   É preciso observar atentamente o seguinte: a quantos a ira foi nociva por si própria. Uns, pela fúria excessiva, romperam as veias, e um grito emitido além da força física deu vazão ao sangue, um humor emerso com ímpeto de seus olhos turvou-lhes a visão e, enfermos, sofreram uma recaída em suas doenças. Não há via mais rápida para a
5   insânia. Desse modo, muitos fizeram com que a loucura se seguisse à ira e não recuperaram o estado mental que haviam rechaçado. O furor levou Ájax à morte; sua ira, ao furor. Rogam a morte para seus filhos, a pobreza para si, a ruína para sua casa, e negam sua ira não menos que os insanos sua loucura. Tornam-se inimigos de seus melhores amigos e dignos de serem evitados pelos mais caros; esquecidos das leis, exceto enquanto meio de infligir o mal, instáveis diante de ninharias, nem pela palavra nem pelo dever se mostram acessíveis, empreendem tudo pela força, prontos tanto a lutar com espadas quanto a cravar-se
6   nelas. Foram deveras tomados pelo maior dos pecados, que supera todos os vícios. Outros males se introduzem paulatinamente; a força deste é repentina e integral. Por fim, ele subjuga todas as outras paixões, vence o amor mais ardente, e assim os amantes transpassaram os corpos amados e jazeram entre os braços daqueles que mataram. A avareza, que é o mal mais endurecido e menos flexível, foi espezinhada pela ira, forçada a dispersar suas posses

e a lançar fogo em sua casa e nos bens acumulados. Ora, o ambicioso não se desfez de suas insígnias, que tanto estimava, e não rejeitou a honraria que lhe foi deferida? Não há paixão sobre a qual a ira não exerça domínio.

Livro III

1   **1** O que mais desejaste, Novato, agora tentaremos fazer: extirpar da alma a ira, ou ao menos refreá-la e inibir seu ímpeto. Às vezes é preciso fazer isso de modo explícito e aberto, quando uma força menor desse mal o permite; às vezes de forma oculta, quando ela está ardente demais e se exacerba e cresce com qualquer impedimento. Depende do tamanho de suas forças, quão intactas estejam e se é preciso rechaçar a ira e fazê-la retroceder ou se devemos ceder-lhe espaço, até que diminua a tempestade inicial, para que ela não leve consigo os remédios.

2   Há que se adotar um expediente consoante o caráter de cada um, pois alguns são vencidos por súplicas, outros insultam e ameaçam os que a eles se mostram submissos. Uns aplacaremos pelo medo. Outros, a censura os desviou de seu intento; ou uma confissão de culpa; ou a vergonha; ou a demora, lento remédio para uma doença desenfreada,

3   a que se deve em último caso recorrer.   As demais paixões admitem adiamento e podem ser tratadas mais lentamente; porém nesta, a violência impetuosa e autoimpulsora não progride aos poucos, mas, ao ter início, já é total. Não atrai a alma, à maneira de outros vícios, mas a arrasta e incita, deixando-a sem controle e ávida até mesmo de causar um malefício generalizado. Não se enfurece apenas contra

4   aquilo a que visou, mas contra o que lhe vier à frente.   Os demais vícios impelem a alma, a ira precipita-a. Ainda que

uma pessoa não possa resistir a suas paixões, ao menos é possível impor obstáculos a elas. A ira, não menos do que raios e procelas — e se há outras coisas impossíveis de deter, já que não avançam, mas caem —, vai intensificando mais e mais sua força. Outros vícios apartam-se da razão, este, da sanidade; outros apresentam acessos brandos e um aumento dissimulado; dá-se, porém, um mergulho da alma na ira. Assim, coisa alguma nos oprime que seja mais atônita e sujeita às próprias forças e, se tem êxito, é arrogante; se frustrada, insana. Nem mesmo rebatida é levada ao desânimo: quando a fortuna lhe subtrai um adversário, volta suas mordidas contra si própria. E não importa o tamanho daquilo que a despertou, pois pelos motivos mais fúteis ela assoma ao grau mais extremado.

2. Não isenta idade alguma, não excetua nenhum grupo humano. Certos povos, mercê da pobreza, não conhecem o luxo; alguns, por serem laboriosos e errantes, afugentaram a preguiça; aos que têm costumes rudes e uma vida agreste, são desconhecidos o embuste e a fraude e todo mal que nasce no fórum. Nenhum povo há que a ira não instigue, poderosa tanto entre gregos quanto entre bárbaros, não menos perniciosa para os que temem as leis quanto para os que definem seus direitos pela medida de suas forças. Enfim, as demais paixões acometem indivíduos, a ira é a única que por vezes é contraída coletivamente. Nunca um povo inteiro ardeu de amor por uma mulher, nem toda uma cidade lançou sua esperança no dinheiro e no lucro. A ambição apossa--se individualmente de cada pessoa; a imoderação não é um mal público. Lançou-se por vezes na ira um agrupamento em massa. Homens e mulheres, velhos e crianças, os maiorais e os populares entraram em consenso, e a multidão inteira, concitada por pouquíssimas palavras, antecipou-se ao próprio concitador. Correu-se prontamente às armas e às chamas, e guerras foram declaradas aos vizinhos ou travadas com os concidadãos. Casas inteiras foram queimadas com toda a família, e aquele que, há pouco, por sua estimada

eloquência, era tido em muita honra, expôs-se à ira de seu próprio discurso. Legiões atiraram dardos contra seu comandante. A plebe toda dissentiu dos patrícios. O Senado, que é o conselho do Estado, sem aguardar as tropas nem ter nomeado um general, escolheu chefes repentinos para sua ira e, perseguindo nobres varões pelas casas da cidade, assumiu em suas mãos o suplício. Foram violadas embaixadas após ter sido rompido o direito das nações, e um ódio nefando levantou a cidade. Não houve tempo para que diminuísse a conturbação pública, mas esquadras foram logo lançadas e lotadas de soldados tumultuários. Sem disciplina, sem auspícios, o povo sai sob o comando de sua ira carregando objetos fortuitos e tomados como armas. Em seguida, com grande ruína, ele expiou a temeridade dessa ira audaciosa. Este é o desfecho para bárbaros que se arrojam em guerras ao acaso: quando a ideia de uma injúria abalou suas almas instáveis, são logo impelidos e, para onde a sanha os arrastou, caem como avalanches sobre as legiões, em desordem, intrépidos, incautos, em busca do próprio risco. Alegram-se em ser feridos, em debruçar-se no ferro, em arremeter com o corpo contra os dardos e em morrer por seu próprio ferimento.

3 "Não há dúvida", dizes, "de que é grande e pestífera essa força; por isso, mostra como deve ser sanada." Na verdade, como disse nos livros anteriores, Aristóteles ergue-se como defensor da ira e nos veta extirpá-la. Ele diz que ela é o aguilhão da coragem e, quando eliminada, a alma torna-se inerme, preguiçosa e inepta para grandes esforços. Assim, é necessário demonstrar sua fealdade e ferocidade, colocar diante dos olhos quão monstruoso é um homem em fúria contra outro homem, e com quanta impetuosidade arruína a si mesmo, maligno não sem seu próprio malefício, e fazendo afundar o que não pode ser submergido senão junto de quem faz submergir. Como, então? Alguém chama sensato a esse homem que, como se colhido por uma tempestade, não vai por si, mas é

empurrado, e fica escravo de um mal ensandecido, que não delega sua vingança, mas é ele próprio quem a cobra, e sevicia ao mesmo tempo com seu ânimo e sua mão, carrasco daqueles que lhe são mais queridos e cuja perda em breve há de chorar? Alguém atribui à virtude essa paixão, como sua auxiliar e companheira, ela que turva a sensatez sem a qual a virtude nada realiza? Instáveis e sinistras, bem como eficazes para seu próprio mal, tais são as forças com que a doença e seu acesso fizeram erguer o doente. Não há, portanto, motivo para julgares que eu perca tempo com questões supérfluas quando eu infamo a ira, supondo ser dúbia a opinião que se tem sobre ela, se existe um filósofo, e um dos mais ilustres, que indica funções para ela a ponto de convocá-la como útil e provedora de energia nos combates, na realização de tarefas e no tocante a toda e qualquer ação que exija algum ardor. Para que a ninguém tal opinião possa enganar, como se em algum momento, em algum lugar, a ira houvesse de ter utilidade, é preciso exibir-lhe a própria raiva, desenfreada e aturdida, e expor--lhe seu instrumental, os cavaletes e os distensores, os ergástulos, as cruzes e as chamas acesas em torno de corpos semienterrados, e ainda o gancho arrastando cadáveres, os vários tipos de grilhões, os vários de suplícios, as lacerações de membros, as inscrições na fronte, as jaulas de feras enormes. Entre esses instrumentos, coloque a ira, com seu estridor funesto e horrendo, sendo ela mais terrível do que tudo isso com que dá vazão a sua fúria.

4 Ainda que haja dúvida quanto aos demais aspectos, certamente nenhuma paixão tem pior semblante, como descrevemos nos livros anteriores: áspero e acerbo, ora pálido, após o refluxo e a fuga do sangue, ora avermelhado e igual a um ensanguentado, depois que lhe voltou ao rosto todo calor e ânimo, ficando intumescidas as veias, com os olhos ora trêmulos e saltitantes, ora fincados e aderentes, com o olhar fixo. Acrescenta-se o ruído dos dentes que se entrechocam, como desejando devorar alguém, igual

a javalis quando aguçam suas presas desgastando-as. Acrescenta-se o estalido dos dedos quando as mãos se trituram, e o peito golpeado amiúde, os arquejos contínuos e os gemidos arrastados e profundos, a postura instável, as palavras distorcidas por gritos súbitos, os lábios trêmulos e por vezes cerrados, sussurrando algo sinistro. Por Hércules, a face das feras, quer as instigue a fome, quer o ferro cravado em suas vísceras, é menos medonha, mesmo quando, numa última mordida, semiânimes, investem contra seu caçador, em comparação com a de um homem inflamado pela ira. Pois, havendo ocasião de escutar-lhe os gritos e as ameaças, suas palavras são iguais às de uma alma supliciada! Acaso não desejará, cada um, afastar-se da ira, depois de perceber que ela começa, antes de tudo, causando-lhe um mal? Então, os que exercem a ira em sua máxima potência e a consideram uma comprovação de suas forças, e ainda incluem a pronta vingança entre os grandes bens de uma grande fortuna, não queres que eu os advirta do quanto não é poderoso aquele que é cativo de sua ira, mas, ao contrário, não pode nem mesmo ser considerado livre? A fim de que cada um esteja atento e por si só se examine, não queres que eu os advirta de que enquanto outros males da alma são próprios das piores pessoas, a iracúndia penetra até mesmo em homens instruídos e sãos, a ponto de que alguns digam que a iracúndia é um indício de espontaneidade e comumente se creia que os mais afáveis são os mais sujeitos a ela?

5 "Para que", indagas, "interessa isto?" Para que ninguém se julgue a salvo dela, quando também os brandos e os plácidos por natureza ela convoca para a sevícia e a violência. Do mesmo modo como contra um mal contagioso de nada adianta a força do corpo e o diligente cuidado com a saúde, pois ele invade indistintamente os fracos e os robustos, assim também da ira tanto provém perigo para as índoles inquietas quanto para as moderadas e calmas, nas quais ela é bem mais deformante e perigosa, na medida em

2 que nelas provoca maior alteração. Mas como proponho, em primeiro lugar, não sentir ira, em segundo, cessá-la, em terceiro, medicar também a ira alheia, direi, de início, como não incidimos na ira; depois, como nos liberamos dela; finalmente, como moderamos o irado e o aplacamos e reconduzimos à sanidade.

3 Teremos garantia de não ficar irados se, um após o outro, tivermos exposto diante de nós todos os traços negativos da ira e a tivermos corretamente avaliado. Em nosso íntimo, devemos acusá-la e condená-la, perscrutar seus males e trazê-los a lume, e, para que se evidencie sua essência, deve-
4 -se compará-la com os piores vícios. A avareza adquire e amealha para alguém melhor gastar; a ira é dispendiosa, a poucos é gratuita. Um senhor iracundo obrigou quantos escravos a fugir, quantos a morrer! Quanto a mais ele perdeu, enfurecendo-se, do que valia o incidente pelo que se punha em fúria! A ira acarretou a um pai o luto, a um marido, o divórcio, a um magistrado, o ódio, a um
5 candidato, a derrota. É pior que a luxúria, visto que esta desfruta de um prazer próprio, ela, da dor alheia. Ela supera a malignidade e a inveja, pois estas querem que alguém se torne infeliz; ela quer realizar isso. Deleitam-se estas com males fortuitos; ela não pode esperar a fortuna, quer fazer
6 sofrer quem odeia, não vê-lo sofrer. Nada é mais opressivo que as rivalidades; estas, a ira provoca. Nada é mais funesto que a guerra; nela, a ira dos poderosos irrompe. De resto, até aquela ira da plebe e do simples cidadão é uma guerra inerme e sem vigor. Além disso, pondo de lado o que logo há de seguir-se a ela, os danos, as insídias, a perpétua inquietação gerada por mútuas rivalidades, a ira sofre punição enquanto a inflige. Ela abdica da natureza humana: esta exorta ao amor; ela, ao ódio; esta ordena ser útil; ela, ser
7 nocivo. Acrescenta-se que, embora a indignação dela venha de uma excessiva autoestima, a ponto de parecer animosa, ela é fraca e mesquinha. De fato, não há como alguém não ser menor do que aquele pelo qual se julga menosprezado. Mas

a alma grande e capaz de sincera autoavaliação não vinga a
injúria, pois não a sente. Assim como dardos ricocheteiam
de um obstáculo duro e o impacto causa dor em quem
golpeia objetos sólidos, nenhuma injúria pode fazer uma
grande alma senti-la, pois é mais frágil do que aquilo que
tenta atingir. Que belo é desdenhar, como se impenetrável a
qualquer dardo, todas as injúrias e contumélias! A vingança
é confissão de dor; não é magnânimo aquele que se dobra à
injúria. Lesou-te alguém mais poderoso ou mais fraco do que
tu: se mais fraco, poupa-o; se mais poderoso, poupa-te a ti.

6 Não há prova mais certa de grandeza do que não poder
acontecer-te coisa alguma que instigue tua reação. A parte
superior do mundo, mais ordenada e próxima dos astros,
nem se condensa em nuvem, nem se precipita em tempestade,
nem gira em ciclone: ela está isenta de todo tumulto. Já
as inferiores são atingidas por raios. Do mesmo modo,
a alma elevada, sempre calma e assentada numa estância
tranquila, retendo abaixo de si tudo que leva a contrair ira,
é comedida, venerável e equilibrada. Nada disso encontrarás
no homem irado. Quem, pois, entregue à indignação e em
fúria, não repeliu de início um constrangimento? Quem,
desatinado por um impulso e desabando sobre alguém,
não lançou longe todo respeito que por si próprio possuía?
Quem, depois de incitado, atinou com o número ou com
a ordenação dos deveres? Quem moderou a língua? Quem
teve domínio de alguma parte de seu corpo? Quem, depois
de arrojar-se, pôde manter controle de si? Será útil para
nós aquele salutar preceito de Demócrito, segundo o qual é
um estímulo à nossa tranquilidade se evitarmos no âmbito
privado e no público nos ocuparmos com tarefas numerosas
ou maiores do que nossas forças. Nunca, para aquele que
se desdobra em muitos afazeres, o dia transcorre tão feliz
que não surja, de um homem ou de uma situação, uma
ofensa que disponha sua alma para a ira. Assim como
quem caminha apressado por locais frequentados da cidade
acaba por esbarrar em muitas pessoas e, em um ponto, lhe é

inevitável escorregar, em outro deter-se, em outro enlamear--se, também nas atividades de nossa vida, diversificadas e errantes, muitos obstáculos e motivos de queixas ocorrem: um iludiu nossa esperança, outro a dilatou, outro a rompeu; nossos planos não fluíram conforme o determinado. A ninguém a boa fortuna é tão afeiçoada que de toda parte responda a quem tenta numerosas ações. Segue-se, portanto, que aquele para quem algumas coisas marcharam contra o planejado fique impaciente com homens e situações, e pelos mais leves motivos se irrite ora com uma pessoa, ora com uma tarefa, ora com um lugar, ora com sua fortuna, ora consigo. Desse modo, para que a alma possa estar calma, ela não deve agitar-se, nem, como eu disse, fatigar-se com atividades numerosas ou de grande peso, almejadas para além de nossas forças. É fácil acomodar nos ombros cargas leves e transportá-las para esta ou aquela parte sem que caiam, mas as que por mãos alheias nos foram impostas penosamente sustentamos, e pouco adiante as derrubamos, vencidos. Mesmo quando nos mantemos em pé sob um fardo, sendo incapazes desse peso, cambaleamos.

7 Deves saber que nas atividades públicas e domésticas o mesmo acontece. As tarefas descomplicadas e fáceis obedecem a quem as executa; as de grande porte e acima da capacidade de quem as assume não se dão a um fácil manejo e, caso sejam empreendidas, oprimem e arrastam a pessoa que as administra, e quando parecerem já dominadas, tombam junto com ela. Assim, com frequência fica frustrada a vontade daquele que não se lança a tarefas que lhe são fáceis, mas quer que sejam fáceis aquelas a que se lançou. Sempre que tentares fazer algo, mede-te a ti mesmo e, ao mesmo tempo, aquilo a que te propões e os recursos que te fazem preparado, pois irá tornar-te áspero o pesar decorrente de uma obra inacabada. É importante se alguém é de índole ardente ou, então, fria e submissa: um revés provocará ira em quem é valoroso, tristeza em quem é lânguido e sem energia. Portanto, não sejam nossas ações nem pequenas, nem

audaciosas e desmedidas. Estenda-se nossa esperança a um limite imediato; não tentemos nada que nos deixe admirados depois de tê-lo alcançado, inclusive por ter tido êxito.

8 Tomemos cuidado para não receber uma injúria, dado que não sabemos suportá-la. É preciso viver com quem é bastante sereno, de trato muito fácil, pouco ansioso e mal--humorado. Assumimos as qualidades dos que convivem conosco e, assim como certas doenças do corpo se transmitem por contato, também a alma passa seus males para os que lhe estão próximos. O ébrio atraiu convivas para o amor ao vinho, um grupo de despudorados corrompeu até o homem valente e de natureza pétrea, a avareza transferiu seu vírus a quem junto dela se encontrava. Do mesmo modo agem as virtudes, mas com o resultado oposto: tornam dócil tudo o que têm a seu lado. Não é tão benéfico para a saúde física uma estância benfazeja e um clima salutar quanto para as almas pouco vigorosas o contato com pessoas melhores. Perceberás o poder que tem esse fator se vires até feras amansar-se em nosso convívio e a nenhum animal, mesmo feroz, permanecer sua índole depois de longo tempo em companhia de um homem; é rebatida toda a sua aspereza e é paulatinamente desaprendida entre criaturas plácidas. Acrescenta-se a isso que não apenas pelo exemplo se torna melhor quem vive junto a pessoas tranquilas, mas também não encontra motivos para irar-se nem exercitar seu vício. Desse modo, ele deve evitar todos que souber serem passíveis de provocar sua iracúndia. "Quem são esses?", perguntas. Muitos que, por causas variadas, provocam em ti o mesmo efeito: o soberbo te ofenderá pelo menosprezo, o sarcástico, pela afronta, o petulante, pela injúria, o invejoso, pela malignidade, o briguento, pela contestação, o jactante e mentiroso, pela leviandade. Não aguentarás ser temido por um suspeitoso, ser vencido por um obstinado, sofrer o desdém de um pernóstico. Elege os que são simples, fáceis no trato, comedidos, que não provoquem tua ira e que a suportem. Serão ainda mais úteis os humildes,

afetuosos, dóceis, sem, porém, chegar à adulação, pois a excessiva lisonja ofende os iracundos. Um amigo nosso era sem dúvida um homem bom, mas muito irascível, a quem não era mais seguro lisonjear do que injuriar. Sabe-se que o orador Célio foi excessivamente iracundo. Com ele, segundo dizem, jantava na sala de sua casa um cliente de excepcional paciência, mas era difícil para este, vendo-se em sua companhia, evitar desavença com o homem a seu lado. Achou melhor aceitar tudo que o anfitrião dissesse e assumir papel secundário. Célio não tolerou seus assentimentos e exclamou: "Diz algo contra, para sermos dois!". Porém, irritado por não se encolerizar e vendo-se sem adversário, logo ele mesmo parou. Elejamos, portanto, se somos conscientes de nossa irascibilidade, de preferência estes que seguem nosso semblante e nossas falas. Por certo nos farão susceptíveis e nos levarão ao mau costume de nada ouvir contra nossa vontade, mas será útil dar a nosso vício um intervalo e um descanso. Mesmo os que por natureza são difíceis e indômitos irão suportar quem os afaga: ninguém é áspero e agressivo a uma carícia. Sempre que uma disputa for mais longa e violenta, procuremos parar no início, antes que ganhe força: a contenda alimenta-se a si mesma e retém os que nela entraram mais fundo. É mais fácil abster-se de um combate do que dele retirar-se.

9 Os irascivos devem renunciar também a atividades intelectuais mais intensas, ou devem exercê-las sem chegar realmente ao cansaço, e sua mente não deve ficar envolvida em ocupações penosas, mas entregar-se a artes amenas: que a leitura de poemas a acalme e a história a entretenha com suas narrativas; que seja tratada de forma bastante suave e delicada. Pitágoras apaziguava com a lira as perturbações da alma. Quem, todavia, ignora que os clarins e as trombetas são estimulantes, tal como são calmantes certos cantos, que trazem relaxamento à mente? São úteis aos olhos turvos as imagens verdes e perante certas cores a vista enferma repousa, enquanto outras a afetam pelo brilho; tal qual, os

estudos prazerosos acalmam as mentes doentes. Devemos evitar o fórum, a participação em defesas, os tribunais e tudo que faz ulcerar nosso mal, e igualmente acautelar-nos do cansaço físico, pois ele consome tudo que há em nós de dócil e plácido e estimula as asperezas. Por isso, os que não confiam em seu estômago, ao seguirem para a realização de tarefas de maior importância, moderam, pelo alimento, a bile, que é ativada ao máximo pela fadiga, seja porque esta compele o calor para as partes centrais e prejudica o sangue, retendo a circulação por veias debilitadas, seja porque o corpo, extenuado e enfermo, deita seu peso sobre a alma. Certamente por essa mesma causa são mais irascivos os que estão abatidos pela má saúde ou pela idade. A fome e a sede, também, pelas mesmas razões, devem ser evitadas: elas exasperam e inflamam o ânimo. Diz um velho ditado que a pessoa fatigada procura rixa. Mas isso se dá tanto com o faminto quanto com o sedento, e com todo homem consumido por algo. De fato, assim como as feridas doem a um leve toque, e depois até ante a suspeita de um toque, assim também a alma afetada pela paixão ofende-se por ninharias, a ponto de algumas — uma saudação, uma carta, um discurso, uma pergunta — as incitarem à briga. Nunca os doentes são tocados sem que se queixem.

10 Desse modo, o melhor é medicar-se na primeira sensação do mal e, então, conceder o mínimo de liberdade inclusive a suas próprias palavras e inibir o impulso. É fácil, porém, interceptar as próprias paixões tão logo surjam: as doenças dão sinais prévios. Do mesmo modo que os sinais da tempestade e da chuva chegam antes delas próprias, existem certos prenúncios da ira, do amor e de todas essas procelas que atormentam nossa alma. Os que costumam ser acometidos de ataque epilético percebem que já se aproxima a crise se o calor abandona as extremidades, a visão fica turva e há um tremor nos músculos, se a memória lhes escapa e a cabeça gira. Assim, eles previnem a causa inicial com os remédios habituais e repelem tudo que pelo

odor e pelo gosto lhes perturba a alma, ou combatem com cataplasmas o calafrio e o enrijecimento, ou então, se foi pouco útil a medicina, evitam a multidão e tombam sem testemunhas. É vantajoso conhecer sua própria doença e reprimir os efeitos dela antes que se alastrem. Vejamos o que mais nos incita: a alguém movem as injúrias vindas de palavras, a outro, as que vêm dos fatos. Este quer que se poupe sua nobreza, este outro, sua beleza; este deseja ser tido como o mais elegante, aquele, como o mais douto; este é intolerante com a soberba, aquele, com a contumácia; aquele outro não reputa os escravos como dignos de sua ira, este dentro de casa é cruel, fora, é dócil; aquele julga ser uma injúria receber uma solicitação, este, não recebê-la, uma afronta. Não são todos feridos na mesma parte. É preciso, então, saber o que é frágil em ti para que o protejas o mais possível.

11 Não convém tudo ver, tudo ouvir. Que passem por nós muitas injúrias; na maioria dos casos, quem as ignora, não as recebe. Não queres ser iracundo? Não sejas curioso. Quem indaga o que foi dito contra si, quem desenterra maledicências, mesmo quando tidas em segredo, inquieta-se por conta própria. Uma interpretação particular faz com que pareçam injúrias. Assim, é preciso ignorar umas, rir-se de algumas e a outras, perdoar. A ira deve ser restringida de muitas maneiras. A maioria das ofensas pode ser convertida em troça e pilhéria. Dizem que Sócrates, atingido por um murro na cabeça, não disse nada senão que estava aborrecido porque não era possível saber quando se devia andar de capacete. Não importa de que modo foi feita a injúria, mas como foi suportada. Não vejo por que seria difícil praticar a moderação, quando sei que inclusive a índole soberba dos tiranos, decorrente não só de sua condição como de suas prerrogativas, reprimiu a crueldade que lhes é familiar. Ao menos Pisístrato, tirano dos atenienses — é o que se relata —, quando um conviva embriagado proferiu muitas palavras contra sua crueldade, não faltaram os

que lhe quisessem prestar apoio e de um lado e de outro o atiçassem. Ele, no entanto, com ânimo sereno, mostrou-se tolerante e, aos que tentavam irritá-lo, respondeu que não se inflamaria com aquele homem mais do que se alguém, com os olhos vendados, tivesse trombado com ele.

12 Grande parte das pessoas produz motivos para queixas por suspeitar algo falso ou por valorizar algo desimportante. Com frequência a ira vem até nós; com mais frequência nós até ela. Nunca é preciso convidá-la: mesmo quando nos sobrevém, que ela seja rejeitada. Ninguém diz a si mesmo: "Isto que agora me provoca ira, ou eu próprio já fiz ou poderia ter feito". Ninguém avalia a intenção de quem faz, mas propriamente o que foi feito. No entanto, é aquela que deve ser examinada: se desejou ou se foi acidental, se agiu obrigado ou por engano, se foi levado por ódio ou por uma recompensa, se cedeu ao próprio desejo ou se se prestou ao de outro. Alguma coisa é fruto da idade de quem agiu mal, outra, de sua condição, de modo que tolerar e aceitar é humano ou útil. Coloquemo-nos no lugar daquele contra quem nos iramos: ora, o que nos faz iracundos é o julgamento parcial de nossa causa, pois o que desejaríamos infligir não queremos sofrer. Ninguém se permite tempo. No entanto, o maior remédio para a ira é o adiamento, para que o primeiro fervor comece a perder força e a névoa que comprime a mente diminua ou fique menos densa. Algumas das coisas que te precipitavam na ira, uma só hora, não um dia todo, as abrandará; algumas evanescerão por completo. Se a protelação que se buscou não tiver tido efeito algum, ao menos ficará claro haver reflexão e não ira. Se quiseres conhecer a natureza de algo, confia-o ao tempo: não se discerne com exatidão nada que esteja em pleno fluxo. Não pôde Platão obter de si esse tempo ao se irritar com um escravo, mas ordenou que ele baixasse de imediato a túnica e oferecesse os ombros ao açoite, para golpeá-los com a mão. Tão logo se deu conta de que estava irado, tal como havia levantado a mão,

deteve-a suspensa e estancou, prestes a bater. Pouco depois, um amigo, que por acaso havia chegado, perguntou--lhe o que estava fazendo. Ele disse: "Estou punindo um homem iracundo". Estático, conservava aquele gesto, degradante para um homem sábio, de quem está prestes a ferir, esquecido já do escravo, pois havia encontrado outro a quem preferia castigar. Assim, absteve-se de seu poder contra os seus e, excessivamente alterado diante daquela falta qualquer, disse: "Tu, Espeusipo, castiga esse moleque com o açoite, pois eu estou irado". Não o golpeou pelo mesmo motivo que teria levado outro a golpear. "Estou irado", disse ele, "farei além do necessário; vou fazê-lo com prazer. Que não esteja esse escravo em poder de quem não está em poder de si mesmo." Alguém quer confiar uma punição a um irado, quando Platão, ele próprio, retirou de si tal poder? Nada te seja lícito enquanto estás irado. Por que razão? Porque vais querer que tudo te seja lícito.

13 Luta contigo mesmo: se queres vencer a ira, ela não pode te vencer. Começas a vencê-la se ela é ocultada, se a ela não se dá saída. Encubramos os sinais e, o quanto é possível, mantenhamo-la oculta e secreta. Isso se fará com grande incômodo nosso, pois ela deseja saltar para fora e incendiar os olhos e transmutar a face. Mas, se lhe foi permitido mostrar-se fora de nós, ela ficará em cima de nós. Que seja ela encerrada no retiro mais fundo do peito, e seja por nós conduzida, não nossa condutora. Ou antes, desviemos para o sentido contrário todos os seus indícios: que o rosto se descontraia, a voz fique mais suave, o passo mais lento; aos poucos, às disposições exteriores se conformam as interiores. No caso de Sócrates, era sinal de ira abaixar a voz, falar pouco. Ficava então aparente que ele se refreava. Era, assim, flagrado pelos amigos e censurado, e, no entanto, não lhe desagradava a reprovação dessa ira latente. Como não se alegraria ele de que sua ira, embora muitos a percebessem, ninguém a sentisse? Teriam-na, porém, sentido, se ele não tivesse dado aos amigos o mesmo direito

de censurá-lo que ele havia assumido para si em relação a eles. Quanto mais devemos nós fazer isso! Roguemos a nossos melhores amigos que conosco usem ao máximo de liberdade de palavra, sobretudo quando não pudermos minimamente suportá-la, e não deem aprovação a nossa ira. Recorramos a eles contra esse mal poderoso e que nos é grato enquanto estamos em nosso juízo, enquanto sobre nós temos poder. Os que aguentam mal o vinho e temem o desatino e a petulância de sua embriaguez, encarregam os seus de os retirarem do festim; os que têm experiência de sua intemperança na doença, proíbem que se lhes obedeça durante a enfermidade. O melhor é prover obstáculos para vícios conhecidos e, antes de tudo, dispor a alma de tal modo que, mesmo atingida por fatos muito adversos e súbitos, ela não sinta ira ou, quando esta se originou da gravidade de uma injúria inesperada, ela a reprima no fundo do peito e não confesse sua indignação. Ficará evidente que é possível fazê-lo se eu apresentar uns poucos exemplos, dentre uma multidão imensa, a partir dos quais se pode aprender estas duas coisas: quanto mal traz a ira quando ela se serve de todo o poderio de gente influente; e quanto pode dominar a si mesma quando se viu oprimida por um medo maior.

14 A Cambises, um rei por demais dado ao vinho, Prexaspes, um de seus mais caros amigos, aconselhava a beber com mais parcimônia, dizendo-lhe ser torpe a embriaguez em um rei, pois os olhos e ouvidos de todos o seguiam. A isso, responde aquele: "Para que saibas que nunca perco a lucidez, irei já te provar que, depois do vinho, tanto meus olhos quanto minhas mãos estão aptos aos seus ofícios". Ele bebe, então, mais fartamente do que em outras ocasiões, em taças maiores, e, já pesado e vinolento, manda o filho de seu crítico dirigir-se para o lado de fora da porta e ficar parado, com a mão esquerda levantada sobre a cabeça. Então, estica o arco e crava bem no coração do jovem — ali, de fato, dissera que mirava. Depois de rasgar--lhe o peito, expôs a seta fixada no coração e, voltando-se

para o pai, perguntou-lhe se tinha a mão bastante certeira. Ele, por sua vez, negou que Apolo pudesse ter disparado de modo mais exato. Que os deuses o destruam, esse que se mostrou um escravo mais por sua alma do que por sua condição! Ele elogiou um fato do qual já era demais ter sido espectador. Julgou ser ocasião para lisonjas o peito de seu filho aberto em duas partes e o coração palpitando sob o ferimento. Devia contestar-lhe a glória e chamar o rei a novo disparo, para que lhe aprouvesse mostrar, no próprio pai, uma mão mais certeira. Oh, rei cruento! Oh, digno de que contra ele se voltassem os arcos de todos os súditos! Ainda que tenhamos execrado aquele que encerra banquetes com suplícios e mortes, aquele dardo foi elogiado de modo mais terrível do que atirado. Veremos como o pai deveria ter se portado, detendo-se diante do cadáver do filho e daquela morte da qual fora tanto testemunha quanto causa. O tópico tratado agora ganha evidência: a ira pode ser suprimida. Ele não amaldiçoou o rei, não emitiu palavra alguma, nem ao menos própria de um infortunado, embora visse trespassado tanto o seu coração quanto o do filho. Pode-se dizer, com razão, que ele devorou suas palavras. De fato, se algo fosse dito como um irado, nada teria podido fazer como pai. Pode parecer, afirmo, que ele, naquela circunstância, se comportou com mais sabedoria do que quando dava preceitos sobre moderação ao beber àquele a quem era preferível que bebesse vinho em vez de sangue, a quem o fato de suas mãos estarem ocupadas com copos representava paz. Assim, esse homem acrescentou-se ao número daqueles que, com perdas enormes, mostraram o quanto aos amigos dos reis custaram seus bons conselhos.

15 Não tenho dúvida de que também Hárpago tenha persuadido de algo semelhante ao seu rei e dos persas, o qual, ofendido, lhe serviu à mesa como repasto seus filhos e perguntou-lhe, seguidamente, se os pratos estavam de seu agrado. Então, logo que o viu completamente saciado com seus próprios males, mandou trazerem as cabeças e

interrogou-o sobre como havia sido recebido. Não faltaram palavras ao infeliz nem seus lábios cerraram: "Na casa de um rei", disse ele, "toda ceia é agradável". Que proveito obteve com essa adulação? O de não ser convidado para o que sobrara. Não vedo a um pai condenar a ação de seu rei, não lhe vedo buscar punição digna para tão atroz monstruosidade, mas por agora concluo que, mesmo nascida de males imensos, a ira pode ser ocultada e compelida a expressar-se com palavras contrárias a ela. Necessária é essa contenção da dor, principalmente a quem coube em sorte esse gênero de vida e a quem foi convidado à mesa de um rei: assim se come na casa real, assim se bebe, assim se responde; é preciso sorrir ante seus próprios mortos. Se a vida vale o sacrifício, veremos; essa é outra questão. Não consolaremos tão triste masmorra, não exortaremos a suportar o mando de carnífices: mostraremos em toda servidão uma via aberta para a liberdade. Se está enferma a alma e por causa de seus defeitos é infeliz, para ela é lícito pôr fim junto consigo a suas mazelas. Direi não só àquele a quem coube um rei que atinge com setas o peito de seus amigos, como àquele cujo senhor satura pais com as vísceras dos filhos: "Por que gemes, insano? Por que esperas que algum inimigo te vingue pela perda de tua gente ou voe para cá, desde longe, um rei poderoso? Para onde quer que voltes o olhar, ali está o fim de teus males. Vês aquele local escarpado? Por lá se desce à liberdade. Vês aquele mar, aquele rio, aquele poço? A liberdade está assentada em seu fundo. Vês aquela árvore acanhada, ressequida, estéril? Pende dali a liberdade. Vês tua cerviz, teu pescoço, teu coração? São vias de escape da servidão. Mostro-te saídas por demais operosas e que exigem muita coragem e energia? Buscas qual seja o caminho para a liberdade? Qualquer veia em teu corpo".

16 Ao menos pelo tempo em que nada nos pareça tão intolerável que nos faça abandonar a vida, removamos nossa ira de qualquer situação em que estivermos. É perniciosa

aos de condição subalterna; de fato, toda indignação faz crescer seu tormento e tanto mais pesado ela sente o mando quanto maior a intolerância com que o sofre. Assim a fera aperta os laços enquanto se agita; assim as aves, enquanto sacodem para arrancar o visgo, fazem-no impregnar-se nas penas todas. Nenhum jugo é tão apertado que não cause menos lesões a quem o carrega sobre si do que a quem o enjeita. Há um só alívio para os grandes males: suportá-los e obedecer a suas exigências. Mas, embora seja útil aos súditos a contenção de suas paixões, e principalmente desta, que é raivosa e desenfreada, mais útil é ela aos reis: está tudo arruinado quando a fortuna lhes permite o que aconselha a ira, e por longo tempo não pode ser mantida uma dominação que para o mal de muitos é exercida; pois esta é posta em risco quando os que se queixavam separadamente o medo comum os uniu. Assim, numerosos governantes foram assassinados ora por indivíduos, ora pela massa, quando uma comoção pública os levou a congregar contra um único homem suas iras. No entanto, muitos reis usaram de sua ira como uma insígnia régia, tal como Dario, que, depois de tomar o poder ao mago, foi o primeiro a governar os persas e grande parte do Oriente. Como tivesse declarado guerra aos citas, que lhe cercavam o lado oriental, Oeobazo, nobre ancião, rogou-lhe que deixasse, para consolo do pai, um de seus três filhos, e dispusesse dos serviços dos outros dois. Dario prometeu mais do que lhe era rogado, disse que mandaria todos de volta e os abandonou mortos diante dos olhos do pai. Cruel seria se os tivesse levado com ele. Mas quão mais tratável era Xerxes! A Pítio, pai de cinco filhos que pediu a dispensa militar de um, ele permitiu escolher qual quisesse e, depois, colocou o escolhido cortado em duas partes, de um e outro lado da estrada e, com tal vítima, purificou seu exército. E assim o exército teve o fim que merecia: vencido e posto em debandada por larga extensão, contemplando sua ruína, que se estendia por todo lado, caminhou por entre seus cadáveres.

17 Tal ferocidade esses reis bárbaros exibiram em sua ira, eles que não se haviam imbuído em nenhuma instrução, em nenhuma cultura literária. Porém, do seio de Aristóteles, eu citarei o rei Alexandre, que, durante um banquete, com sua própria mão trespassou Clito, que lhe era muito querido e fora educado junto dele, porque o adulava pouco e mostrava-se renitente em passar de homem livre e macedônio à servidão própria de um persa. Já Lisímaco, igualmente amigo seu, ele atirou a um leão. Acaso então Lisímaco, depois de, por felicidade, ter escapado aos dentes do leão, foi ele próprio mais brando ao reinar? Ora, deformou totalmente Telésforo, seu amigo ródio, após fazer decepararem-lhe as orelhas e o nariz, e o nutriu por longo tempo numa jaula, como um novo e raro animal, pois a deformidade de seu rosto truncado e mutilado o tinha feito perder a feição humana. Acresciam-se a isso a fome e as crostas de sujeira em seu corpo largado em meio às próprias fezes. Calejados, além do mais, seus joelhos e suas mãos, os quais a estreiteza do local o obrigava a usar como pés, e ulceradas pelo atrito as laterais do tórax, não menos repulsivo do que aterrador era seu aspecto para os visitantes; e por sua punição, tendo-se tornado um monstro, deixara também de provocar compaixão. No entanto, apesar de aquele que padecia tais horrores ser inteiramente dessemelhante de um homem, mais dessemelhante era quem lhe causara aquilo.

18 Quem dera tivessem tais sevícias permanecido entre os exemplos estrangeiros, e não tivesse sido transferida para os costumes romanos, junto com outros vícios adventícios, também a barbárie dos suplícios e das iras! Marco Mário, a quem o povo erguera estátuas em cada quarteirão, a quem dirigia súplicas com incenso e vinho, a este homem Lúcio Sula ordenou que fossem quebradas as pernas, vazados os olhos, amputadas a língua e as mãos, e, como se o matasse a cada ferimento, lacerou pouco a pouco, um por um, os seus membros. Quem era o executante

dessa ordem? Quem senão Catilina, já a exercitar as mãos em todo tipo de crime? Era ele que o desmembrava diante do túmulo de Quinto Cátulo, infligindo tamanho ultraje às cinzas de um varão tão amável, sobre as quais um homem de péssimo exemplo, embora popular e amado de forma não tanto imerecida quanto excessiva, vertia gota a gota o seu sangue. Digno era Mário de sofrer aqueles tormentos; Sula, de ordenar; Catilina, de executar, mas indigna a República de receber em seu corpo as espadas tanto de seus inimigos quanto de seus vingadores.   Por que busco fatos antigos? Há pouco Calígula em um só dia golpeou com açoite Sexto Papínio, cujo pai fora cônsul, Betilieno Basso, seu próprio questor, filho de seu procurador, e outros, tanto senadores quanto cavaleiros romanos. Torturou-os não para obter informações, mas para comprazer-se. Depois, foi tão impaciente em adiar o deleite que sua crueldade exigia — em abundância e sem demora —, que, em uma alameda dos jardins de sua mãe na qual o alpendre é separado de uma ribeira, ao caminhar com matronas e senadores, degolou alguns deles à luz de uma luminária. O que o açodava? Que risco, privado ou público, uma só noite lhe trazia? Quão pouco teria sido esperar a luz do dia, para que não matasse senadores do Estado romano calçando pantufas.

19 Quanto foi arrogante sua crueldade, para nosso tema é útil saber, embora a alguém possa parecer que nos afastamos do assunto e desviamos em digressão. Mas a própria arrogância fará parte da ira que é violenta acima dos limites habituais. Golpeou com açoitadas os senadores, mas ele próprio tornou possível dizer: "Isso costuma ocorrer". Torturou-os por todos os meios que, na natureza, são os mais terríveis: com cordas, borzeguins, cavalete, fogo, com seu próprio rosto.   E, neste ponto, vai alguém objetar: "Grande coisa se ele deu fim a três senadores, como que a escravos sem valor, entre açoitadas e chamas, sendo um homem que considerava trucidar o Senado inteiro e desejava que o povo romano tivesse uma só cabeça, para que num único golpe,

num único dia, pudesse reunir seus crimes, dispersos por tantos lugares e ocasiões". Existe algo tão inaudito quanto uma execução noturna? Embora os latrocínios costumem ocultar-se nas trevas, as punições, quanto mais notórias, mais servem de exemplo e correção. E, aqui, alguém me responderá: "Aquilo que te causa tanta admiração é, para essa fera, algo cotidiano; para isso vive, para isso vela, para isso lucubra". Não se encontrará, por certo, nenhum outro que tenha mandado tapar, com uma esponja, a boca de todos aqueles contra quem ordenava punição, para não emitirem palavra. Alguma vez se negou a alguém prestes a morrer ter por onde gemesse? Ele temeu que uma dor derradeira lançasse palavras livres demais, que viesse a ouvir algo que não quisesse. Sabia, pois, serem inumeráveis as coisas que pessoa alguma ousaria imputar-lhe, a menos que estivesse a ponto de morrer. Caso esponjas não fossem encontradas, mandava que se rasgassem as vestimentas dos infelizes e enfiassem os trapos pela boca. Que crueldade é essa? Permita-se a eles exalar o último suspiro, dá um canal para a saída da alma, permita-se a ela escapar sem ser pelo ferimento. Seria longo acrescentar que também os pais dos mortos, na mesma noite, executou, enviando centuriões a suas casas. Pois, como homem compassivo, livrou-os do luto. Não é, pois, meu propósito descrever a crueldade de Calígula, mas a da ira que se atiça não apenas contra um indivíduo, mas despedaça nações inteiras, que flagela cidades e rios e coisas imunes a toda sensação de dor.

20 Assim, o rei dos persas fez cortar o nariz de toda uma população na Síria, fato do qual deriva o nome do lugar: Rinocolura. Julgas que ele os poupou por não ter lhes cortado a cabeça? Deleitou-se com um novo gênero de castigo. Algo semelhante teriam sofrido os etíopes, chamados macróbios por causa da longuíssima extensão de sua vida. Pois contra eles, por não terem acolhido a escravidão com as mãos estendidas para o alto e aos emissários que lhes foram enviados terem dado respostas

francas, que os reis chamam afrontosas, Cambises fremia e, sem ter feito provisões, sem ter explorado os caminhos, através de vias intransitáveis e lugares áridos arrastava toda uma hoste de guerreiros. Durante a primeira parte da marcha faltava-lhe o necessário, e não os supria de coisa alguma a região estéril, inculta e que desconhecia vestígio humano. De início, socorriam sua fome as partes mais tenras das folhagens e os brotos na copa das árvores; em seguida, o couro amolecido ao fogo e tudo que a necessidade transformava em alimento. Quando, em plenos areais, também se extinguiram as raízes e as ervas, e apareceu uma solidão desprovida até de animais, sorteou-se um em cada dez e tiveram um alimento mais cruel que a fome. Mostrava-se ainda impelido pela ira esse rei temerário, embora uma parte do exército ele houvesse perdido, outra parte devorado, até que receou ser também ele próprio chamado ao sorteio. Somente então deu sinal para retirada. Eram-lhe reservadas, nesse ínterim, aves nobres e transportados por camelos os utensílios de seus banquetes, enquanto seus soldados sorteavam qual teria uma morte ruim, qual teria uma vida pior.

21 Esse homem dirigiu sua fúria contra uma nação desconhecida e inofensiva, porém capaz de senti-la; Ciro enfureceu-se contra um rio. Quando, na intenção de atacar a Babilônia, ele se apressava para a guerra, cujos momentos mais decisivos estão nas oportunidades de ação, tentou atravessar por um vau o rio Gindes, então extensamente alargado, ainda que seja pouco seguro fazê-lo mesmo quando este se ressentiu do verão e ficou reduzido ao mínimo. Ali, o desaparecimento de um dos cavalos brancos que puxavam o carro real causou no rei forte comoção. Jurou, então, que aquele rio que havia desfalcado a comitiva régia ele reduziria a ponto de poder ser atravessado e pisado por mulheres. Em seguida, transferiu para ali todo o aparato de guerra e aplicou-se às obras até que o leito do rio, dividido em cento e oitenta

canais, fosse dispersado em trezentos e sessenta regatos e ficasse seco devido ao fluxo em sentidos diversos. Perdeu, desse modo, não só tempo, grande dano nas grandes conjunturas, como também o ardor dos soldados, a quem o trabalho inútil debilitou, e ainda a oportunidade de um ataque a tropas desprevenidas ao empreender contra um rio uma guerra que ele havia declarado a um inimigo. Esse furor — pois que outro nome lhe darias? — atingiu também os romanos. Calígula destruiu uma belíssima propriedade em Herculano porque nela sua mãe estivera algum tempo confinada e, com isso, tornou renomada a má fortuna desse edifício, pois enquanto estava em pé, navegávamos ao largo dali, mas agora se pergunta a causa de sua demolição.

22 Esses são exemplos a serem meditados para que os evites; os próximos, ao contrário, são para serem seguidos, modelos de moderação e brandura, nos quais não faltou motivo para ira nem meios para vingança. De fato, o que teria sido mais fácil para Antígono do que ordenar à morte dois soldados rasos que, encostados na tenda real, faziam o que os homens fazem com enorme risco e prazer: falavam mal de seu próprio rei? Antígono ouvira tudo, pois uma cortina se interpunha entre os falantes e o ouvinte; ele a moveu ligeiramente e disse: "Afastai-vos para que o rei não vos ouça". Ele também, certa noite, depois de ter escutado alguns de seus soldados lançando todo tipo de maldição contra o rei por os haver conduzido por aquela trilha e para um insuperável lodaçal, aproximou-se dos que mais penavam e, após livrá-los, sem revelar por quem eram ajudados, disse: "Agora maldizei Antígono, por cuja falha caístes nesta lástima; porém, desejai o bem de quem vos tirou desta voragem". Ele mesmo, com ânimo dócil, tolerou o escárnio tanto de inimigos quanto de cidadãos. Assim, como os gregos estivessem sitiados numa pequena fortaleza, e, por sua confiança no local, menosprezassem o inimigo e zombassem muito da feiura de Antígono, ora rindo de sua baixa estatura, ora de seu nariz achatado, ele

disse: "Fico feliz e conto com boa sorte, pois tenho Sileno em meu acampamento". Depois de ter sujeitado pela fome esses sarcásticos, serviu-se deles como prisioneiros do seguinte modo: os que eram úteis para a milícia distribuiu-os nas tropas, entregou os demais ao pregoeiro, e negou que o teria feito caso não fosse útil para quem tem uma língua tão maligna ter um senhor.

23 Seu neto foi Alexandre, que arrojava sua lança contra os próprios convivas, e que, dos dois amigos a que fiz referência antes, um ele atirou a uma fera, o outro, a si mesmo. Desses dois, no entanto, o que foi atirado ao leão sobreviveu. Esse vício ele não herdou de seu avô, nem mesmo de seu pai. Pois se houve em Filipe alguma virtude, foi a paciência com as afrontas, poderoso instrumento para a manutenção de um reino. Demócares, chamado "Parresiastes" por causa de sua língua excessiva e insolente, viera até ele junto de outros emissários atenienses. Ouvida com benevolência a delegação, Filipe falou-lhes: "Dizei-me o que eu poderia fazer que fosse grato aos atenienses". Demócares tomou a palavra e disse: "Enforcar-te". A indignação dos circunstantes ergueu-se diante de tão bárbara resposta. Filipe ordenou que se calassem e que deixassem ir são e salvo aquele Tersites. "Mas vós", disse ele, "emissários restantes, anunciai aos atenienses que são muito mais arrogantes os que dizem tais coisas do que os que as ouvem sem puni-las."

Muitas coisas também dignas de memória fez e disse o divino Augusto, pelas quais fica evidente que a ira não o dominou. O historiador Timágenes falou certas coisas contra ele, outras contra sua esposa e toda a sua família, e não se perderam suas palavras: de fato, o gracejo imprudente tem mais circulação e fica na boca das pessoas. César Augusto com frequência o aconselhou a que usasse a língua com mais moderação; como perseverava, proibiu-o de entrar em sua casa. Timágenes depois envelheceu na convivência de Asínio Polião e foi disputado por toda a sociedade. A porta fechada de César não fez com que fosse barrado em nenhuma outra porta. A obra de história que escreveu depois disso recitou em público e lançou ao fogo livros que continham os atos de César Augusto. Manteve a inimizade de César. No entanto, ninguém temeu sua amizade, ninguém o evitou como a quem fora atingido por um raio; houve quem lhe oferecesse acolhimento quando sofreu tamanha queda. César, conforme eu disse, tolerou isso pacientemente, sem nem se molestar por aquele ter suprimido elogios a si e a seus feitos; nunca se queixou com quem acolheu seu inimigo. Tão somente isto ele disse a Asínio Polião: "*Theriotrofeîs*" [Estás nutrindo uma fera]. Quando este, depois, lhe preparava uma escusa, interrompeu-o dizendo: "Desfruta, meu Polião, desfruta!". E como Polião lhe dissesse: "Se ordenas, César, agora mesmo proíbo a ele a entrada em minha casa", respondeu-lhe: "Pensas que eu faria isso, quando fui eu que vos reconduzi à amizade?". Deveras, certa vez Polião ficara furioso com Timágenes e não tivera outro motivo para abandonar o sentimento senão o fato de César passar a tê-lo.

24 Que cada um fale para si do seguinte modo sempre que desafiado: "Acaso sou mais poderoso que Filipe? Dele, no entanto, falou-se mal impunemente. Acaso tenho mais poder em minha casa do que teve Augusto em todo o mundo? Ele, no entanto, contentou-se em afastar-se de seu ofensor." Por que razão eu iria punir com açoites e grilhões uma resposta em tom mais alto de meu escravo, um ar demasiado insolente e um resmungo que mal chega até mim? Quem sou eu cujos ouvidos seria um sacrilégio ferir? Muitos perdoaram seus inimigos; eu não perdoaria preguiçosos, negligentes, tagarelas? Que sirva de escusa para a criança sua idade, para a mulher, seu sexo, para o estrangeiro, a falta de vínculos, para a pessoa de casa, a intimidade. Ofendeu-nos pela primeira vez: pensemos quanto tempo nos agradou; ofendeu-nos outras vezes e amiúde: toleremos o que por longo tempo toleramos. É um amigo: fez sem intenção; é um inimigo: fez o que

4 devia. Concedamos crédito a quem é bem atinado, isentemos quem é demasiado tolo. Diante de quem quer que seja, repliquemos a nós mesmos o seguinte: também os homens mais sábios muitas faltas cometeram, não há ninguém tão precatado que por vezes não falhe em sua diligência, ninguém é tão amadurecido que o acaso não force sua compostura a uma ação de maior fúria, ninguém é tão temeroso de ofensas que não incida nelas enquanto as evita.

1   25 Tal como para um homem humilde, em meio a seus males, é um consolo que a fortuna dos grandes também seja titubeante, e com maior resignação chora discretamente o seu filho quem viu até de um palácio serem conduzidos pungentes funerais, também com resignação suporta ser ofendido por um, desprezado por outro, quem percebe que nenhum
2 poder é tão grande que não lhe advenha uma injúria. E, se até os mais sábios se equivocam, quem não dispõe de uma boa justificativa para o erro? Repassemos quantas vezes, em nossa juventude, fomos pouco diligentes nos deveres, pouco comedidos na conversa, pouco temperantes no vinho. Se alguém está irado, concedamos a ele tempo para que possa discernir o que tenha feito: ele próprio se castigará. Admitamos que ele deva, enfim, receber punição: não há por
3 que ajustarmos contas com ele. Disto não haverá dúvida: destacou-se da multidão e situou-se mais alto alguém que desprezou quem lhe fez provocação; é próprio da verdadeira grandeza não mostrar-se sensível a uma agressão. Assim a fera bravia volta-se lenta ao ladrido dos cães; assim a onda se atira em vão contra o enorme rochedo. Quem não se enfurece mantém-se erguido, sem se abalar com a injúria; quem se
4 enfurece vê-se transtornado. Mas aquele que há pouco coloquei acima de todo incômodo retém em seus braços o bem supremo e responde não apenas a um homem, mas à própria fortuna: "Ainda que tudo faças, és pequena demais para turvar minha serenidade. Veta-te isto a razão, à qual confiei o comando de minha vida. Há de me ser mais nociva

a ira do que a injúria. E por que mais? Desta última, o limite é certo, a outra, até onde pode me levar é duvidoso".

26 "Não posso tolerar!", afirmas, "é penoso aguentar uma injúria." Estás mentindo, pois quem não poderia suportar a injúria se pode tolerar a ira? Ademais, ages de modo tal que suportas não só a ira como a injúria. Por que suportas a raiva de um doente, as palavras de um louco, as mãos atrevidas de uma criança? Certamente porque parecem não saber o que fazem. Que importa o vício que torna cada um desatinado? O desatino é justificativa igual para todos. "Como, então?", indagas, "isso lhe ficará impune?" Supõe ser esse o teu desejo; no entanto, não ficará. De fato, a maior punição para uma injúria é tê-la feito, e ninguém é mais duramente afetado do que aquele que é entregue ao suplício do arrependimento. Depois, é preciso atentar para a condição humana para que sejamos juízes justos de tudo o que acontece; é iníquo, porém, quem reprova em cada indivíduo um vício comum a todos. Não se destaca, entre os seus, a cor do etíope, nem é, entre os germanos, impróprio para um homem o cabelo ruivo e preso por um nó; não julgarás notável ou feio em um indivíduo nada que para sua gente é generalizado. Esses exemplos a que me referi se justificam pela característica habitual de uma região ou de um lugar isolado; vê agora quanto é mais justa a indulgência sobre o que está disseminado por todo o gênero humano. Todos somos irrefletidos e imprevidentes, todos somos irresolutos, queixosos, aduladores — por que escondo com palavras tão suaves uma ferida comum? —, todos somos maus. Assim, tudo que se reprova em outro poderá ser encontrado em seu próprio seio. Por que notas a palidez de um, a magreza de outro? É uma pandemia. Sejamos, assim, mais complacentes uns com os outros: somos maus, vivemos entre maus. Apenas uma coisa pode nos tornar serenos: um pacto de mútua condescendência. "Ele já me injuriou, eu a ele ainda não." Mas talvez já tenhas ofendido alguém; talvez ofendas. Não

consideres esta hora ou este dia, examina toda a disposição de tua mente: mesmo se nada de mau fizeste, podes fazê-lo.

1 27 Quanto é preferível sanar uma injúria a vingá-la! A vingança consome muito tempo e a muitas injúrias ela se expõe enquanto sofre por só uma; por mais tempo nos iramos do que sofremos com a ofensa. Como é melhor tomar o sentido contrário e não opor vícios a vícios! Acaso alguém pareceria estar em seu juízo se revidasse a uma mula com coices ou a um cão com mordidas? "Essas criaturas",
2 afirmas, "não sabem que agem mal." Primeiro, quanto é injusto aquele para quem a condição de ser homem é prejudicial para obter seu perdão! Depois, se o fato de carecer de entendimento subtrai de tua ira as demais criaturas, na mesma situação deveria estar para ti todo homem que também careça de entendimento. Pois, que importa se ele possui outros atributos distintos daqueles dos seres irracionais se nele é similar isto que justifica os irracionais
3 em seus erros: a turvação da mente? Ele errou: foi a primeira vez? Foi a última? Não há por que acreditares nele se tiver dito: "Não o farei de novo". Não apenas ele errará como ainda outra pessoa o fará contra ele, e toda a vida se desenrolará entre erros. Criaturas indóceis devem ser
4 tratadas com docilidade. O que no luto se costuma dizer com muita eficácia também na ira se dirá: "Vais deixar disso algum dia ou nunca?". Se algum dia, quanto é preferível deixar a ira a ser deixado por ela! Acaso há de sempre permanecer essa agitação? Vês que vida sem paz prenuncias para ti? Pois como verdadeiramente será ela para alguém
5 sempre exaltado? Ademais, ainda quando por ti tiveres conseguido inflamar-te e renovar seguidamente as causas que te deixam incitado, a ira se dispersará espontaneamente e o tempo lhe subtrairá as forças: quanto melhor é que ela seja vencida por ti do que por si mesma!

1 28 Tu te irritas com este, depois com aquele; com os escravos, depois com os libertos; com os pais, depois com os filhos; com os conhecidos, depois com os desconhecidos:

por toda parte, pois, os motivos sobejam, exceto se a alma acorreu como intercessora. O furor te arrebatará deste para aquele motivo, então para um terceiro, e seguidamente originará novos irritamentos: a raiva será contínua. Vamos, infeliz, quando vais amar? Que tempo precioso perdes numa

2 coisa maligna! Quanto era agora preferível fazer amigos, aplacar inimigos, servir aos interesses públicos, voltar tua atenção para questões domésticas em vez de olhar ao redor para ver que mal podes fazer a uma pessoa, que ferimento infligir à dignidade dela, a seu patrimônio ou a seu corpo, quando isso não te poderia ocorrer sem confronto e perigo,

3 mesmo se te debatesses com um inferior! Ainda que recebas alguém amarrado e exposto a todo suplício, a teu bel-prazer, com frequência a violência excessiva deslocou no agressor uma articulação ou perfuraram-lhe um nervo os dentes que ele fizera quebrar. A muitos a iracúndia deixou mancos, a muitos, debilitados, inclusive quando ela topou com matéria resistente. Além do mais, nada é de natureza tão fraca que possa sucumbir sem risco de quem o espanca. Às vezes a dor, às vezes o acaso, iguala os fracos

4 aos mais vigorosos. E não é verdade que a maior parte das coisas com as quais nos iramos mais nos injuria do que nos fere? Ora, faz muita diferença se alguém se opõe à minha vontade ou não a satisfaz, se me rouba ou não me oferta. E, não obstante, colocamos no mesmo plano se alguém nos furta ou nos recusa, se destrói nossa esperança ou a posterga, se age contra nós ou em prol de si, por amor

5 a outro ou por ódio a nós. Alguns têm de fato motivos não apenas justos para se erguer contra nós, mas também honoráveis: um defende o pai; outro, o irmão; outro, a pátria; outro, o amigo. No entanto, não perdoamos aqueles que fazem algo que desaprovaríamos se não o fizessem, e, o que é inacreditável, geralmente fazemos bom juízo do ato

6 e mau juízo de quem age. Mas, por Hércules, um homem magnânimo e justo olha admirado seus inimigos mais valentes e os mais obstinados pela liberdade e salvação da

própria pátria e deseja junto a si semelhantes concidadãos, semelhantes soldados.

29 É sórdido ter ódio de quem elogias; mas mais sórdido é odiar alguém por ele ser digno de compadecimento: quando um prisioneiro, depois de súbita queda na servidão, mantém restos de sua liberdade e não acorre ligeiro a serviços vis e extenuantes; quando, indolente por causa do ócio, não acompanha, correndo, o cavalo e o carro de seu senhor; quando, em meio a longas vigílias cotidianas, o sono o oprimiu, fatigado; quando recusa o trabalho no campo ou não o enfrenta com vigor, por ter sido transferido da servidão ociosa na cidade para uma dura faina. Devemos distinguir se alguém não pode ou não quer: absolveremos muitas pessoas se começarmos por julgá-las antes de ficarmos irados. Mas, na realidade, seguimos o primeiro impulso; depois, embora motivos vãos nos tenham concitado, perseveramos para não parecermos ter começado sem causa e — o que é o mais injusto — a injustiça da ira nos torna mais obstinados. De fato, nós a mantemos e a fazemos crescer, como se fosse prova de alguém irar-se com justiça o fato de irar-se com intensidade.

30 Quanto melhor é perceber como são fúteis e inofensivos os próprios motivos iniciais! O que vês acontecer com os animais irracionais, o mesmo irás deparar no homem: nos deixamos perturbar por coisas frívolas e vãs. A cor vermelha excita o touro, ante uma sombra a serpente se ergue, um lenço incita ursos e leões: todas as criaturas que por natureza são ferozes e raivosas sobressaltam-se diante de trivialidades. O mesmo acontece com pessoas de índole inquieta e insensata: sentem-se atingidas pela suposição dos fatos, a ponto de, às vezes, chamarem injúrias os benefícios modestos, que se tornam matéria muito farta, ou por certo muito acerba, de irritação. Com efeito, ficamos irados com as pessoas mais queridas porque nos proveram benefícios menores do que esperávamos e do que outros auferiram, embora o remédio

para ambos os casos esteja à nossa disposição. Foi mais favorável a outro: que nossa sorte nos deleite sem comparações. Nunca será feliz aquele a quem for torturante a felicidade de outro. Possuo menos do que esperava: talvez eu tenha esperado mais do que devia. Esse ponto é o mais temível, daqui nascem as iras mais destruidoras e que hão de atacar tudo o que houver de mais sagrado.

O divino Júlio foi executado por maior número de amigos que de inimigos, cujas esperanças, impossíveis de satisfazer, ele não atendera. Ele, na verdade, o quis — de fato, ninguém fez da vitória uso mais liberal, da qual nada para si reivindicou, exceto o poder de repartir-lhe os frutos —, mas de que maneira poderia suprir tão ímprobos desejos, já que todos igualmente cobiçassem o que só um podia cobiçar? Assim, desembainhadas as espadas em torno de seu assento, viu seus companheiros, como Tílio Cimbro, pouco antes acérrimo defensor de seu partido, e outros, pompeianos somente depois de Pompeu. É isso que volta contra os reis suas armas e compele os mais fiéis a ponto de cogitarem a morte daqueles pelos quais, e perante os quais, haviam feito voto de morrer.

31 Ninguém que olha para os bens alheios agrada-se dos seus: então, contra os deuses também nos iramos por alguém nos preceder, esquecendo-nos de quantos homens ficaram para trás e como é enorme a inveja que segue às costas de quem de poucos tem inveja. Tão grande, no entanto, é o mau-caratismo dos homens, que, apesar de terem recebido muito, é para eles motivo de ofensa o fato de que poderiam ter recebido mais. "Ele concedeu-me a pretura, mas eu havia esperado o consulado; concedeu-me os doze fasces, mas não me fez cônsul ordinário; ele quis que por meu nome fosse denominado o ano, mas faltou-me o sacerdócio; fui admitido em um colégio sacerdotal, mas por que em um só? Ele elevou ao máximo minha dignidade, mas em nada contribuiu para meu patrimônio; deu-me coisas que devia dar a qualquer um, nada me ofertou

de seu." Agradece, antes, pelo que recebeste; espera o restante e fica contente por ainda não estar repleto: é prazeroso ter algo a esperar. A todos ultrapassaste: alegra-te de ser o primeiro no coração de teu amigo. Muitos te vencem: considera quanto é maior o número dos que antecedes frente ao dos que segues. Queres saber qual é o teu maior defeito? Fazes cálculos errados: valorizas muito o que deste, pouco o que recebeste.

32 Em cada caso, um motivo diferente deve nos demover: contra uns, tenhamos medo de nos irar; contra outros, tenhamos escrúpulos; contra outros, impeça-nos o desdém. Grande coisa teremos feito, sem dúvida, se mandarmos um pobre escravo para o calabouço! Por que nos apressamos em logo açoitá-lo, em quebrar de imediato suas pernas? Esse poder não se perderá se for adiado. Deixa que venha o momento em que tenhamos o comando de nós mesmos: agora falaremos sob domínio da ira; quando ela tiver passado, então veremos em que valor deve ser estimada a contenda. Deveras, nos enganamos principalmente nisto: recorremos ao ferro e à pena capital, e com grilhões, cárcere e fome punimos o que deve ser castigado com leves pancadas. "Como?", replicas, "tu ordenas que consideremos quão diminutas, míseras e pueris são todas as coisas pelas quais parecemos atingidos?" Eu, na verdade, a nada mais poderia persuadi-los senão a adotar um ânimo robusto e a ver quão pequenas e banais são as coisas pelas quais nos pomos em litígio, corremos, ficamos ofegantes; as quais não devem receber atenção de ninguém cujo pensamento esteja voltado ao que é elevado e grandioso.

33 Em torno de dinheiro é que há maior vociferação: ele fatiga os tribunais, põe pais e filhos em confronto, mistura venenos, entrega espadas tanto a assassinos quanto a legiões. Ele está impregnado de nosso sangue. Por causa dele, as noites de esposas e maridos retumbam com brigas e a turba pressiona os tribunais dos magistrados, reis infligem sevícias e rapinam, além de destruírem cidades erguidas pelo longo

trabalho de séculos para ir à cata de ouro e prata sob suas cinzas. Olha-se com agrado para esses baús de moedas deixados num canto: é por causa deles que homens gritam até que saltem seus olhos; por eles as basílicas ressoam com o frêmito dos julgamentos e, chamados de longínquas regiões, juízes tomam assento, prontos para julgar de qual das duas partes a cobiça é mais justa. E se, nem por causa de um baú, mas por um punhado de moedas ou um denário não computado por um escravo, um velho moribundo e sem herdeiro arrebenta de cólera? E se, por causa de um lucro de um milésimo, um usurário doente, com pés e mãos retorcidos, mãos que nem lhe serviam para computar os ganhos, grita e, por intimações, reivindica seus asses até em meio aos acessos da doença? Se tu pusesses diante de mim toda a riqueza vinda de todas as minas que neste momento escavamos, se lançasses à plena luz tudo o que os tesouros enterrados escondem, pois a avareza reconduz ao solo o que ela malignamente extraiu, todo esse acúmulo eu não julgaria digno de contrair a fronte de um homem de bem. De quanto riso devemos cercar o que nos provoca lágrimas!

34 Agora, vamos, percorre a lista dos demais estímulos, os alimentos, as bebidas e, em função de tais coisas, a suntuosidade que visa à ostentação, as palavras injuriosas, os gestos corporais pouco honoríficos, os asnos indóceis e os escravos preguiçosos, as suspeições e as interpretações maldosas da palavra alheia, em razão das quais somos levados a enumerar entre as injustiças da natureza a linguagem concedida ao homem. Acredita-me, essas coisas pelas quais não superficialmente nos encolerizamos são superficiais e comparáveis às que provocam nas crianças brigas e querelas. Nada do que fazemos tão enraivecidos é sério nem importante. É disto, eu insisto, que provêm vossa ira e loucura: dais grande valor a coisas pequenas. Este quis tirar-me a herança; aquele me caluniou diante de quem eu havia longo tempo captado, visando a suas disposições derradeiras; este cobiçou minha amante. O

que devia ser um vínculo de afeição — o fato de querer a mesma coisa — é causa de discórdia e ódio. Um caminho estreito provoca brigas entre os transeuntes, uma via extensa e larga não causa nem mesmo esbarrões entre as pessoas. Essas coisas que desejais, visto que são exíguas e não podem ser transferidas a um sem serem tomadas a outro, geram lutas e discussões nos que anseiam igualmente por elas.

35 Ficas indignado por ter-te respondido um escravo ou um liberto, tua esposa ou teu cliente; depois, tu te queixas de que da república foi suprimida a liberdade, a mesma que em tua casa suprimiste. Ao contrário, se quem interrogaste ficou calado, chamas isso contumácia. Que ele fale, fique calado ou ria! "Na frente de seu senhor?", perguntas. Ainda melhor, na frente do páter-famílias. Por que gritas? Por que vociferas? Por que pedes o açoite no meio do jantar por falarem os escravos, por no mesmo local não coexistir a multidão do comício e o silêncio da solidão? Para isto tens ouvidos, para que recebam não somente sons melodiosos e suaves, emitidos com doçura e em harmonia. É preciso que ouças tanto o riso quanto o choro, lisonjas e protestos, notícias alegres e tristes, as vozes dos homens e o frêmito e os ladridos dos animais. Por que te assustas com o grito de um escravo, com o tinido do bronze ou o bater de uma porta? Mesmo sendo tão delicado, tens de ouvir os trovões. Isto que sobre os ouvidos foi dito transfere para os olhos, que não sofrem menos de repugnância se foram mal habituados: ofendem-se por uma mancha, pela sujeira, pela falta de brilho da prata e pelo lago pouco translúcido até o fundo. Certamente esses olhos, que não toleram senão o mármore variegado e lustroso pelo trato recente, que não toleram uma mesa senão aquela cuja madeira se distingue pela abundância dos veios, que em casa não querem sob os pés senão materiais mais preciosos que o ouro, esses olhos, quando fora, contemplam, com toda a serenidade, as ruas imundas e lamacentas e a maior

parte dos passantes em farrapos, as paredes dos cortiços carcomidas, rachadas e desiguais. Que outra razão há, portanto, para que no espaço público não se choquem e, em casa, se incomodem, senão a opinião, imparcial e resignada fora, irritadiça e queixosa em casa?

36 Todos os nossos sentidos devem ser levados ao fortalecimento; são por natureza resistentes se a alma parou de corrompê-los, esta que deve ser cotidianamente convocada a prestar contas. Isto fazia Séxtio, terminado o dia, depois de se recolher ao descanso noturno, interrogava sua alma: "Qual de teus males hoje sanaste? A que vício te opuseste? Em que estás melhor?". Cessará tua ira e será mais moderada sabendo que diariamente terá de apresentar-se ao juiz. Que há de mais belo que esse costume de examinar todo o seu dia? Que sono é aquele que advém após a inspeção de si, tranquilo, profundo e livre, quando a alma foi elogiada ou advertida e, como um auto-observador e um censor secreto, ela chega ao conhecimento de seus hábitos! Utilizo-me desse recurso e diariamente advogo minha causa diante de mim mesmo. Logo que foi apagada a luz e minha esposa, já ciente de meu costume, fez silêncio, perscruto todo o meu dia e repasso meus atos e palavras. Nada escondo de mim, nada omito. De fato, por que eu temeria algum de meus erros quando poderia dizer: "Trata de não fazer mais isso; por agora te perdoo. Naquela altercação falaste de modo muito combativo. Não discutas, depois disso, com ignorantes; não querem aprender os que nunca aprenderam. Àquele, tu o advertiste com mais franqueza do que devias; desse modo, não o emendaste, mas o ofendeste. No mais, vê não apenas se é verdadeiro o que dizes, mas se aquele a quem te diriges tolera a verdade; quem é bom se compraz em ser advertido, já os piores toleram com muita resistência quem os corrige."

37 Num jantar, atingiram-te os gracejos de algumas pessoas e palavras lançadas para provocar teu ressentimento: lembra de evitar companhias vulgares. Depois do vinho

fica mais desatado o atrevimento deles, pois nem mesmo sóbrios têm pudor. Viste um amigo irado com o porteiro de um advogado ou de uma pessoa rica por ter barrado sua entrada, e por causa dele tu mesmo ficaste irado com este escravo da mais baixa condição. Ficarás irado com um cão acorrentado? Até este, depois de muito latir, amansa-se ao lhe jogarem comida. Retira-te mais para longe e dá risada! Às vezes, uma pessoa se julga alguém porque guarda uma porta assediada pela multidão de pleiteantes; às vezes, aquele que está no interior sente-se feliz e afortunado e considera como marca de um homem venturoso e influente a sua porta difícil; ele não sabe que a mais dura porta é a do cárcere. Pressupõe em tua mente que deverás passar por muitos sofrimentos. Acaso alguém se admira de ter frio no inverno, de ter náusea no mar, de ser sacudido numa viagem? É forte a alma diante dos males para os quais vem preparada. Colocado em local menos honorável, começaste a te enfurecer com teu anfitrião, com o encarregado dos convites, até com aquele que sobre ti obteve preferência. Insensato, que importância tem a parte que ocupas do leito? Um estofado pode fazer-te mais honorável ou mais torpe? Não viste alguém com bons olhos porque falou mal de teu talento. Admites isso como regra? Então Ênio, por quem não te encantas, teria te odiado; e Hortênsio te revelaria hostilidade; e Cícero, se risses de seus poemas, seria teu inimigo. Tal qual um candidato, não podes suportar com serenidade as votações?

38 Alguém te fez uma afronta: acaso foi maior do que aquela feita a Diógenes, o filósofo estoico, em quem um jovem petulante cuspiu quando ele discutia precisamente a respeito da ira? Ele o tolerou calma e sabiamente: "De fato, não me sinto irado", disse ele, "mas estou em dúvida se deveria irar-me." Quanto melhor fez nosso Catão! Enquanto sustentava a defesa de uma causa, o bem conhecido Lêntulo, faccioso e descontrolado, como lembram nossos pais, lançou-lhe em plena fronte uma espessa cusparada,

acumulada o máximo possível por ele. Aquele enxugou o rosto e disse: "A todos irei afirmar, Lêntulo, que estão enganados os que te chamam desbocado".

39 Já conseguimos, Novato, bem dispor nossa alma: ou ela não sente iracúndia ou fica acima dela. Vejamos como aliviar a ira alheia. Com efeito, não apenas queremos ficar sãos, mas também sanar.

O impulso inicial da ira não ousaremos acalmar com palavras. É surdo e desatinado; iremos dar-lhe tempo. Os remédios são úteis quando se atenuam os sintomas. Não apalpamos os olhos inchados para não acirrar, ao tocá-los, a força que os enrijece, ou o mesmo com outros males enquanto se mostram agudos; o repouso cura os sintomas iniciais das doenças. "Quão pouco eficaz é teu remédio", afirmas, "se aplaca a ira quando ela por si mesma declina!" Primeiro, ele faz com que a ira decline mais depressa; depois, protege para que não haja recaída; do mesmo modo, irá burlar o impulso inicial que ele não ousa abrandar. Há que se remover todos os instrumentos de vingança, simular ira a fim de que, parecendo um auxiliar e um parceiro no ressentimento, se tenha mais autoridade para aconselhar, há que inventar delongas e, na busca de uma punição maior, adiar a do presente. Com todo artifício, dar-se-á repouso ao furor. Se este for muito veemente, há que incutir-lhe vergonha ou medo quando não se pode detê-lo; se mais fraco, há que introduzir assuntos agradáveis ou novos e distraí-lo pelo desejo de conhecê-los. Dizem que um médico, devendo tratar a filha de um rei e não podendo fazê-lo sem uma incisão, enquanto cuidava delicadamente do seio inchado, inseriu o escalpelo encoberto por uma esponja. A menina teria relutado contra o remédio, se este tivesse sido aplicado às claras; mas ela, porque não o esperava, suportou a dor. Não se curam certos males sem um ardil.

40 Para um tu dirás: "Fiques atento para que tua ira não seja um deleite para teus inimigos"; e para outro: "Fiques atento para que tua magnanimidade e tua força,

reconhecidas por muitos, não decaiam"; um outro diria: "Por Hércules!, estou indignado e não consigo achar limite para meu ódio!". "Mas é preciso esperar o momento; ele vai receber punição. Guarda isso em tua mente: quando puderes, tu lhe devolverás inclusive o acréscimo pelo atraso". Repreender uma pessoa irada, e ademais irritar--se com ela, é incitá-la. Tu a abordarás de forma flexível e branda, a menos que sejas um personagem suficientemente importante para coibir sua ira, como o fez o divino Augusto quando jantava na casa de Védio Polião. Um dos escravos deste quebrara um vaso de cristal. Védio mandou que o agarrassem para sofrer uma morte bem pouco usual: a ordem era lançá-lo às moreias que ele mantinha, enormes, em um viveiro. Quem não teria pensado que ele as criava por extravagância? Era crueldade. Escapou, o jovem escravo, das mãos que o prendiam e refugiou-se aos pés de César, na intenção de nada mais lhe pedir senão que morresse de outra forma, que não servisse de repasto. César sentiu-se tocado pelo teor inédito da crueldade e ordenou que no mesmo instante ele fosse libertado e que, em contrapartida, na sua frente fossem quebrados todos os vasos de cristal e, com eles, se enchesse o viveiro. César viu-se assim no dever de castigar o amigo; fez ele bom uso de suas prerrogativas: "Ordenas que homens sejam retirados de um banquete e dilacerados em um tipo novo de punição? Se um cálice teu foi quebrado, serão dilaceradas as vísceras de um homem? Teus prazeres te permitem chegar a ponto de mandar alguém ser levado ao suplício bem ali onde se encontra César?". Assim, alguém que possui tanto poder que possa atacar a ira desde uma posição mais elevada deve maltratá-la, contanto, porém, que ela se mostre tal qual há pouco me referi: feroz, monstruosa, sanguinária, já insanável a não ser que tema algo maior.

41 Concedamos a nossa alma a paz que lhe será proporcionada pela meditação assídua de preceitos salutares, pelas boas ações e pela mente voltada para o

desejo unicamente do que é honroso. Obtenha satisfação nossa consciência, não nos esforcemos para a fama; que ela nos siga, mesmo sendo má, contanto que a mereçamos boa. "Mas o vulgo admira ações impetuosas e as pessoas arrojadas desfrutam de honrarias, as que são tranquilas são tidas por indolentes." Talvez num primeiro olhar, mas tão logo o equilíbrio de sua vida confirme que aquela não era fraqueza de alma, mas sim paz, a mesma multidão as venera e cultua. Nada, portanto, tem em si de útil essa paixão terrível e hostil, mas, ao contrário, traz todos os males, o ferro e o fogo. Depois de calcar o pudor, ela manchou de sangue as mãos, dispersou os membros dos filhos, nada deixou livre de crime, não considerou glória, não temeu infâmia, incorrigível quando se enrijeceu e passou da ira ao ódio.

42 Fiquemos livres desse mal, depuremos dele nossa mente e o extirpemos desde suas raízes, que, mesmo tênues, renascerão onde quer que tenham aderido. E não devemos moderar a ira, mas removê-la totalmente — que moderação de fato pode haver para uma coisa má? Isso, porém, nos será possível desde que nos empenhemos. Nada será mais útil que meditar sobre nossa condição de mortais. Cada um diga para si e para seu próximo: "De que vale proclamar nossas iras, como se tivéssemos nascido para a eternidade, e dissipar uma brevíssima existência? De que vale investir na dor e no tormento de outrem os dias que podemos despender em um prazer honroso? Esses bens não comportam prodigalidade, nem temos tempo a perder. Por que nos atiramos à luta? Por que chamamos a nós os combates? Por que, esquecidos de nossa debilidade, sustentamos ódios imensos e, apesar de frágeis, nos erguemos para destroçar? Essas inimizades que mantemos com ânimo implacável, logo uma febre ou algum outro mal do corpo as impedirão de sustentar-se; já a morte, ao interpor-se, apartará uma dupla encarniçada. Por que nos amotinamos e, sediciosos, conturbamos nossa vida? Mantém-se sobre nossa cabeça o destino. Ele computa os dias

que passam e se aproxima cada vez mais. Esse momento que destinas para a morte alheia talvez esteja próximo da tua".

43 Por que não colhes tua vida breve e a ofereces, tanto a ti quanto aos outros, plena de paz? Por que não tornar-te amável para todos enquanto vives, e saudoso quando tiveres falecido? Por que desejas derrubar quem se dirige a ti de uma altura demasiado elevada? Por que tentas pisotear, por meio de tuas prerrogativas, quem ladra contra ti, pessoa se não ínfima e desprezível, ao menos acrimoniosa e molesta aos superiores? Por que com um escravo, por que com um senhor, por que com um rei, por que com teu cliente te enfureces? Resiste um pouco: eis que vem a morte para tornar-vos iguais. Costumamos ver, durante os espetáculos matutinos na arena, a luta entre um touro e um urso amarrados um ao outro, aos quais espera, depois de se maltratarem, o seu algoz. O mesmo fazemos: atacamos alguém amarrado a nós quando está iminente o fim do vencido e do vencedor. Antes terminemos tranquilos e em paz o pouco que nos resta; a ninguém seja odioso nosso cadáver. Com frequência, um grito de incêndio na vizinhança dissolve uma briga, e o aparecimento de um animal feroz aparta o bandido e a vítima. Não há tempo de atracar-se com males menores quando se apresenta um medo maior. Que temos nós com lutas e emboscadas? Acaso desejas algo mais do que a morte para esse com quem te enfureces? Mesmo mantendo-te quieto ele morrerá. Desperdiças teu esforço se queres fazer algo que haverá de ocorrer. "Não quero matá-lo em absoluto", afirmas, "mas infligir-lhe o exílio, a ignomínia, a ruína." Perdoo mais ao que deseja a seu inimigo um ferimento do que ao que lhe deseja uma ulceração. Este, pois, tem não apenas uma alma maligna, mas pequena. Quer cogites em suplícios extremos, quer naqueles mais leves, quanto é curto o tempo em que aquela pessoa sofre tortura ou em que tu obténs, da tortura alheia, um contentamento maldoso! Logo exalaremos esse nosso espírito. Nesse ínterim, enquanto o arrastamos, enquanto

estamos entre os homens, cultivemos a benevolência. Não sejamos motivo de temor para alguém, nem de perigo. Desprezemos os danos, as injúrias, os gritos de insulto, os sarcasmos, e toleremos com magnanimidade nossos breves aborrecimentos. Enquanto olhamos para trás — é o que se diz — e nos viramos, já nossa morte estará presente.

Sobre a tranquilidade da alma

1   I SERENO: Quando me examino, Sêneca, alguns vícios se mostram tão aparentes que eu poderia tocá-los, outros ficam mais obscuros e ocultos, alguns não são contínuos, mas retornam em intervalos, os quais eu diria que são os mais molestos, como inimigos que vagueiam e atacam de improviso, não nos permitindo ficar de prontidão, como na guerra, nem em descanso, como na paz.

2   Sobretudo, percebo em mim o seguinte hábito — e por que não confessaria a verdade, como a um médico? —: nem estou de todo liberado dos males que temia e detestava, nem, por outro lado, estou entregue a eles. Encontro-me num estado tal que, apesar de não ser o pior, é igualmente

3   lastimável e penoso: não estou doente nem saudável. Não é o caso de me dizer que todas as virtudes são tênues no início e com o tempo ganham consistência e robustez; não ignoro também que as atividades que se esforçam pela imagem exterior se fortalecem com o passar do tempo; refiro-me ao prestígio social e à fama decorrente da eloquência e a tudo que nos advém da aprovação alheia. Tanto as que nos dotam de méritos verdadeiros quanto as que são adornadas de algum artifício para agradar esperam anos até que pouco a pouco o passar do tempo lhes faça tomar cor. Mas eu temo que o hábito, que confere permanência às coisas, torne mais profundo em mim esse vício. O longo trato nos leva a amar tanto o que é mau quanto o que é bom.

4 Que enfermidade é essa, de uma alma que hesita entre duas vias, sem inclinar-se com força nem para o bem, nem para o mal, não posso explicar-te de uma vez, mas por partes. Direi o que acontece comigo — tu encontrarás o nome da
5 doença. Sinto um extremo apreço pelo comedimento, reconheço: não me agrada um aposento decorado com luxo, nem a vestimenta tirada de um baú, alisada por pesos e mil tormentos que a forcem a ter brilho, mas aquela simples e de uso doméstico, que não é guardada nem
6 trajada com cuidados. Agrada-me não a comida que um grupo de servos prepara e depois assiste-me a comer, nem a que é pedida muitos dias antes ou servida por muitas mãos, mas a que é acessível e fácil, que não tem nada de exótico ou refinado, aquela que em lugar nenhum vai faltar, não é pesada para o bolso ou para o corpo, e que
7 não sairá por onde entrou. Agrada-me um criado sem refinamentos e um doméstico simples, a prataria grosseira de um pai de vida agreste, sem o nome de um artesão, e não a mesa vistosa pelo mármore variegado, ou renomada na cidade pela extensa sucessão de donos elegantes, mas a que é de uso comum, a qual não retenha de prazer os
8 olhos de nenhum conviva nem o inflame de inveja. Bem eu me contentava com tudo isso quando me fere a alma um aparato de criados treinados, domésticos vestidos com mais esmero do que num desfile, ornados de ouro, e um grupo de escravos lustrosos, em uma casa preciosa até mesmo nos pisos, tendo-se dissipado fortunas por todos os cantos, inclusive no teto cintilante, e uma multidão em busca e em companhia desse esbanjar de patrimônio. Que dizer das águas transparentes até o fundo e que fluem ao redor dos convivas, que dizer dos jantares dignos de
9 um cenário desse? Ao retornar de uma longa pausa de frugalidade, envolveu-me o luxo com seu intenso esplendor e ecoou ao meu redor. Titubeia um pouco meu olhar. Minha alma resiste ao luxo com mais facilidade que meus olhos. Recuo, assim, não pior, porém mais triste. Não

avanço tão altivo em meio às minhas fraquezas; ataca-me uma mordida secreta e me pergunto se não seria melhor tudo aquilo. Nenhuma dessas coisas muda meu estado; nenhuma, porém, deixa de me abalar.

10 Gosto de seguir o que mandam os preceitos e de inserir-me na vida pública, gosto dos cargos e das prerrogativas, não, evidentemente, da púrpura ou de assumir função com direito a lictores, mas para estar mais apto a servir e ser útil para amigos e parentes, para todos os cidadãos e, por fim, para todos os homens. Resoluto, sigo Zenão, Cleanto, Crisipo, dos quais, porém, nenhum se ocupou da política,
11 mas nenhum a deixou de lado. Quando algo me golpeia a alma, não habituada ao confronto, quando algo imerecido me ocorre, tal como o são muitos fatos em qualquer vida humana, quando algo não flui com facilidade ou, então, situações de pouca importância me exigem muito tempo, recolho-me no ócio e, como também o fazem os rebanhos fatigados, são mais velozes meus passos para casa. Agrada-me restringir minha vida entre as paredes de casa: "Ninguém me subtraia um dia sem nada me restituir digno de tamanho dispêndio; que minha alma se dedique a si mesma, cultive-se, nada faça que lhe seja alheio, nada que deva ser levado a um juiz. Que seja possível apreciar a tranquilidade livre de inquietações de âmbito público e
12 privado". Porém, depois que uma leitura edificante ergueu minha alma e exemplos renomados me estimularam, minha vontade é lançar-me ao foro, dispensar minha palavra a um, minha ajuda a outro — mesmo se ela não for útil em nada, apenas tentar sê-lo —, reprimir no foro a soberba de alguém que se ufane de sua condição próspera.

13 Na escrita, considero de fato melhor ter em vista o conteúdo e falar em função deste e entregar, enfim, as palavras a ele, para que, onde as levar, possa ser acompanhado de uma linguagem despojada: "Qual a necessidade de compor obras para durar séculos? Queres tu fazer com que os pósteros não silenciem teu nome? Nasceste para a morte, menos

pesares provoca um funeral silencioso. Assim, para ocupar o tempo, escreve algo em estilo simples, para teu proveito, não para apregoar tua glória. Requer-se menor esforço de quem estuda visando a cada dia". De novo, quando minha alma se eleva pela magnitude dos pensamentos, torna-se ambiciosa com as palavras e anseia por expressar-se com a mesma elevação com que se sente inspirada, e a linguagem se excede em direção à magnificência do conteúdo. Esquecido, então, de uma norma e de um critério mais restritivo, vejo-me levado a um modo de expressão sublime e com uma voz que já não é a minha.

Para não percorrer longamente cada situação, em todos os casos me persegue essa fraqueza de boas intenções. Receio nela deslizar pouco a pouco ou, o que é mais preocupante, que eu permaneça sempre suspenso, igual a quem está prestes a cair, e que talvez haja mais problemas do que eu próprio consiga perceber. Realmente, olhamos com familiaridade os fatos domésticos e o interesse próprio sempre ofusca nosso juízo. Penso que muitos teriam podido alcançar a sabedoria se não tivessem pensado tê-la alcançado, se não tivessem dissimulado algumas de suas imperfeições, saltado por cima de outras com os olhos vendados. Certamente, não há por que julgar que nós sucumbimos mais pela adulação dos outros do que pela nossa. Quem ousou dizer para si a verdade? Quem, postado no meio de veneradores e bajuladores, não foi, porém, quem mais lisonjeou a si próprio? Peço, então, se tens algum remédio com que possas pôr fim a essa minha flutuação, que me consideres digno de dever-te minha serenidade. Sei que não são perigosas essas oscilações da alma, nem acarretam nada de alarmante. Para expressar-te por uma exata comparação aquilo de que me queixo, não me sinto atormentado pela tempestade, mas pela náusea. Portanto, elimina esse meu mal, qualquer que seja ele, e socorre quem padece mesmo a avistar terra.

2 SÊNECA: Ah! meu caro Sereno, há certo tempo me pergunto silenciosamente o que eu poderia comparar que

se assemelha a tal afecção da alma, e eu não a aproximaria a nenhum outro caso senão ao daqueles que, tendo se livrado de uma longa e grave enfermidade, são afetados por pequenas indisposições e, vez ou outra, por leves mal-estares; quando superaram esses resquícios, ficam, porém, inquietos por suspeitas e, já sãos, estendem a mão aos médicos e, sem razão, receiam qualquer calor de seu corpo. O corpo deles, Sereno, não está pouco sadio, mas pouco habituado à saúde, tal como o mar tranquilo apresenta alguma ondulação, sobretudo quando em repouso depois da tempestade. Assim, não há necessidade daqueles procedimentos mais duros já ultrapassados por nós, às vezes contrariar-te ou enfurecer-te, ou então pressionar-te com severidade, mas daquilo que vem por último: ter confiança em ti e acreditares que avanças pela via certa, sem deixar-te desviar pelos rastros dos muitos que perambulam por todo lado, de quem vagueia em torno do próprio caminho. No entanto, o que desejas é grandioso e elevado e se avizinha do divino: não sofrer perturbação.

Essa condição de estabilidade da alma os gregos chamam *euthymía*, sobre a qual há um esplêndido livro de Demócrito; eu a chamo "tranquilidade" — não é necessário imitar e verter as palavras com base em sua forma; é exatamente o conceito tratado que deve ser designado por um nome, e este deve ter o valor da denominação grega, não sua forma. Portanto, indagamos como a alma possa sempre se encaminhar num curso equilibrado, seja propícia para si, olhe alegre para sua condição e não interrompa esse contentamento, mas permaneça num estado plácido, sem jamais exaltar-se ou deprimir-se: isso será a tranquilidade. Indaguemos de maneira geral como se poderia chegar a ela: desse remédio de uso comum tu tomarás quanto quiseres. Por enquanto, é preciso expor abertamente o vício, diante do qual cada um reconhecerá a sua parte. Ao mesmo tempo, tu perceberás quanto é menor a atribulação que tens com o desgosto de ti do que a daqueles que, presos a uma aparência faustosa e fatigando-se por trás de um título imponente, se mantêm nessa hipocrisia mais por amor-próprio do que por vontade.

6 Todos estão na mesma situação, tanto esses que se sentem atormentados pela instabilidade, pelo tédio e pela constante mudança de propósito, para os quais sempre agrada mais aquilo que deixaram de lado, quanto aqueles que ficam entorpecidos e bocejantes. Acrescenta aqueles que, bem à maneira dos que têm sono difícil, se viram e se ajeitam de um modo e de outro, até que encontram repouso pelo cansaço: eles reformulam a todo momento seu modo de vida e, no fim, acabam naquele em que os surpreende não o ódio da mudança, mas a velhice, que resiste à inovação. Acrescenta também aqueles que são pouco volúveis, não por uma questão de constância, mas de inércia, e vivem não como querem, mas como começaram.

7 Enfim, são inumeráveis as características próprias desse vício, mas um só o seu efeito: o descontentamento consigo mesmo. Isso se origina de um desequilíbrio da alma e de desejos tímidos ou mal satisfeitos, em que tais indivíduos não ousam o quanto desejam ou não conseguem e se alongam por completo na esperança. São sempre instáveis e volúveis, o que inevitavelmente acontece com tudo que se acha pendente. Vão por todos os meios em direção a seus desejos, preceituam a si atitudes desonrosas e difíceis e se obrigam a elas, e quando fica sem recompensa seu esforço, tortura-os sua desonra inútil, não por terem desejado algo vicioso, mas por tê-lo desejado em vão.

8 Então, são tomados não só pelo arrependimento do que tentaram, como também pelo temor de reincidir. E se introduz neles a agitação de uma alma que não consegue encontrar saída, pois eles nem podem dominar seus desejos, nem obedecer-lhes, e sofrem ainda a hesitação de uma vida que pouco se expande e a degradação de uma alma que fica entorpecida em meio ao malogro de seus desejos.

9 Tudo isso é mais grave quando, por aversão a uma penosa infelicidade, buscaram refúgio

no ócio, nos estudos solitários, ocupações que não pode suportar uma alma disposta à vida pública, ansiosa por atuar, inquieta por natureza e que, sem dúvida, encontra pouca satisfação em si. Por isso, suprimidas as distrações que os próprios afazeres oferecem aos que vivem atarefados, sua alma não suporta o lar, a solidão, as paredes, vê-se a contragosto abandonada a si mesma.

10 Daí o tédio e o desgosto consigo, e a instabilidade de uma alma que não se detém em parte alguma, essa resignação triste e dolorosa diante da própria inatividade, sobretudo quando envergonha reconhecer as causas de sua condição e o constrangimento provoca um tormento interior; os desejos reclusos e reprimidos, sem saída, estrangulam um ao outro. Daí a tristeza e o abatimento e mil flutuações de uma mente vacilante, que esperanças incipientes mantêm suspensa e, depois de frustradas, tristonha. Daí a disposição de abominar sua própria inatividade, de se queixar de não ter nada que fazer e de invejar com máxima hostilidade o crescimento alheio, pois a inércia estéril alimenta sua inveja e, assim, desejam que os outros sejam destruídos

11 porque eles não puderam progredir. Em seguida, dessa aversão aos êxitos alheios e da desesperança dos seus resulta uma alma enfurecida contra a própria sorte, que reclama de sua época, se recolhe em seu canto e se deita sobre sua própria dor enquanto sente desgosto e vergonha de si mesma. Por natureza, a alma humana é ativa e propensa a movimentos. Para ela, é grato todo pretexto para excitar--se e distrair-se, mais grato para as índoles piores, que de bom grado se desgastam em suas ocupações. Assim como certas úlceras buscam mãos para aviá-las e têm prazer em serem tocadas, e deleita as escamações do corpo tudo que as exaspera, igualmente, eu diria, para essas mentes em que irromperam desejos, tal como úlceras malignas, são

12 motivo de prazer a amargura e o sofrimento. Existem, de fato, certas coisas que, acompanhadas de alguma dor, são prazerosas a nosso corpo, como virar-se e mudar para um

lado que ainda não está cansado e se arejar numa ou noutra posição, tal qual o Aquiles de Homero, ora de bruços, ora recostado, dispondo-se em várias posturas, o que é próprio de quem está doente: não tolerar nada muito tempo e usar as mudanças como remédios.

13 Daí serem empreendidas viagens ao acaso e percorridos litorais, e uma inconstância sempre hostil ao presente põe-se à prova ora no mar, ora em terra. "Agora vamos para a Campânia." O que é refinado logo causa fastio: "Visitemos lugares agrestes, os bosques de Brútio e os da Lucânia". Porém, em meio a essas regiões ermas requer-se algo de ameno, no qual os olhos voluptuosos sejam aliviados do longo desarranjo de lugares horrendos: "Que se vá para Tarento e seu badalado porto e invernos moderados, e sua região bastante opulenta mesmo para a antiga população dali". "Agora alteremos nossa rota em direção a Roma": os ouvidos deles ficaram privados por longo tempo dos aplausos e ruídos, é agora prazeroso desfrutar inclusive 14 do sangue humano. Empreende-se uma viagem depois da outra e substituem-se uns espetáculos por outros. Como diz Lucrécio: "Assim, cada um sempre foge de si mesmo". Mas de que adianta se não consegue escapar de si? A própria pessoa se persegue e vai em seu encalço como 15 insuportável companhia. Assim, devemos saber que o vício que padecemos não é dos lugares, mas nosso. Somos fracos para tolerar tudo; não suportamos fadiga, nem prazer, nem a nós, nem coisa alguma por muito tempo. Isso levou alguns à morte porque, sempre mudando seus propósitos, acabavam dando voltas no mesmo lugar sem deixar espaço para novidade: a vida e, inclusive, o mundo começaram a ser para eles motivo de fastio, e infiltrou-se neles o pensamento que é próprio de quando definham os prazeres: "Até quando o mesmo?".

1 3 Queres saber que auxílio eu penso que se deva empregar contra esse tédio. O melhor, como diz Atenodoro, seria deter-se nos afazeres, na administração pública e

nos deveres jurídicos. De fato, assim como alguns passam o dia ao sol, a se exercitar e a cuidar do corpo — e para os atletas o que há de mais útil a fazer é, na maior parte do tempo, nutrir seus músculos e sua força física, ao que unicamente se dedicam —, outros preparam sua alma para os confrontos das atividades civis, para quem o que há de mais belo é consagrar-se a essa ocupação, pois, quando se tem o propósito de tornar-se útil aos concidadãos e a todos os homens, a um só tempo exercita-se e aprimora-se quem se tenha lançado a essas obrigações, administrando interesses coletivos e particulares na medida de sua

2 capacidade. "Porém", afirma o filósofo, "diante de tão insana ambição dos homens, de caluniadores que distorcem para o mal as boas intenções, visto que a sinceridade dificilmente está segura e que sempre há de nos ocorrer mais obstáculos do que êxitos, é preciso de fato retirar-se do foro e da vida pública. Mas uma alma elevada tem onde demonstrar largamente sua atuação mesmo no âmbito privado. Ao passo que a energia dos leões e de outros animais é refreada nas jaulas, o mesmo não ocorre com os homens,

3 cujas ações mais importantes se dão na solidão. Ele, porém, se afastará de tal modo que, onde quer que seu ócio o mantenha oculto, ele irá querer ser útil a indivíduos e a comunidades com seu talento, sua voz e seu conselho. Não é útil ao Estado só quem promove candidatos, defende réus e delibera sobre a paz e a guerra, mas quem exorta a juventude, quem instila a virtude nas almas, em meio a tamanha escassez de bons preceitos, quem agarra e puxa os que estão decaindo na corrida pelo dinheiro e pelo luxo e, se nada mais consegue, ao menos os retarda; esse homem, no

4 âmbito privado, realiza atividade pública. Acaso aquele que, como pretor, em casos entre estrangeiros e cidadãos, ou apenas entre cidadãos, profere, aos que se apresentam, as fórmulas indicadas por um assessor é mais importante do que quem diz o que é a justiça, o afeto, a tolerância, a coragem, o desprezo da morte, o conhecimento dos deuses

5 ou como é gratuito o bem da boa consciência? Portanto, se transferires aos estudos filosóficos o tempo que tiveres subtraído às obrigações sociais, não terás abandonado nem descumprido teu dever. De fato, exerce função militar não apenas quem está na linha de frente e defende a ala direita ou esquerda, mas também quem vigia as portas e está incumbido de uma posição menos perigosa, mas não supérflua, cumpre vigília e protege o arsenal. Essas funções, embora não levem a derramar sangue, fazem parte
6 das tarefas militares. Se te entregares àqueles estudos, escaparás a todo fastio existencial, não desejarás que chegue a noite por tédio do dia e não serás um peso para ti, nem supérfluo para os outros. Atrairás muitos para tua amizade e afluirão para ti os melhores. Mesmo que obscura, a virtude nunca fica oculta, mas manda sinais de si: todo
7 aquele que for digno seguirá seus rastros. Com efeito, se excluímos todo tipo de relacionamento e renunciamos ao gênero humano, concentrados tão somente em nós, a essa solidão carente de toda aspiração irá sobrevir a falta de realizações: começaremos a erguer edifícios, a demolir outros, a recuar o mar e a desviar correntes de água apesar da dificuldade dos terrenos, e a desperdiçar o tempo que
8 a natureza nos deu para consumir. Alguns de nós nos servimos dele com parcimônia, outros com prodigalidade; alguns o despendemos de modo que possamos prestar contas, outros, de modo que não tenhamos sobra alguma — e nada é mais vergonhoso do que isso. É frequente que um homem de idade avançada não tenha outro argumento com que comprove ter vivido longo tempo exceto seus anos."

1 4 Caríssimo Sereno, parece-me que Atenodoro se sujeitou demais às circunstâncias de sua época, pôs-se em retirada rápido demais. Eu não negaria que por vezes se deve ceder, mas recuando pouco a pouco, preservando as insígnias e a dignidade militar. Encontram mais respeito e garantias junto
2 a seus inimigos os que se rendem de armas em punho. Eis o que penso que a virtude e aquele que aspira à virtude devem

fazer: se prevalecer a fortuna e ela anular a capacidade de agir, não se deve logo virar as costas sem as armas e fugir em busca de abrigo, como se houvesse algum lugar em que a fortuna não pudesse persegui-lo, mas aplicar-se com maior parcimônia a suas obrigações e, de forma seletiva, encontrar algo em que possa ser útil à comunidade. Não pode integrar o exército: postule cargos públicos. Deve viver como um particular: seja um orador. Foi-lhe imposto silêncio: apoie os cidadãos como testemunha tácita. É perigoso até mesmo seu ingresso no foro: nas residências, nos espetáculos, nos jantares, porte-se como bom companheiro, amigo fiel, conviva comedido. Perdeu direito às obrigações sociais: exerça o direito às que são humanas. Por isso, numa atitude magnânima, não nos confinamos numa cidade única, mas estendemos nossas relações ao mundo e professamos que a pátria para nós é o universo, a fim de poder dar à virtude um campo mais vasto. Vedaram teu acesso ao tribunal e proibiram-te a tribuna e as assembleias: olha atrás de ti que tamanhas vastidões te estão abertas, quantas nações. Nunca te será interditada uma parte tão grande que não reste outra maior. Mas cuida que não seja este um vício radical teu: não queres ser administrador público se não for como cônsul, prítane, cérix ou sufete. E, então, não quererias ser um militar se não fosse como general ou tribuno? Mesmo se outros ocupem o escalão de ataque e a sorte tiver te colocado entre os da terceira linha, combate, pois, com tua voz, com tuas exortações, com teu exemplo, com o teu moral. Inclusive com as mãos decepadas, encontra o que oferecer aos seus no combate aquele que, apesar de tudo, permanece de pé e apoia com seus gritos. Deves fazer algo semelhante: se a fortuna tiver te apartado das primeiras posições na política, permanece de pé e, apesar de tudo, presta apoio com teus gritos; se alguém tiver agarrado tua garganta, permanece de pé e, apesar disso, presta apoio com teu silêncio. Nunca é inútil o trabalho de um bom cidadão: ele é ouvido e visto, é útil com seu semblante, seu gesto de assentimento, sua tácita obstinação e com o próprio andar. Assim como certas substâncias salutares surtem efeito por seu odor, sem passar pelo paladar e pelo tato, também a virtude propaga seu benefício mesmo à distância e sem ser visível. Quer ela se expanda e atue livremente, quer tenha precários canais de manifestação e seja obrigada a recolher as velas, quer fique muda e inativa, bloqueada num beco sem saída, quer se mostre franqueada, em qualquer situação ela é útil. Por que achas pouco útil o exemplo de uma virtuosa inação? Desse modo, é de longe melhor combinar o ócio com as atividades públicas sempre que uma vida atuante sofrer impedimentos fortuitos ou obstrução pelas condições políticas. Nunca estão bloqueadas todas as vias a ponto de não haver oportunidade para uma ação honesta.

5 Acaso podes encontrar uma cidade mais desafortunada do que foi Atenas no período em que os trinta tiranos a dilaceraram? Eles mataram mil e trezentos cidadãos, dentre os mais notáveis. E não ficaram só nisso, mas sua crueldade por si mesma se incitava. Nessa cidade havia o areópago, o tribunal mais escrupuloso; nela havia um Senado e um colegiado semelhante ao Senado. Reunia-se cotidianamente o triste agrupamento de carrascos, e essa cúria sinistra ficava reduzida a tiranos. Então, podia aquela cidade ter descanso, na qual havia tantos tiranos quantos eram os seus auxiliares? Não podia sequer ser oferecida alguma esperança de recuperar a liberdade, nem era aparente a possibilidade de algum remédio contra tão grande força maligna. Onde poderiam buscar para essa infeliz cidade tantos Harmódios? Sócrates, porém, movia-se nesse meio: consolava senadores que se lamentavam, exortava os que desesperavam da situação política, aos ricos que temiam por suas posses ele repreendia o arrependimento tardio de sua perigosa avareza e, para os que desejassem imitá-lo, figurava como um grande exemplo ao avançar livre por entre os trinta potentados. Essa mesma Atenas, porém, matou-o no cárcere. A liberdade não tolerou a liberdade deste que,

impunemente, havia insultado um esquadrão de tiranos. Vale notar que, de um lado, numa situação política opressiva, um homem sábio encontra ocasião para se manifestar, e, de outro, numa situação próspera e feliz, reinam o dinheiro, a inveja e mil outros vícios da inércia. Portanto, dependendo de como se apresentar a situação política, do que nos permitir a fortuna, assim nos expandiremos ou nos retrairemos; de todo modo, nos manteremos em movimento e não imobilizados pelas amarras do medo. Ao contrário, será um homem quem, diante dos perigos que de todo lado o ameaçam, diante de armas e grilhões que vibram à sua volta, não irá expor ao dano ou esconder sua virtude, pois cobrir--se não é preservar-se. Parece-me que Cúrio Dentato dizia preferir estar morto a viver como morto. O remate dos males é deixar o número dos vivos antes de morrer. Mas se cairmos em uma época em que a vida política for impraticável, será necessária a iniciativa de reivindicar mais tempo para o ócio das letras e, tal como em uma navegação arriscada, buscar a todo momento um porto, e não esperar até que os riscos nos abandonem, mas nos desvencilhar deles por nós mesmos.

6 Deveremos, primeiro, examinar a nós mesmos, depois, as atividades que iremos empreender e, por último, as pessoas devido às quais ou com as quais o faremos.

Antes de tudo é necessário avaliar-se, porque em geral nos parece que podemos mais do que somos capazes. Um irá errar por confiar em sua eloquência, outro exigiu de seu patrimônio mais do que ele podia suportar, outro forçou o corpo frágil com uma tarefa extenuante. A timidez de alguns é pouco adequada para as atividades públicas, que requerem uma feição firme. A contumácia de outros não se ajusta ao palácio. Alguns não têm a ira sob controle e qualquer indignação os leva a palavras temerárias. Outros não sabem conter a espirituosidade e não se abstêm de piadas perigosas. Para todos esses o ócio é mais útil do que a ocupação. A índole arrojada e sem freio deve evitar os estímulos de uma liberdade que lhes será nociva.

3   Deve-se, depois, avaliar o que empreendemos e comparar nossa capacidade com tudo que pretendemos realizar. A capacidade de quem atua deve ser sempre maior do que a exigida pela obra; é inevitável que uma carga muito pesada para quem a leva o sobrecarregue. Além disso, certos afazeres não são tão importantes quanto fecundos e produzem mais afazeres. Estes, dos quais nasce nova e complexa tarefa, também hão de ser evitados. Não se deve avançar para um lugar de onde não haja livre regresso; convém assumir aquelas tarefas cujo fim se possa impor ou pelo menos esperar, e afastar-se daquelas que se alongam conforme avançamos e não terminam onde propusemos.

1   7 É preciso, sobretudo, fazer distinção entre os homens, se são dignos de lhes dedicarmos parte de nossa vida, se os alcança o gasto de nosso tempo; de fato, alguns chegam até a imputar nossos serviços como realizados em proveito próprio. Atenodoro diz que nem sequer jantaria na casa de quem não se sentisse por isso em dívida com ele. Acho que percebes que ele muito menos iria à casa daqueles que servem à mesa o equivalente aos serviços de seus amigos, que enumeram os pratos como nas distribuições públicas de alimentos, como se estivessem sendo largos para honrar os outros. Retira deles testemunhas e espectadores: não lhes dará prazer uma pândega secreta.

É necessário considerar se nossa natureza é mais apta para a realização de ações ou para o recolhimento do estudo e da contemplação, e nos inclinar para onde chamar nossa vocação. Isócrates agarrou Éforo e o retirou do foro por considerá-lo mais útil para compor obras de história. Os talentos forçados respondem mal; quando a natureza resiste, o esforço é vão.

3   Nada, porém, pode deleitar a alma tanto quanto uma amizade leal e afetuosa. Que tamanho bem existe onde há corações dispostos a acolher todo segredo em segurança, cuja cumplicidade possas temer menos que a tua, sua conversa alivie a inquietude, sua opinião auxilie uma es-

colha, sua alegria dissipe a tristeza, sua figura cause prazer! Claro que escolheremos, quanto possível, os que estiverem livres de paixões, pois os vícios serpeiam e se transferem para quem estiver mais próximo e são nocivos por contato. Desse modo, assim como em uma epidemia se deve ter cuidado para não ficar próximo de pessoas já contaminadas e febris, porque correremos perigo e adoeceremos devido a sua própria respiração, também, ao selecionar as índoles de nossos amigos, nos empenharemos em nos unir aos menos infectados. O início de uma doença está em juntar corpos sadios com enfermos. Eu não poderia aconselhar-te a seguir ou atrair quem não seja um sábio. Onde, pois, encontrarás esse homem que procuramos por tantos séculos? Valha como o melhor o menos mau. É difícil que te fosse facultada uma escolha mais feliz se procurasses os bons entre Platões e Xenofontes e aquela progênie da casta socrática, ou se te ocorresse a possibilidade da época de Catão, que produziu inúmeros homens dignos de nascer no século de Catão, bem como muitos dos piores já conhecidos e perpetradores dos maiores crimes. Uns e outros eram de fato necessários para que se pudesse distinguir um Catão. Era preciso haver tanto os bons, diante dos quais ele se fizesse aprovar, quanto os maus, nos quais ele comprovasse o seu valor. Já agora, em meio a tamanha escassez de homens bons, faça-se uma escolha menos seletiva. Principalmente evitem-se os tristes e os que tudo lamentam, aos quais não há caso que não motive suas queixas. Ainda que demonstre sólida lealdade e benevolência, porém, um companheiro atormentado e que geme por tudo é um inimigo para a serenidade.

8 Passemos aos patrimônios, motivo maior das desventuras humanas. Sim, se comparares todas as outras pelas quais nos angustiamos — mortes, enfermidades, medos, saudades, padecimentos de dores e fadigas — com aqueles males que nosso dinheiro nos proporciona, esta parte irá pesar muito mais. Assim, devemos refletir sobre

quanto é mais leve a dor de não ter do que a de perder, e entenderemos que para a pobreza é tanto menor o motivo de tormento quanto é menor o de perda. Erras, pois, se achas que os ricos suportam reveses com mais ânimo: para os corpos maiores e para os menores é igual a dor de um
3 ferimento. Bíon dizia com graça que não é menos penoso aos calvos do que aos cabeludos sentir arrancar-lhes os pelos. Vale notar o mesmo com relação aos pobres e aos abastados: é igual para eles o sofrimento, pois a ambos está aderido seu dinheiro e não se pode arrancá-lo sem que o sintam. Mas, como eu disse, é mais tolerável e mais fácil não adquirir do que perder, e por isso verás mais alegres aqueles para os quais nunca se voltou a fortuna do que os
4 que ela abandonou. Viu isso Diógenes, homem de grande alma, e fez com que nada lhe pudesse ser tirado. Tu chamas isso pobreza, inópia, carência; impõe à despreocupação o nome depreciativo que quiseres: eu acharei que alguém não é feliz se me encontrares outro a quem de nada se possa privar. Ou estou enganado ou é como estar em seu próprio reino a condição de ser o único, no meio de avarentos, embusteiros, ladrões e bandidos, a quem não se pode
5 lesar. Se alguém duvida da felicidade de Diógenes pode duvidar também da condição dos deuses imortais, se eles são infelizes porque não têm propriedades, nem jardins, nem campos dispendiosos de lavradores estrangeiros, nem grandes aplicações na praça de negócios. Não te envergonha, quem quer que sejas, ficar pasmo diante das riquezas? Vamos, olha para o universo: verás deuses desnudos, tudo ofertando, nada possuindo. Consideras pobre ou semelhante aos deuses imortais esse homem
6 que se despiu de tudo que é fortuito? Tu rotulas como mais feliz Demétrio Pompeiano, que não teve vergonha de ser mais abastado que Pompeu? Era-lhe diariamente referido o número de seus escravos como o efetivo de um exército a seu general, ele que muito tempo antes devia ter tido como riqueza dois servidores e um aposento pouco

espaçoso. Já o único escravo de Diógenes fugiu e ele não julgou valer trazê-lo de volta, embora lhe fosse indicada sua localização. Disse ele: "É vergonhoso que Manes possa viver sem Diógenes e Diógenes sem Manes não o possa". Ele me parece ter dito: "Podes fazer teu trabalho, Fortuna, pois na casa de Diógenes já não há nada que é teu. Fugiu meu escravo; ou antes, eu é que fui embora livre". Uma família requer vestuário e alimentação, é preciso cuidar de numerosos ventres de animais vorazes, comprar roupas, vigiar mãos muito rapaces e utilizar os serviços de quem se lamenta e tudo maldiz. Quanto é mais feliz quem não deve dar nada a ninguém, exceto a quem lhe é mais fácil negar: a si mesmo! Porém, já que não temos tanta robustez na alma, devemos, em todo caso, reduzir nossos patrimônios para ficarmos menos expostos à fortuna. Na guerra, são mais hábeis os corpos que podem se resguardar sob suas armas do que os que as excedem e de todo lado seu tamanho os expõe aos ferimentos. O melhor limite para o dinheiro é aquele em que nem nos deixa cair na pobreza, nem da pobreza nos distancia.

9 Mas essa medida irá nos satisfazer se antes a parcimônia nos tiver satisfeito, sem a qual não há bens que sejam suficientes nem que sejam amplos o bastante, ainda mais quando está a nosso alcance o remédio e pode a mesma pobreza converter-se em riqueza com o auxílio da frugalidade. Acostumemo-nos a afastar de nós a pompa e a levar em conta a utilidade das coisas, não seus ornamentos. Que a comida sacie a fome; a bebida, a sede; a libido flua como necessário; aprendamos a nos firmar em nossos próprios membros, a compor nossa forma de vida e de alimentação não segundo modismos, mas como recomendam os antigos costumes; aprendamos a aumentar a temperança, a coibir o luxo, a moderar a vaidade, a abrandar a iracúndia, a olhar a pobreza com olhos serenos, a cultivar a frugalidade, mesmo se muitos se envergonhem disso, a aplicar remédios baratos em nossas necessidades naturais,

a manter como se sob grilhões esperanças descabidas e uma alma debruçada sobre o futuro, a nos empenhar em buscar riquezas em nós e não na fortuna. Nunca é possível que tantas variações e iniquidades do acaso sejam de tal modo afastadas, que muitas tempestades não desabem sobre aqueles que estendam ao mar largas velas. É preciso encolher-se num canto apertado para escapar dos dardos. Por isso, exílios e desgraças converteram-se às vezes em algo salutar e males maiores foram sanados com incômodos mais leves. Quando a alma não é sensível a preceitos e não pode ser curada de forma mais branda, por que não cuidar dela impondo-lhe a pobreza, a ignomínia e a ruína, assim contrapondo um mal a outro? Acostumemo-nos, portanto, a jantar sem estar cercado de pessoas, a depender de poucos escravos, a dispor das roupas para a finalidade com que foram criadas e a ter uma habitação mais modesta. Não apenas nas corridas e competições do circo, mas também nas arenas da vida é preciso fazer curvas mais fechadas.

Mesmo a despesa com os estudos, que é a mais meritória, tem justificativa até o momento em que tem limite. Para quê incontáveis livros e bibliotecas, se o dono, durante toda a sua vida, mal pôde ler os títulos? A quantidade sobrecarrega quem está aprendendo, não o instrui, e vale muito mais entregar-se a poucos autores do que vaguear por muitos. Quarenta mil livros arderam em Alexandria. Outro pode ter louvado esse belíssimo monumento da opulência de reis, tal como Tito Lívio, que disse ter sido essa uma obra notável do refinamento e da solicitude real. Não foi refinamento aquilo, ou solicitude, mas luxo intelectual; ou melhor, nem sequer intelectual, visto que eles haviam constituído aquele acervo não para o estudo, mas para exibição, tal como aqueles que ignoram até mesmo as primeiras letras usam os livros não como instrumentos de estudo, mas ornamentos das salas de jantar. Assim, disponhamos dos livros em quantidade suficiente, não para decoração. "É mais honorável", dizes, "gastar nisso do que em vasos de Corinto e em pinturas." Em todas as coisas, é vicioso o que é excessivo. Que razão tens para perdoar o indivíduo que anda à cata de armários em cedro e marfim, que busca coletâneas de autores desconhecidos ou menosprezados e que no meio de tantos milhares de livros fica bocejante, ao qual dão grande prazer as lombadas e etiquetas de seus volumes? Pois verás na casa de pessoas as mais indolentes tudo o que há de oratória e de história, estantes erguidas até o teto. Já se destaca como um ornamento necessário de uma casa, juntamente com a sala de banho e as termas, também uma biblioteca. Eu compreenderia perfeitamente se esse equívoco se devesse a um desejo excessivo de estudar, mas agora essas obras seletas de talentos consagrados, reproduzidas juntamente com os bustos de seus autores, são compradas com vistas à aparência e ao adorno das paredes.

10 Mas foste cair num tipo difícil de vida e, sem o saberes, a sorte, seja ela comum ou individual, armou-te um laço que não podes nem desfazer nem romper. Pensa nos que têm os pés acorrentados: primeiro, suportam mal o peso e os entraves em suas pernas; depois, quando se propuseram a não se indignar com aquilo, mas a se resignar, a necessidade os ensina a suportar com firmeza, e o hábito, com facilidade. Encontrarás em qualquer tipo de vida diversão, relaxamento e prazeres se quiseres considerar leves os teus males, em vez de odiosos. Nenhuma razão torna para nós mais meritória a natureza: como soubesse para quais desventuras nascemos, ela concebeu como lenitivo de nossas desgraças o hábito, que logo nos familiariza com as realidades mais penosas. Ninguém resistiria se adversidades permanentes mantivessem a mesma intensidade do primeiro momento. Todos estamos atados à fortuna. Para uns a corrente é de ouro e frouxa, para outros, apertada e encardida. Mas o que importa? A mesma vigilância cerca a todos e mesmo os que aprisionaram estão presos, exceto se achas mais leve a algema que vai na mão esquerda. Um vai

atado às honras, outro, às riquezas; alguns são oprimidos por sua nobreza, outros, por sua origem humilde; sobre a cabeça de uns pesa uma tirania alheia, sobre a de outros, a sua própria; alguns são retidos num só local pelo exílio, outros, pelo sacerdócio. Toda vida é uma escravidão. É preciso acostumar-se à sua condição, queixar-se dela o mínimo possível e agarrar toda vantagem que ela tenha em torno de si. Nada é tão amargo que uma alma resignada não encontre ali algum motivo de reconforto. Muitas vezes, áreas exíguas puderam estender-se a muitos usos pela arte de um projetista, e uma eficiente disposição tornou habitável um espaço, ainda que diminuto. Aplica a razão às dificuldades: o que é rijo pode amolecer, o que é estreito, alargar-se e o que é pesado, ser menos opressivo para os que o suportam de maneira sábia.

Além disso, não se deve deixar que vão longe os desejos, mas permitamos que saiam pela vizinhança, pois não aceitam ficar de todo reclusos. Posto de lado o que é impossível ou difícil de fazer, sigamos no encalço do que está perto e que faz sorrir nossa esperança, mas tenhamos consciência de que tudo é igualmente irrelevante, por fora tem faces diversas, por dentro, um vazio uniforme. E não invejemos os que estão mais elevados: o que parecia estar nas alturas está defronte a um precipício.

Pelo contrário, aqueles que uma sorte ruim colocou nessa posição arriscada ficarão mais seguros ao diminuir a altivez dessa condição — por si mesma altiva — e trazer sua fortuna, o mais que puderem, para o plano comum. Há, por certo, muitos a quem é necessário manter-se preso em seu fastígio, do qual, exceto caindo, não podem descer; atesta, porém, que este é exatamente o seu maior ônus: verem-se obrigados a pesar sobre os outros e não estarem erguidos acima deles, mas suspensos. Eles deveriam, por sua justiça, brandura, sentimento humanitário, sua mão larga e benigna, prover para si muitos apoios, visando a uma queda propícia, na esperança de se sentirem mais seguros enquanto suspensos. Mas nada poderá nos resguardar tanto das instabilidades da alma quanto sempre fixar um limite para seu engrandecimento, e não conceder à fortuna a decisão de determiná-lo, mas pararmos, por nós mesmos, muito aquém dele; exemplos nos sirvam de advertência. Assim, por um lado, alguns desejos irão aguilhoar nossa alma e, por outro, tendo sido delimitados, não a conduzirão ao descomedimento e à incerteza.

1   11 Esta minha fala diz respeito a pessoas imperfeitas, fracas e desequilibradas, não ao sábio. Este não deve andar com passo tímido nem tateante. É tanta sua autoconfiança que ele não hesita em ir ao encontro da fortuna, nem diante dela jamais largaria seu posto. Ele nem tem onde temê-la, pois enumera não só escravos, posses e dignidades, mas também seu próprio corpo, olhos e mãos e tudo o que torna a vida tão estimada, incluindo a si mesmo, entre os bens passageiros, e vive como quem os tomou emprestados e há de
2 devolvê-los sem tristeza a quem os pedir de volta. Não se julga sem valor por saber que não pertence a si mesmo, mas fará tudo com tanta diligência, tanta circunspecção quanto um homem consciencioso e íntegro costuma cuidar do que lhe foi confiado. E quando lhe for mandado devolver, não se queixará com a fortuna, mas dirá: "Agradeço por aquilo
3 que possuí e mantive sob guarda. Foi de fato com alto custo que conservei teus bens, mas, já que assim ordenas, dou-os, cedo-os a ti agradecido e de bom grado. Se algo ainda quiseres que eu tenha de ti, eu o conservarei; se é outra tua decisão, eu te entrego e restituo essa prataria trabalhada e gravada, minha casa e escravos". A natureza terá reclamado o que anteriormente nos creditou e lhe diremos: "Recebe uma alma melhor do que a que deste. Não busco escapatória nem me recuso. Coloco voluntariamente à tua disposição o que em minha inconsciência me deste.
4 Toma-o". O que há de grave em retornar ao lugar de onde vieste? Viverá mal todo aquele que não souber morrer bem. Desse modo, deve-se primeiro reduzir o apreço por

essa dádiva e ter o sopro vital entre as coisas sem valor. Como diz Cícero, consideramos detestáveis os gladiadores se desejam obter a vida a todo custo e os aplaudimos se ostentam menosprezo por ela. Note que o mesmo acontece conosco, pois amiúde a causa de uma morte é

5 o temor de perecer. A própria fortuna, que se diverte consigo mesma, diz: "Para quê eu te preservaria, animal maligno e medroso? Receberás ainda mais ferimentos e perfurações porque não sabes estender o pescoço. Já tu não só viverás mais tempo como também morrerás com mais desembaraço porque recebes com valentia o ferro sem

6 retirar a nuca e sem opor-lhe as mãos". Quem temer a morte jamais fará nada como homem vivo; já quem tiver consciência de que essa foi a condição fixada quando estava sendo concebido viverá segundo esse decreto e, ao mesmo tempo, com idêntica robustez de alma, fará com que nada do que lhe aconteça seja inesperado. Pois prevendo tudo que pode acontecer como se fosse ocorrer, atenuará o impacto de todos os males, que não trazem nada de novo para os que estão preparados e à sua espera; aos que se sentem seguros e na expectativa somente de eventos felizes

7 chegam pesados. Há doenças, cativeiro, desabamento, incêndio; nada disso é repentino. Eu sabia em companhia do que a natureza me havia enclausurado. Tantas vezes na minha vizinhança se ouviram gritos de adeus; tantas vezes, diante de minha porta, fachos e círios precederam um funeral prematuro. Com frequência ecoou a meu lado o estrondo de um edifício a desabar. Muitos daqueles que haviam se unido a mim no foro, na cúria, numa conversa, a noite os levou e separou as mãos ligadas pela amizade. Eu me admiraria se algum dia me acometessem perigos que sempre vagaram ao meu redor? A maioria dos homens não

8 pensa na tempestade ao embarcar em um navio. Nunca terei escrúpulos em citar um mau autor se a matéria for boa. Publílio, mais vigoroso do que autores trágicos e cômicos, sempre que abandonou as bobagens dos mimos

e as palavras destinadas às arquibancadas mais altas, entre muitas outras máximas mais virtuosas do que o coturno, não apenas do que os mimos, diz também esta: "O que sucedeu com um pode se dar com qualquer um". Se alguém se compenetrar disso e olhar todos os males alheios, cuja quantidade diária é enorme, como se a trajetória deles fosse livre para seguir também em sua direção, irá se armar muito antes de ser atacado. Depois do perigo, já tarde nossa alma se alinha contra ele.   "Não achei que isso aconteceria" e "Alguém jamais poderia acreditar que isso ocorreria?". Ora, por que não? Que riquezas existem que não possam segui-las de perto a indigência e a fome e a mendicância? Que dignidades cuja toga pretexta e o bastão augural e o calçado patrício não sejam acompanhados de infâmia e de uma nota censorial e de mil máculas e de um extremo desprezo? Que reino existe sem que lhe estejam preparados a ruína e o aniquilamento e um tirano e um carrasco? E essas situações não estão separadas por grandes intervalos, mas o espaço de uma hora interpõe-se entre o trono e os joelhos do vencedor.   Saibas, portanto, que toda condição é variável e tudo o que ocorre com alguém pode ocorrer também contigo. És abastado: acaso és mais rico do que Pompeu? Este ficou sem pão e água depois que Calígula, parente seu por antigo ramo, tipo novo de anfitrião, lhe abriu o palácio dos Césares com a intenção de fechar-lhe o seu próprio. Embora possuísse tantos rios que nasciam em suas terras, tantos que ali desaguavam, mendigou por gotas que escorriam da chuva. Pereceu de fome e de sede no palácio de seu parente e, enquanto agonizava inane, este, como seu herdeiro, dedicava-lhe um funeral público.   Exerceste os cargos mais elevados: acaso tão importantes, tão inesperados ou tão abrangentes quanto os de Sejano? No dia em que o Senado o destituiu, o povo o fez em pedaços; nele os deuses e os homens haviam reunido tudo que podia ser acumulado, dele nada restou que o carrasco pudesse levar.   És um rei: não te remeterei a Creso, que, ainda vivo, viu sua pira ser acesa e apagada, tendo sobrevivido não só a seu reino, mas a sua própria morte; também não a Jugurta, a quem o povo romano assistiu num espetáculo público no mesmo ano em que o havia temido. Vimos Ptolomeu, rei da África, e Mitridates, da Armênia, em custódia dos guardas de Calígula; um foi enviado ao exílio, o outro desejava ser exilado com melhor garantia. Em meio a tanta variação, entre situações que oscilam para cima e para baixo, se não consideras tudo que pode acontecer como algo a se concretizar no futuro, concedes força às adversidades; estas, quem as viu de antemão pôde enfraquecê-las.

1   12 O próximo ponto será não nos esforçarmos em coisas desnecessárias ou desnecessariamente, isto é, não cobiçar o que não podemos conseguir ou, tendo-o alcançado, percebermos tarde e depois de muito suor a vacuidade de nossos desejos. Ou seja, que o esforço não seja vão, sem efeito, ou o efeito indigno do esforço, pois, em geral, a tristeza o acompanha se não se obteve bom resultado
2   ou se o resultado envergonha. Devem-se reduzir as perambulações, quais as que se veem na maioria das pessoas que vagueiam por residências, teatros e pelo foro; oferecem seu serviço a interesses alheios, sempre parecendo atarefadas com algo. Se perguntares para algum quando sai de casa: "Para onde vais? Qual a tua intenção?", ele te responderá: "Não faço a mínima ideia, mas verei algumas
3   pessoas, farei algo". Vagueiam sem propósito, buscando atividades, e não fazem as que se propuseram, mas aquelas com que se depararam. Sua marcha é irrefletida e vã, qual a das formigas rastejando pelos arbustos, impelidas a subir até o topo e depois a descer até a raiz por nada. Uma vida semelhante é levada pela maioria dos homens, cuja inércia
4   alguém, não sem razão, qualificou de incansável. De alguns, que correm como se para acudir a um incêndio, terás compaixão; de tal modo empurram os que encontram pela frente e apressam a si e aos outros, quando, nesse

ínterim, estiveram pressurosos para saldar alguém que não vai lhes responder, ou para acompanhar o funeral de uma pessoa desconhecida, ou para ver no tribunal a atuação de um reiterado litigante, ou para ver a cerimônia de uma reiterada nubente e, integrando o séquito de uma liteira, em certos momentos até a carregam. Depois, quando retornam para casa tomados de um cansaço inútil, juram não saber por que saíram e aonde foram, mas tornam a vaguear no dia seguinte por aqueles mesmos caminhos. Assim, todo esforço deve remeter a algum motivo, ter em vista algum fim. O que se vê não é dedicação movendo pessoas incansáveis, mas insanos agitados por falsas imagens. Nem mesmo estes se deixam mover sem alguma esperança; estimula-os a visão de alguma coisa, com cuja vacuidade sua mente insensata não pôde atinar. Do mesmo modo, são motivos vãos e fúteis que fazem circular cada um daqueles que saem para engrossar a massa; mesmo não tendo nada para fazer, a luz do dia os expulsa e, depois de ter em vão batido à porta de muitos e ter saudado todos os nomencladores, tendo sido barrados por muitos, descobrem que nenhuma daquelas pessoas é mais difícil de encontrar em casa do que a si mesmos. Desse mal deriva aquele vício tão abominável: o de ficar à escuta e à procura de intrigas, no âmbito público e no privado, e ter conhecimento de numerosos fatos que nem é seguro contar, nem seguro ouvir.

13 Acho que em alusão a isso Demócrito disse assim, referindo-se, evidentemente, a ocupações fúteis: "Quem quiser viver tranquilo não empreenda muitas atividades, na esfera privada ou pública". Na verdade, se são necessárias, devem ser empreendidas não só muitas, mas inumeráveis atividades, tanto na esfera privada quanto na pública. Quando nenhum dever habitual nos chama, devemos restringir nossas ações. De fato, quem faz múltiplas coisas a todo momento concede à fortuna poder sobre si. Quanto é mais seguro raras vezes pô-la à prova, mas sempre tê-la em mente e não prometer-se nada com base em

sua lealdade: "Embarcarei se nada ocorrer", "Tornar-me-
-ei pretor se nada me impedir", "Terei êxito no negócio se
não intervier nenhum problema". É por isso que dizemos
que nada acontece ao sábio contra seu pensamento. Não o
apartamos dos infortúnios humanos, mas dos erros; para
ele, tudo acontece não como ele quis, mas como pensou.
Porém, antes de tudo, ele pensou que algo pudesse resistir a
seus propósitos. Ademais, é forçoso que a dor de um desejo
frustrado atinja mais levemente a alma de quem não tenha
prometido a si sucesso de maneira alguma.

14 Nós devemos também ser flexíveis, para não nos
apegarmos demais a nossas determinações, e convirá seguir
para onde o acaso tiver nos desviado, não ter medo excessivo
de mudar de decisão e de postura, contanto que não
nos domine a inconstância, o vício mais hostil à paz de
espírito. De fato, é inevitável não só que a obstinação seja
inquieta e sofrida, da qual amiúde a fortuna extorque algo,
mas também que seja muito mais penosa a inconstância,
que não se detém em parte alguma. Ambas as atitudes são
contrárias à tranquilidade: tanto não poder mudar quanto
não aturar em nada.   De todo modo, a alma deve retirar-
-se de tudo que lhe é externo e voltar-se para si: tenha
autoconfiança, alegre-se, valorize seus bens, distancie-se o
quanto puder dos bens alheios e consagre-se a si mesma,
não se ressinta das perdas, interprete positivamente até os
fatos adversos.   Nosso Zenão, depois que lhe anunciaram o
naufrágio e que todos os seus bens tinham ficado submersos,
disse: "A fortuna ordena que eu fique mais desimpedido
para filosofar". Um tirano ameaçava o filósofo Teodoro de
morte sem sepultamento. Ele disse: "Tens motivo para te
comprazer: em teu poder está uma parcela de meu sangue;
agora, quanto ao sepultamento, és tolo se achas que me
importo se apodreço em cima ou embaixo da terra".   Júlio
Cano, homem de primeira grandeza, a cuja admiração nem
sequer obsta o fato de que tenha nascido em nossa época,
tendo travado longa discussão com Calígula, ao se retirar,

aquele novo Fálaris lhe disse: "Não te acalentes com uma tola esperança; ordenei que sejas executado", ao que ele respondeu: "Eu te agradeço, magnífico príncipe!". Tenho dúvida sobre seu sentimento; ocorrem-me, com efeito, muitas possibilidades. Ele quis ser afrontoso e mostrar a dimensão de uma crueldade diante da qual a morte era um benefício? Ou recriminou aquele por sua cotidiana demência? É certo que lhe dirigiam agradecimentos inclusive pessoas cujos filhos tinham sido mortos e cujos bens, confiscados. Acaso recebeu de bom grado a morte, como se fosse sua liberdade? Seja como for, respondeu com grandeza de alma. Dirá alguém: "Calígula pôde, em seguida, ordenar que ele vivesse". Cano não temeu isso; era conhecida a lealdade de Calígula em ordens desse tipo. Acreditas que ele tenha passado os dez dias que decorreram até sua execução sem nenhuma inquietude? Chega a ser inverossímil tudo que disse aquele homem, o que fez, quão tranquilo se manteve. Ele se debruçava sobre o jogo no tabuleiro quando o centurião, puxando um grupo de condenados à morte, ordenou que ele também se levantasse. Ao ser chamado, contou as peças e disse a seu companheiro: "Vê se depois da minha morte não vais mentir que ganhaste!". Então, anuindo ao centurião, disse-lhe: "Serás testemunha de que eu estou um ponto à frente dele". Achas que Cano esteve mesmo jogando naquele tabuleiro? Era escárnio. Estavam tristes seus amigos por perder um homem como esse. Ele lhes disse: "Por que estais abatidos? Vós vos perguntais se as almas são imortais; eu vou sabê-lo já". Não deixou de indagar a verdade, mesmo no momento final, e de submeter sua própria morte à investigação. Seu filósofo acompanhava-o. Já não estava longe o túmulo em que se realizava um culto cotidiano a nosso divino César. Aquele lhe diz: "Em que estás pensando, Cano? Como te sentes?". Responde-lhe Cano: "Propus-me a observar, naquele tão rápido instante, se minha alma terá a sensação de sair do corpo". E prometeu que, se verificasse algo, iria percorrer os amigos e indicar-lhes qual era a condição das almas. Eis a serenidade no meio de uma tempestade, eis um homem de alma digna de eternidade, o qual convoca seu destino para comprovação da verdade, o qual, naquele último passo, interroga sua alma já de partida e aprende algo não apenas até o momento da morte, mas a partir da própria morte. Ninguém filosofou por mais tempo. Não será por nós deixado à pressa esse grande homem, que merece zelosa menção. Legaremos tua imagem à memória de toda a posteridade, criatura luminosa, magnífica parcela dos crimes de Calígula!

15 Mas de nada adianta eliminar os motivos de tristeza relativos a um indivíduo, pois nos invade às vezes um ódio do gênero humano. Quando chegamos a pensar sobre quão rara é a sinceridade, quão desconhecida a inocência e quase ausente a lealdade, exceto quando é vantajosa, e quando nos vêm à mente a quantidade de crimes exitosos e os ganhos e perdas igualmente execráveis de uma vida devassa, e a ambição que já não se contém nos próprios limites, a ponto de brilhar pela sordidez, nossa alma é lançada na escuridão e, como se banidas as virtudes, as quais não se pode mais esperar nem adianta possuir, alastram-se as trevas. Assim, temos que nos guiar para a seguinte atitude: que os vícios das pessoas não nos pareçam odiosos, mas ridículos, e imitemos antes Demócrito do que Heráclito. Este último, toda vez que saía em público, chorava, aquele ria; para este, todas as coisas que fazemos pareciam desgraças, para aquele, idiotices. Portanto, tudo deve ter sua importância reduzida e ser tolerado com benevolência. É mais humano rir-se da vida do que deplorá-la. Além disso, maior serviço presta ao gênero humano quem dele se ri do que quem o chora; o primeiro deixa-lhe alguma boa esperança, o outro, porém, queixa-se tolamente de uma realidade que ele desespera de poder ser corrigida. De um ponto de vista mais amplo, tem maior elevação a alma que não detém o riso do que a que não detém as lágrimas, pois aquela expressa um estado de alma mais descontraído e

não considera nada importante, nada sério, nem mesmo triste vindo de tão aparatosa cena. Cada qual pense nos motivos pelos quais ficamos alegres ou tristes e saberá que é verdade o que disse Bíon, que todas as atividades dos homens se assemelham muito aos estágios iniciais da existência, e que a vida deles não é mais sacrossanta ou séria do que sua concepção [...] que, nascidos do nada, são reconduzidos ao nada. Mas é melhor aceitar com placidez os costumes sociais e os vícios humanos, sem ceder ao riso nem às lágrimas. É, por certo, uma eterna tristeza torturar-se pelos males alheios; deleitar-se com os males alheios é um prazer desumano, assim como é inútil o sentimento humano de chorar porque alguém enterra um filho e de reproduzir seu semblante. Também em seus próprios males convém portar-se de modo que se conceda à dor o tanto que exige a natureza, não os costumes. Muitos derramam lágrimas para ostentá-las e têm os olhos secos quando lhes falta espectador, embora julguem torpe não chorar quando todos o estariam fazendo. É tão profunda a penetração desse mal, o de ficar dependente da opinião alheia, que se chega até mesmo a simular um sentimento tão espontâneo: a dor.

16 Vem a seguir um aspecto da realidade que costuma, não sem razão, nos entristecer e levar à inquietude. Quando a vida dos homens bons tem final desastroso, quando Sócrates é levado a morrer no cárcere, Rutílio, a viver no exílio, Pompeu e Cícero a estender o pescoço a protegidos seus, o célebre Catão, imagem viva das virtudes, lançando-se sobre a espada, a anunciar ao mesmo tempo a sua morte e a da república, é inevitável nos sentirmos torturados por a fortuna recompensá-los com prêmios tão injustos. E o que cada um de nós pode, então, esperar ao ver os melhores homens sofrerem os piores destinos? Que pensar disso? Vê como cada um deles o suportou e, se foram valentes, lamenta sua perda com o mesmo ânimo, se pereceram de modo fraco e covarde, nada pereceu. Ou são dignos de que sua bravura cause regozijo ou indignos de que se lamente sua covardia. O que haveria de mais vergonhoso se, morrendo bravamente, os grandes homens nos tornassem pusilânimes? Louvemos quem foi tantas vezes digno de louvor e digamos: "Tanto mais bravo é alguém, tanto mais feliz! Escapaste a todas as provações, à inveja, à doença, saíste do cárcere, aos deuses tu não pareceste digno de má fortuna, mas indigno de que a fortuna dali em diante pudesse algo contra ti". Aqueles que querem se retirar e, no momento da morte, se voltam para a vida, havemos de reclamar contra eles. Não irei chorar por quem está alegre nem por quem chora: o primeiro enxugou ele próprio minhas lágrimas; o segundo, com suas lágrimas, fez por não ser digno de nenhuma. Irei eu chorar Hércules porque é consumido vivo, ou Régulo porque é perfurado por tantos cravos, ou Catão porque fere por cima de suas próprias feridas? Todos esses, com um leve dispêndio de tempo, encontraram como se tornar eternos e, morrendo, chegaram à imortalidade.

17 Existe ainda um motivo de inquietudes não desprezável, se alguém se compõe com excessiva preocupação e não se mostra a ninguém ao natural. Tal é a vida de muitos: artificial, voltada para a ostentação; tortura-os uma incessante observação de si e temem ser flagrados com aparência diferente da de costume. Nunca nos sentimos liberados dessa obsessão, em que julgamos estar sendo avaliados a cada olhar que nos lançam. Na verdade, não só ocorrem muitas situações que a nosso malgrado nos desnudam, como também, mesmo que tanto cuidado consigo tenha êxito, não é, porém, agradável ou sossegada a vida dos que vivem sempre sob uma máscara. Mas que enorme prazer há naquela simplicidade sincera e autenticamente desataviada, que nada encobre de sua natureza! Por outro lado, essa vida também se expõe ao risco de desapreço se tudo fica franqueado a todos. Existem, de fato, pessoas que se enfastiam de tudo que lhes

está próximo. No entanto, para a virtude não há perigo de que seja depreciada quando aproximada aos olhos, e é preferível ser menosprezado por causa da simplicidade do que se ver torturado por uma perpétua simulação. Apliquemos, porém, uma medida: é essencial distinguir a vida simples da displicente.

3 É também muito importante recolher-se em si mesmo, pois o trato com pessoas diferentes altera nosso equilíbrio, reaviva as paixões e exacerba tudo que há de fraco e mal curado em nossa alma. Contudo, é preciso mesclar e alternar essas duas coisas: a solidão e o contato social. Aquela nos fará ter saudade dos outros, esta, de nós; e uma será o remédio da outra, o ódio à turba terá cura na solidão, o tédio da solidão, na turba.

4 A mente não deve se manter invariavelmente no mesmo nível de tensão, mas ceder aos divertimentos. Sócrates não enrubescia de brincar com crianças pequenas, Catão relaxava no vinho sua alma fatigada pelas preocupações da vida pública e Cipião movia ao ritmo da música seu corpo afeito às marchas da guerra e do triunfo, não se requebrando maleável, como agora é habitual entre os que até mesmo ao andar se esparramam e vão além dos meneios femininos, mas da maneira viril como costumavam dançar aqueles antigos varões durante celebrações ou ocasiões festivas, sem prejuízo do decoro, mesmo diante do olhar de inimigos capturados.

5 É preciso dar repouso a nossas almas: descansadas, elas surgem melhores e mais ativas. Assim como não se deve cansar os campos férteis, pois logo uma fecundidade ininterrupta os deixará exauridos, também o esforço contínuo da alma irá quebrantar o seu ímpeto; recuperará o vigor depois de um pouco relaxada e repousada. Nascem da continuidade dos esforços certo desgaste e languidez na alma.

6 A enorme cupidez humana não os teria como alvo se o divertimento e o jogo não encerrassem algum prazer natural. Sua prática frequente irá tirar da alma toda substância

e energia. Também o sono é necessário à restauração; no entanto, se alguém o prolongar dia e noite, será como a morte. É bem diferente afrouxar algo ou decompô-lo. Os legisladores instituíram dias festivos para a população se congregar a fim de divertir-se publicamente; desse modo intercalaram os trabalhos com a necessária proporção de descanso. E alguns homens destacados, como eu disse, mensalmente se concediam férias por certos dias, para alguns não havia dia que não dividissem entre o ócio e as ocupações. Lembro-me do caso do grande orador Asínio Polião, que não mantinha nenhuma atividade além da décima hora. Nem sequer a correspondência ele lia depois dessa hora para que não lhe sobreviessem novas preocupações, mas durante aquelas duas horas deixava de lado o cansaço do dia inteiro. Alguns param no meio do dia e adiam para a parte da tarde alguma tarefa mais leve. Mesmo os nossos antepassados vetavam que se fizesse uma deliberação nova depois da décima hora. O soldado escalona as vigílias e os que retornam de uma expedição têm a noite livre. Devemos ser complacentes com nossa alma e de tempos em tempos conceder-lhe o ócio para que lhe sirva de alimento e energia.

É preciso também fazer caminhadas, para que a céu aberto e ao ar livre a alma se expanda e se eleve. De vez em quando uma viagem e a mudança de paisagem dar-lhe--ão vigor, bem como o convívio social e doses a mais de bebida. Por vezes convém, inclusive, chegar à embriaguez, não a ponto de nos afundar, mas de imergir um pouco, pois ela dilui as preocupações, muda profundamente o estado de espírito e remedia a tristeza assim como algumas doenças. Não por dar liberdade à fala se chamou de Líber o inventor do vinho, mas porque libera a alma da servidão das preocupações, dá-lhe segurança e vividez e a torna mais ousada em tudo que tentar. Mas, tal como na liberdade, é igualmente salutar a moderação no vinho. Acredita-se que Sólon e Arcesilau se entregaram ao vinho e Catão era censurado por embriaguez — será mais fácil quem o censurou tornar honorável essa fraqueza do que indecoroso Catão. Não devemos fazê-lo com frequência, a fim de que a mente não adquira o mau hábito; de vez em quando, porém, deve a alma extravasar-se, exultante e livre, e afastar por alguns momentos a sisudez do estado sóbrio. Realmente, se acreditamos no poeta grego: "Por vezes é também prazeroso desatinar", ou em Platão: "Em vão alguém bateu à porta da poesia sem estar fora de si", ou ainda em Aristóteles: "Não houve grande engenho sem uma mescla de insânia", só uma mente alterada pode expressar algo grandioso e acima do comum. Quando ela desprezou tudo o que é vulgar e costumeiro e por uma sagrada inspiração ergueu-se sublime, só então pôde entoar algo mais grandioso que a linguagem dos mortais. Não pode alcançar um pensamento elevado e situado num ponto inatingível enquanto permanece em si mesma. É preciso que ela abandone o estado habitual e se alucine e morda os freios e arraste seu condutor e o alce até um ponto que por si ele teria receado atingir.

Aí tens, meu caríssimo Sereno, os meios que permitem preservar a tranquilidade, os que permitem restituí-la, os que opõem resistência aos vícios que se insinuam furtivamente. Saibas, no entanto, que nenhum deles tem bastante eficácia para os que se empenham em salvaguardar esse frágil estado se um cuidado atento e assíduo não envolve a alma vacilante.

Notas

OBSERVAÇÕES:
1) Para os dois diálogos foi adotado o texto latino da edição de L. D. Reynolds (Oxford: Oxford University Press, 1977).
2) A cifra que encabeça cada nota remete ao número do parágrafo em cada capítulo, conforme tradicionalmente estabelecido na edição do texto latino e reproduzido no texto da tradução.

SOBRE A IRA

Livro I

CAPÍTULO 1

1 "Cobraste de mim, Novato, que eu escrevesse [...]" [*Exegisti a me, Nouate, ut scriberem* (...)]: a frase inicial do diálogo é um lugar-comum, com enunciado similar, por exemplo, ao que abre o prefácio do livro *Controvérsias* de Sêneca, o Velho (*Contr.* 1, 1, *Pr.*): "*Exigitis rem magis iucundam mihi quam facilem* [...]" [O que exigis de mim é algo mais prazeroso do que fácil (...)].
"Indiferente a si desde que seja nociva a outro": aspecto do comportamento irado que aparece estampado na caracterização de personagens trágicas senequianas, particularmente Medeia e Atreu:

MEDEA *Sola est quies,*

> *mecum ruina cuncta si uideo obruta:*
> *mecum omnia abeant. trahere, cum pereas, libet.*

[MEDEIA Só encontro descanso
se comigo vejo o mundo desabar em ruína:
que comigo tudo pereça. É agradável tudo arrastar ao
morrer.]
Medeia, 426-8

> ATREUS *Haec ipsa pollens incliti Pelopis domus*
> *ruat uel in me, dummodo in fratrem ruat.*
> *Age, anime, fac quod nulla posteritas probet,*
> *sed nulla taceat. Aliquod audendum est nefas*
> *atrox, cruentum, tale quod frater meus*
> *suum esse mallet. Scelera non ulcisceris,*
> *nisi uincis.*

[ATREU Que esta potente casa de Pélope ilustre
desabe em mim, tanto que esmague meu irmão.
Eia, minh'alma, faz o que reprovem os pósteros,
mas não possam calar. Ousa um ato nefando,
atroz, sangrento, tal que meu irmão quisesse
que fosse um ato seu: de crimes não te vingas
sem excedê-los.]
Tiestes, 190-6

2   "A ira é uma breve insânia": cf. Horácio, *Epístolas* I, 2, 62: *"ira furor breuis est"*.

3-4   Descrição física e fisionômica do irado, procedimento da parenética denominado etologia; ver também livros II, 35, 3 e III, 3, 4. Sêneca indica a utilidade moral de tais descrições em uma passagem do terceiro livro (3, 2): *"Necessarium est itaque foeditatem eius ac feritatem coarguere et ante oculis ponere quantum monstri sit homo in hominem furens"* [É necessário demonstrar sua fealdade e ferocidade (da ira), colocar diante dos olhos quão monstruoso é um homem em fúria contra outro homem]. Ver também *Epístolas a Lucílio* 95, 65-66.

4   Conjectura-se que a frase "lançando avultantes ameaças

de ira" [*magnasque irae minas agens*] seja fragmento de um verso iâmbico, citado de poema e autor desconhecidos.

6 Embora neste ponto Sêneca atribua aos animais o sentimento de ira, ele argumentará a seguir (3, 3-4) que as paixões não afetam os seres irracionais, já que sua manifestação dependeria de um assentimento racional. "Acréscimo de renovada ferocidade": sobre a natureza negativa de todo incremento decorrente da ira, ver argumentação em I, 13, 2: "*Quis enim ullius boni accessionem recusauerit?* [...] *Non est bonum quod incremento malum fit*" [Quem, pois, haveria de recusar o incremento de um bem? (...) Não é um bem o que, pelo crescimento, se torna um mal]. Ver também I, 20, 1.

CAPÍTULO 2

2 "Durante sagrada acolhida à mesa": alusão ao episódio que envolveu Clito, general macedônio subordinado a Alexandre, conforme será relatado adiante, no terceiro livro (17, 1).

3-4 Há uma lacuna nos manuscritos. O trecho provavelmente continha o fim do preâmbulo e o início da parte teórica. Infere-se um contexto em que Sêneca teria iniciado uma exposição teórica apresentando definições da ira, acompanhadas de comentários sobre elas. O filólogo Justo Lípsio (1547--1606) notou que uma passagem de um tratado de Lactâncio (*De ira Dei*, 17), inserida no texto latino aqui adotado, apresenta definições da ira que seriam provenientes do diálogo de Sêneca. Outro fragmento, descoberto por Ernest Bickel, segundo Reynolds informa em nota, provém de um epítome deste diálogo de Sêneca que, no século VI, Martino, bispo de Braga, fez para seu uso. Encontram-se também definições de teor similar, atribuídas por Cícero aos estoicos, em duas passagens da obra *Tusculanas*: III, 11 ("*iracundia ulciscendi libido* [*est*]" [a iracúndia é um desejo de vingança]) e IV, 21 ("*ira sit libido poeniendi eius qui videatur laesisse iniuria*" [a ira seria um desejo de punir aquele que pareceria nos ter ofendido com uma injúria]).

4 Na epístola 7 da coletânea endereçada a Lucílio, Sêneca faz crítica aos jogos gladiatórios e ao comportamento do público.

CAPÍTULO 3

1   Surge, nessa passagem, uma primeira interpelação de um *adversarius*, aqui se contrapondo à opinião de Sêneca de que a ira nasce da injúria, sendo um desejo de vingança.

3   Cf. Aristóteles, *Sobre a alma* I, 1, 403a 16-32; *Retórica* II, 2, 1378a 31. Harris (2004, p. 62, nota 59), apoiado em Setaioli (1988, pp. 143-5), afirma que Sêneca não tinha conhecimento direto da obra de Aristóteles e a citava por intermédio da obra de um ou mais filósofos estoicos. Já Fillion-Lahille (1984, p. 204) defende opinião inversa: segundo ela, a definição da ira atribuída por Sêneca ao mestre do Liceu (*"iram esse cupiditatem doloris reponendi"*) seria a "exata tradução da fórmula grega enunciada por Aristóteles no início de seu tratado *Sobre a alma* (I, 1, 430a 30): *órexis antilypéseos*.

5   Ovídio, *Metamorfoses* 7, 545-6; nessa passagem, Ovídio descreve os efeitos de uma peste.

7   "Faculdade diretora e principal": com essa perífrase, Sêneca traduz o termo grego *tó hegemonikón*, faculdade diretora em todos os seres animados, a qual espelharia a razão divina ou princípio diretor do universo. Os estoicos atribuíam à alma humana oito faculdades: além dos cinco sentidos, a capacidade de desejar, de falar e de pensar; esta última denominavam, em grego, *tó hegemonikón*, e em latim, *regium, principatum* ou *principale*. Ainda sobre isso, leia-se esta passagem de Cícero, na obra *Sobre a natureza dos deuses* II, 29:

> *Natura est igitur quae contineat mundum omnem eumque tueatur, et ea quidem non sine sensu atque ratione. Omnem enim naturam necesse est, quae non solitaria sit neque simplex sed cum alio iuncta atque conexa, habere aliquem in se principatum, ut in homine mentem, in belua quiddam simile mentis unde oriantur rerum adpetitus; in arborum autem et earum rerum quae gignuntur e terra radicibus inesse principatus putatur. Principatum autem id dico quod Graeci ἡγεμονικὸν vocant, quo nihil in quoque genere nec potest nec debet esse praestantius. ita necesse est illud etiam in quo sit totius naturae principatus esse omnium optumum omniumque rerum potestate dominatuque dignissimum.*

[Há, portanto, uma força natural que contém todo o universo e o protege, e ela não é desprovida de senso ou de razão. É, pois, forçoso que toda a natureza, não sendo unitária nem simples, mas atrelada e conexa com o restante, tenha em si uma fonte de comando, tal como é no homem a mente, nos animais algo similar a nossa mente onde se originariam seus desejos; já essa fonte de comando, segundo se crê, estaria nas raízes das árvores e de tudo que nasce da terra. Eu denomino "fonte de comando" (*principatum*) o que os gregos chamam *hegemonikòn*, elemento ao qual nenhum outro em cada gênero pode ou deve ser superior. Assim, é forçoso que também aquela parte em que existir a fonte de comando de toda a natureza seja a melhor de todas e a mais digna de exercer o poder e a dominação sobre todas as coisas.]

7   "Aparências e imagens das coisas": equivalentes às *fantasíai*, percepções exteriores.

CAPÍTULO 4

1   Sobre a diferença entre *ira* e *iracundia*, Cícero, nas *Tusculanas* IV, 27, faz a seguinte distinção:

> *ut sunt alii ad alios morbos procliviores — itaque dicimus gravidinosos quosdam, <quosdam> torminosos, non quia iam sint, sed quia saepe sint —, <sic> alii ad metum, alii ad aliam perturbationem; ex quo in aliis anxietas, unde anxii, in aliis iracundia dicitur. quae ab ira differt, estque aliud iracundum esse, aliud iratum, ut differt anxietas ab angore (neque enim omnes anxii, qui anguntur aliquando, nec, qui anxii, semper anguntur), ut inter ebrietatem <et ebriositatem> interest, aliudque est amatorem esse, aliud amantem.*

[Assim como uns são mais propensos do que outros a diferentes doenças — e, nesse sentido, dizemos que alguns têm muito catarro e outros, muita cólica, não porque já estejam com esses sintomas, mas porque os têm com frequência —, também uns são mais propensos ao medo, outros, a transtornos distintos. Daí que, a propósito de uns, fala-se de ansiedade, de onde os ansiosos, e, a propósito de outros, fala-se de iracúndia. Esta difere da ira, pois uma coisa é ser iracundo, outra, estar irado. Igualmente a ansiedade difere da angústia, pois nem todos que às vezes ficam angustiados são ansiosos, nem os que são ansiosos estão sempre angustiados; do mesmo modo há diferença entre a embriaguez e a bebedeira, e uma coisa é ser um amante devasso, outra, estar apaixonado.]

O latim dispunha de poucos substantivos para designar a ira: os termos *ira*, *iracundia* e *indignatio* referiam-se desde a simples irritação até o acesso de raiva; além desses, encontra-se o vocábulo ciceroniano *excandescentia*, o uso de *dolor* [ressentimento] associado à ira e o verbo *stomachari* [indignar-se, irritar-se]. Note-se que Sêneca (*De ira* I, 4, 2) elenca vários adjetivos latinos referentes a tipos distintos de ira: *amarus, acerbus, stomachosus, rabiosus, clamosus, difficilis, asper*. Segundo Harris (2004, p. 69), "o termo iracúndia pode significar ou irascibilidade e má têmpera ou ira prolongada, e ocasionalmente apenas significa ira em geral". Ainda sobre essa distinção entre ira e iracúndia, Bouillet (1827, p. 12, n. 7) faz o seguinte comentário:

> *Iracundia proprie est ὀργιλότης: caetera Stoicis ita discriminant: ὀργὴν, iram; μῖσος, odium, cupiditas quaedam ut male sit alteri, cum progressu aliquo et incremento; μῆνις, longa ira, quasi odium, obseruans odii tempus, nostrum* Groll, *Gallorum* rancune; *φιλονεικία, cupiditas circa opiniones tuendas;* θυμὸς, *excandescentia, ira incipiens et nascens.*

[A iracúndia é propriamente a *orgilótes* (irascibilidade); os demais sentimentos os estoicos assim discriminam: *orgé*, ira, *mîsos*, ódio, um desejo de que aconteça um mal a outra pessoa, com certo avanço e acréscimo; *mênis*, ira prolongada, quase um ódio, *Groll* (ressentimento) no nosso idioma, *rancune* (rancor) no dos franceses;

filoneikía (rivalidade), desejo de defender suas opiniões; *thumós*, irritabilidade, a ira incipiente e nascente.]

Leia-se ainda esta passagem de Cícero, *Tusculanas* IV, 21:

> *Quae autem libidini subiecta sunt, ea sic definiuntur, ut ira sit libido poeniendi eius qui videatur laesisse iniuria, excandescentia autem sit ira nascens et modo existens, quae θύμωσις Graece dicitur, odium ira inveterata, inimicitia ira ulciscendi tempus observans, discordia ira acerbior intimo animo et corde concepta, indigentia libido inexplebilis, desiderium libido eius, qui nondum adsit, videndi.*

[Quanto às paixões que estão subordinadas ao desejo, elas são assim definidas (pelos estoicos): a ira é o desejo de castigar aquele que parece nos ter lesado injustamente; já o arrebatamento (*excandescentia*) é a ira nascente e recém-manifesta, que em grego se chama *thúmosis*; o ódio é uma ira inveterada; a inimizade, uma ira que espreita ocasião de vingança; a discórdia, uma ira mais acerba, concebida no íntimo da alma e do coração; a carência é um desejo insaciável; a saudade, um desejo de ver alguém que ainda não está presente.]

2   O vocábulo latino *morosum*, traduzido aqui por "mal-humorado", foi aplicado aos coléricos por estabelecer relação entre a ira e os costumes (*mores*, "hábitos, modo de ser, caráter"), conforme comenta Cícero em uma passagem das *Tusculanas* IV, 54:

> *Bene igitur nostri, cum omnia essent in moribus vitia, quod nullum erat iracundia foedius, iracundos solos morosos nominaverunt.*

[Bem fizeram, portanto, os nossos (romanos): dado que todos os vícios têm a ver com o caráter e nenhum deles era mais repulsivo do que a iracúndia, somente os iracundos eles denominaram *morosos* (i.e. "de caráter ruim", "mal-humorados", "geniosos").]

CAPÍTULO 6

4   "Execração" [*traductione*]: o termo latino, a princípio, designava o procedimento de levar os condenados por lugares públicos antes de sua execução; daí, passou a designar todo tipo de infâmia pública.

5   Platão, *A república* I, 335d. Nesse passo, Platão trata da justiça. As reflexões que Sêneca faz a partir da frase de Platão não pertencem ao contexto da obra grega. Esta é a primeira de três citações do filósofo existentes neste diálogo. A segunda aparece no primeiro livro, capítulo 19, 7, em que Sêneca reelabora uma passagem de *Leis* (XI, 934a), que aparece também no *Protágoras* 324a. A terceira encontra-se no segundo livro, capítulo 20, 2, que remete também a *Leis* (II, 666a). Segundo Fillion-Lahille (1984, pp. 25-6), as três citações são muito provavelmente indiretas. A expressão "bens alheios" é referente a argumentos provenientes de filósofos ligados a outras doutrinas que não a estoica, à qual Sêneca aderia, embora sempre mantivesse atitude eclética: "*Non est quod mireris animum meum: adhuc de alieno liberalis sum. Quare autem alienum dixi? quidquid bene dictum est ab ullo meum est*" [Não há motivo para admirar minha disposição: até agora, estou sendo liberal com o bem alheio. Mas por que eu disse "alheio"? Todo bom argumento de alguém é um bem meu] (*Epístolas a Lucílio* 16, 7).

CAPÍTULO 7

1   "Se ali não foi ateada uma chama": metáfora relacionada aos jogos. Excitava-se o cavalo de corrida colocando uma tocha acesa sob seu ventre. Os argumentos sobre a utilidade da ira na guerra quando em grau moderado aparecem em Platão, *A república* II; ver adiante, nota ao *Sobre a ira* III, 3, 1, sobre passagem em Aristóteles, *Ética a Nicômaco* referente a esse tópico. A crítica à teoria aristotélica das paixões estende-se até o fim deste primeiro livro. Ver também *Epístolas a Lucílio* 116, dedicada a refutar essas ideias. Harris (2004, pp. 48-9) resume as diferenças entre a visão moderna e a antiga sobre a expressão da ira:

> *In the contemporary world, the expression of anger is commonly regarded as a positive event, even though the consequent dangers are clear, whereas in antiquity, though the uses of anger were widely recognized, it was subject to frequent criticism. Many ancients thought that there was nothing wrong with appropriate anger, but most of those who reflected on the matter held either that anger should be eliminated altogether or that it was important to keep it within limits; the emphasis in any case was more markedly on restraint.*

[No mundo contemporâneo, a expressão da ira é geralmente vista como um evento positivo, muito embora os perigos decorrentes sejam claros, ao passo que, na Antiguidade, ainda que os usos da ira fossem amplamente reconhecidos, ela estava sujeita a frequente desaprovação. Muitos dos antigos pensavam que não havia nada de errado com um sentimento de ira que fosse apropriado, mas a maioria daqueles que refletiram sobre essa questão sustentou ou que a ira deveria ser completamente eliminada, ou que era importante restringi-la a certos limites; a ênfase, em todo caso, era mais acentuada na restrição.]

2   A posição de Sêneca é rotulada modernamente como "absolutista", ou seja, ele defende a completa eliminação da ira (ver Harris, 2004, pp. 377, 380).

CAPÍTULO 9

2   Nas obras de Aristóteles atualmente conhecidas não se encontra essa passagem citada por Sêneca, cujo teor, aliás, difere do que se lê na *Ética a Nicômaco* VII, 6, de modo que poderia derivar da obra de algum discípulo mais flexível em relação às paixões, talvez Teofrasto, em vista da referência direta a uma obra dele, feita mais adiante (12, 3). Cícero, nas *Tusculanas* (sobretudo em IV, 43), atribui aos peripatéticos afirmações semelhantes, os quais consideravam útil a paixão quando em grau moderado.

CAPÍTULO 11

2   Os cimbros e os teutões, dois povos germânicos, aliaram-se e entraram na península itálica, onde obtiveram várias vitórias sobre as forças romanas, mas foram vencidos em 113 a.C. Mais tarde, sob o comando de Mário, foram novamente vencidos pelo exército romano: os teutões, em 102 a.C., e os cimbros, em 101 a.C. (cf. Plutarco, *Vida de Mário*, 11-23).

4   O exército romano servia-se de tropas auxiliares, remuneradas, que não faziam parte das legiões. Eram formadas por soldados provenientes de províncias aliadas, conforme é indicado aqui por Sêneca: hispanos, gauleses, homens da Ásia e da Síria. Essas tropas davam início aos combates, precedendo as legiões romanas, de modo que forças inimigas muito frágeis não chegavam a se bater com os soldados romanos.

5   Quinto Fábio Máximo (275-203 a.C.), cognominado *Cunctator* ("o Contemporizador"), venceu o general cartaginês Aníbal com essa tática referida por Sêneca. Os dois Cipiões citados em seguida são Públio Cornélio Cipião, de cognome Africano, o Velho (236-194 a.C.), que venceu Aníbal em Zama (202 a.C.), e Públio Cipião Emiliano, cognominado Africano, o Jovem (185-129 a.C.), que arrasou Cartago, em 146 a.C., e Numância, esta, após um cerco de um ano e três meses, do inverno de 134 a.C. ao verão de 133 a.C.

CAPÍTULO 12

1   "Amor filial" [*pietas*]: a *pietas* é um conceito amplo, que abrange desde o afeto entre os cônjuges e aquele entre os consanguíneos, passando pelo afeto pelos amigos, os concidadãos, até o afeto pelo Estado e pelos deuses.

3   Teofrasto, discípulo e sucessor de Aristóteles na direção da escola peripatética, entre numerosas obras, escreveu um tratado intitulado *Perì orgês* [Sobre a ira], hoje perdido. Na opinião de Fillion-Lahille (1984, p. 285), Sêneca procura refutar, nos capítulos 12-16, os argumentos possivelmente expostos em uma passagem do *Perì orgês*, na qual se supõe que Teofrasto teria tratado da noção de "homem bom" [*uir bonus*], tendo defendido a tese de que, no homem bom, a ira é uma auxiliar útil para ministrar a justiça.

NOTAS 237

4 "Água quente", para ser misturada ao vinho consumido durante as refeições (cf. Marcial, *Epigramas* I, 11, 3; II, 25, 1).
6 Não é clara essa afirmação sobre possíveis efeitos benéficos de uma queda ou de um naufrágio.

CAPÍTULO 15

1 Conforme o jogo dramático de "vozes" alternantes ao longo do diálogo, referido em comentário acima (3, 1), distinguem-se, afora a fala direta atribuída ao interlocutor fictício, outras modalidades de citação, que envolvem um artifício que se poderia chamar de dramatização vocal. Além do exemplo observável nesse parágrafo, em que o autor empresta a própria voz a seu interlocutor, reproduzindo seu pensamento, há o caso em que o autor cita a fala direta, atribuída não a um interlocutor fictício, mas a um personagem definido, contemporâneo ou histórico, ou então forja a fala de um personagem indefinido, que comparece pontualmente, como interlocutor em uma cena adjacente ou externa à do diálogo, como ocorre um pouco adiante, no capítulo 16, 2. A distinção entre tais modalidades de fala exigiria, em certa medida, uma elocução teatral, com o emprego de matizes de voz diferenciados. "Eliminamos fetos malformados": conforme Cícero (*Sobre as leis* III, 19), o código jurídico conhecido como Lei das Doze Tábuas, promulgado em 450 a.C., concedia a um pai o direito de matar o filho nascido com uma deformidade, sem especificar o tipo de morte. Essa norma arraigou-se nos costumes, tendo sido aplicada por vários séculos, até ser eliminada pelos imperadores cristãos.
3 Essa frase é tradicionalmente atribuída não a Sócrates, mas ao filósofo pitagórico Árquitas de Tarento, amigo de Platão, conforme os testemunhos de Cícero (*Tusculanas* IV, 26) e de Valério Máximo (*Fatos e ditos memoráveis* IV, 1 [ext.], 1).

CAPÍTULO 16

2 Conforme descrito em comentário anterior (15, 1), como se em um espaço externo ao diálogo, a voz de um personagem indefinido interpela um suposto interlocutor faltoso,

fazendo referência a seis espécies de punição, em grau crescente, previstas na legislação romana em vigor na época: 1) censura privada [*objurgatio priuata*]; 2) pública [*publicata*]; 3) rebaixamento [*ignominia*]; 4) exílio [*exilium*]; 5) prisões públicas e o calabouço [*uincula publica et carcer*]; 6) morte [*mortem*]. A ignomínia era uma pena de cinco anos, infligida pelo censor, que consistia no rebaixamento de um cidadão a uma classe inferior. O exílio acarretava a perda do direito de cidadania, sem deixar possibilidade de retorno. A expressão "imprimir-te marca mais funda" [*fortius aliquid (...) inurendum est*], referente aqui à pena do exílio, alude figuradamente, na expressão latina, a um antigo procedimento, não mais em uso na época de Sêneca, de gravar com ferro ardente, nos ombros dos culpados, as letras indicativas do crime.

4 A grande quantidade de escravos que habitava a casa de um homem rico, além dos membros da família, podia exigir frequentes visitas médicas.

5 Embora seja incerto o sentido da expressão "toga escura" [*peruersa uestis*], parece indicar que o pretor vestia uma toga escura quando presidia o julgamento de um crime passível de pena capital. Antes da execução de um condenado, o público era convocado pelas ruas da cidade com o toque de uma trombeta (Tácito, *Anais* II, 32). O pretor dava ao lictor a ordem de execução pronunciando a fórmula solene [*sollemnia uerba*]: *"Age, lictor"*. As penas referidas nesse parágrafo eram aplicadas, respectivamente, ao homicida, ao parricida, ao soldado faltoso e, por fim, aos que haviam praticado crime contra o Estado. A estes últimos era imposta a pena de serem precipitados de uma elevação rochosa conhecida como rocha Tarpeia. A pena tradicional para o parricida era ser fechado em um saco de couro e lançado a um rio ou ao mar.

7 Zenão de Cítio (334-262 a.C.), fundador da escola estoica.

CAPÍTULO 17

1 Tal como anteriormente (9, 2), não se encontra essa afirmação nas obras remanescentes de Aristóteles.

CAPÍTULO 18

1   "Pede um prazo também para si": O termo aqui traduzido por "prazo" corresponde ao vocábulo latino *advocationem*, que aparece também no próximo parágrafo e ainda no terceiro livro (9, 3). Nessa primeira ocorrência, ele é tradicionalmente interpretado como referente ao prazo necessário para reunir e fazer comparecer ao julgamento todos os envolvidos na defesa [*aduocati*]; nas ocorrências seguintes (*aduocatio ambitiosior* [18, 2], "grupo de defesa bastante ostentoso"; *aduocationes* [III, 9, 3], "participação em defesas"), é feita referência ao próprio grupo dos *aduocati*, um aparato de defesa composto não só de defensores profissionais [*patroni*], encarregados da sustentação oral e para cujo número não havia restrição, mas também pelos amigos que prestavam apoio à defesa, seja por sua mera presença (ver *Sobre a tranquilidade da alma* 4, 3, nota), seja por aconselhamento, os quais podiam ser igualmente numerosos, conforme o poder e o prestígio do réu.

2   Havia o costume de os réus se apresentarem em trajes encardidos e desgastados para suscitar compadecimento, de modo que o uso de um traje esmerado e elegante [*cultus delicatior*], por parte do réu ou mesmo dos defensores, podia despertar antipatia nos juízes.

3   Cneu Calpúrnio Pisão, governador da Síria em 17 d.C., sob Tibério, foi processado por ser o suposto mandante do envenenamento de Germânico, que era um possível sucessor de Tibério, mas ele se suicidou antes do término do julgamento. O historiador Tácito (*Anais* II, 43, 69 ss.) assinala seu temperamento colérico e descreve o contexto de sua rivalidade com Germânico.

4   Na hierarquia do exército romano, abaixo do tribuno militar estava o centurião, que comandava a metade de um manípulo (companhia de duzentos soldados). Entre suas várias atribuições estava a de conduzir execuções militares. No acampamento militar, o tribunal era um local elevado, que abrigava altares votados aos deuses, imagens dos generais e o estandarte da corporação. Ali os generais discursavam para os soldados, os tribunos prestavam juramento e, por vezes, também se realizavam execuções.

CAPÍTULO 19

3   Hierônimo de Rodes (III a.C.), filósofo peripatético que viveu sob Ptolomeu Filadelfo; escreveu extensa obra, hoje perdida (ver Diógenes Laércio, *Vidas dos filósofos* 4, 41; 5, 68).

7   Sêneca reelabora tópico discutido por Platão em *Leis* XI, 934a, encontrado também no *Protágoras* 324a (ver antes, nota ao 6, 5).

CAPÍTULO 20

3   Contrariamente a esse lugar-comum sobre a ira ser própria da índole feminina, Harris (2004, pp. 43-4) observa que estudos modernos indicam ou que as mulheres, embora mais emotivas que os homens, são menos irascíveis, ou que não há diferenças substanciais entre a irascibilidade de mulheres e homens. O autor mostra-se descrente da possibilidade de resultados conclusivos sobre diferenças entre os gêneros, bem como de podermos descobrir se o estereótipo da ira feminina entre os antigos era algo mais que mera distorção misógina.

4   "...uma grande alma" [*magno...animo*]: a grandeza de alma [*magnitudo animi*] é uma virtude que se manifesta, entre outros aspectos, na capacidade da alma de rejeitar a abundância e o excesso, considerados moralmente inúteis, conforme indica uma passagem das *Epístolas a Lucílio* 39, 4: "*Magni animi est magna contemnere ac mediocria malle quam nimia*" [É próprio de uma alma grande desprezar o que é grandioso e preferir o que é mediano em lugar do que é excessivo]. Como observa Veyne (*Sénèque* 1993, p. 922, nota 1), a grandeza de alma é para os estoicos uma das três excelências que compõem a felicidade do sábio, as outras são a segurança [*securitas*], ou ausência de preocupação em relação ao mundo exterior, e a tranquilidade [*tranquillitas*], decorrente da confiança em si mesmo, conforme se lê, por exemplo, em duas passagens das *Epístolas a Lucílio*: "*Quid est beata vita? securitas et perpetua tranquillitas. Hanc dabit animi magnitudo, dabit constantia bene iudicati tenax*" [O que é uma vida bem-aventurada? Segurança e perpétua tranquilidade. Estas nos serão dadas pela grandeza de alma, serão dadas por nossa tenaz permanência no bom julgamen-

to] (92, 3); "*Duae res plurimum roboris animo dant, fides veri et fiducia: utramque admonitio facit. Nam et creditur illi et, cum creditum est, magnos animus spiritus concipit ac fiducia impletur; ergo admonitio non est supervacua*" [Há duas coisas que dão grande robustez à nossa alma: a fé na verdade e a confiança em nós. O aconselhamento produz essas duas coisas. De fato, tanto se passa a crer na verdade quanto, assim que estabelecida a crença, nossa alma alcança grande elevação e fica repleta de confiança. Portanto, o aconselhamento não é supérfluo] (94, 46). A grandeza de alma, no estoicismo, era a excelência pela qual a fortuna, os outros e as coisas exteriores ficavam submetidos ao justo julgamento do sábio (ver também epístola 87). Schirolli (1981, pp. 75-6) observa que a *magnitudo animi* entra na categoria da *fortitudo* (força, robustez interior) e, nesse sentido, é "o resultado da autonomia da virtude". Para ilustrar essa noção, a autora cita abreviadamente uma passagem do diálogo *Sobre a vida feliz* 4, 2: "[...] *beatum dicamus hominem eum cui nullum bonum malumque sit nisi bonus malusque animus, honesti cultorem, uirtute contentum, quem nec extollant fortuita nec frangant, qui nullum maius bonum eo quod sibi ipse dare potest nouerit, cui uera uoluptas erit uoluptatum contemptio*" [... chamamos feliz o homem para o qual não existe nenhum bem ou mal exceto a alma boa ou má, ele cultiva o que é honroso, está contente com sua virtude, os eventos fortuitos não o exaltam nem o abatem, ele não conhece nenhum bem maior do que o que ele próprio pode dar para si, e o verdadeiro prazer será para ele o desprezo pelos prazeres].

4   "Que odeiem, desde que temam": A frase provém da tragédia *Atreu* (frg. 5 Ribbeck), do tragediógrafo latino Lúcio Ácio (170 a.C.-*c.* 90 a.C.), da qual nos chegaram alguns fragmentos, e nela Ácio teria aparentemente imitado um verso trágico de Ênio (239 a.C.-169 a.C.): "*quem metuunt oderunt; quem quisque odit periisse expetit*" [A quem temem, odeiam; a quem todos odeiam, buscam destruir] (frg. 348 Jocelyn). Sêneca refere-se ao uso que fez Calígula do verso de Ácio, fato reportado também por Suetônio (*Vidas dos Césares, Calígula*, 30). Harris (2004, p. 115) justifica com essa passagem a qualidade mediana,

na opinião dele, do pensamento filosófico de Sêneca, pelo fato de nesse passo confundirem-se ira e ódio: *"he even finds difficult to maintain a distinction between anger and hatred, and he has no clear-cut position about what counts as ira"* [ele até mesmo encontra dificuldade para manter uma distinção entre ira e ódio e não tem posição clara sobre o que conta como ira]; vê-se que Harris adere em parte à crítica de Quintiliano (*Lições de oratória* x, 1, 129): *"in philosophia parum diligens, egregius tamen uitiorum insectator"* [na filosofia foi pouco diligente, no entanto, foi extraordinário perseguidor dos vícios].

6   Tito Lívio, frg. 55 Weissenborn-Müller; frg. 54 Hertz; frg. 66 Jal [*incertorum librorum*].

8   O imperador Calígula é em geral referido por Sêneca pelo nome Caio César [*C. Caesar*]. Essa anedota é também reportada por Suetônio (*Vidas dos Césares, Calígula*, 22). A passagem citada da *Ilíada* (XXIII, 724) é aquela em que Ájax, filho de Telamão, fala a Ulisses, durante luta corporal, na cena dos jogos entre os aqueus, após os funerais de Pátroclo:

> Nem conseguia Odisseu levantar o adversário e prostrá-lo,/ nem este àquele, de força pasmosa nos membros dotado./ Quando impacientes já estavam os fortes acaios grevados,/ o grande Ajaz Telamônio as seguintes palavras profere:/ "Filho de Laertes, de origem divina, Odisseu engenhoso,/ *ou me levanta ou a ti faça eu o mesmo*, que a Zeus cumpre o resto".
>
> *Ilíada*, XXIII, 719-24, trad. de Carlos Alberto Nunes

A pantomima foi uma forma teatral introduzida em Roma nos anos 20 a.C. e que alcançou grande popularidade. Consistia em uma dança com gestos expressivos, executada por um dançarino mascarado. A dança baseava-se em tema mitológico, extraído de excertos do repertório dramático, ou mesmo de outros gêneros poéticos, sob acompanhamento de um grupo instrumental, um coro e um cantor solista.

9   Em 41 d.C., o imperador Calígula foi morto em Roma, no palácio do Palatino, por Quérea, um tribuno da guarda pretoriana, junto com outros conjurados.

CAPÍTULO 21

1   "Bosques suspensos": referência ao costume de criar jardins sobre a cobertura das casas ricas; cf. Plínio, *História natural* 15, 14: "*in tecta iam siluae scandunt*" [elevam-se matas sobre o teto das casas].

2   Os dois cônsules, ao terminarem o mandato anual, partiam de Roma para governar, como procônsules, uma província atribuída a cada um deles por sorteio.

3   Alusão ao mito do casal de amantes Leandro e Hero: separados pelo Bósforo, todas as noites Leandro atravessava a nado o mar para encontrar-se com Hero, em local que ela sinalizava com uma tocha. Uma noite, a tocha apagou-se devido a uma tempestade, e Leandro, sem orientação, perdeu-se e morreu afogado. Hero, ao perceber o ocorrido, atirou-se ao mar. Em Roma, as magistraturas anuais eram a edilidade, a pretura e o consulado. Denominava-se o ano com o nome dos dois cônsules no cargo, empossados no primeiro dia de janeiro, sendo menos frequente a indicação do ano pela cifra numérica referente ao total de anos da cidade desde a fundação, em 754 a.C.

Livro II

CAPÍTULO 1

1   G. Staley (2010, p. 101) comenta a possível relação intertextual entre a frase de Sêneca sobre a manifestação passional e uma passagem de Virgílio sobre a descida ao mundo subterrâneo:

> *Seneca [...] likens his discussion of the nature and destructive power of anger to a descent into Hades phrased in Vergilian words:* "Facilis enim in proclivia vitiorum decursus est" [*Easy is the descent down the road of vice*]. *Although perhaps only unconsciously, Seneca here echoes the Sibyl of Cumae's words to Aeneas in book six of the* Aeneid: "Facilis descensus Averno" [*Easy is the descent to the Underworld*] (En. 6, 126). *Since the descent into passion is for Seneca,*

> too, a "royal road" to the underworld and the soul
> that it represents, it is entirely appropriate that the
> passions themselves are for Seneca *inferna monstra*
> (De Ira 2, 35, 5) *of the sort that Vergil associates with
> Avernus: Allecto, Discordia, and the Furies.*
>
> [Sêneca (...) compara a discussão sobre a natureza e
> o poder destrutivo da ira à descida ao Hades expressa nas palavras de Virgílio: *"Facilis enim in proclivia
> vitiorum decursus est"* [É realmente fácil o descenso
> pela ladeira dos vícios] (*Sobre a ira* II, 1, 1). Embora
> talvez apenas inconscientemente, Sêneca ecoa aqui as
> palavras da Sibila de Cumas dirigidas a Eneias, no livro VI da *Eneida*: *"Facilis descensus Averno"* [É fácil
> a descida ao Averno] (*En.* VI, 126). Dado que o descenso à paixão é, também para Sêneca, uma "estrada
> real" para o mundo subterrâneo e para o estado de
> alma que ele representa, é totalmente apropriado que
> as paixões sejam para Sêneca *inferna monstra* [monstros infernais] (*Sobre a ira* II, 35, 5), do tipo que Virgílio associa ao Averno: Alecto, Discórdia e as Fúrias.]

M. Griffin (1976, p. 15, nota 1) interpreta a frase "Agora é preciso vir a aspectos mais sutis" [*Nunc ad exiliora ueniendum est*] como referente ao estilo "seco", despojado de ornamentação oratória, característico das exposições teóricas dos estoicos: *"In De Ira 2, 1 he warns his readers that a dry passage is coming, and the terms in which he describes it make it clear that it is in the style he criticized in Stoic works. He justifies it as a necessary preliminary to something more lofty"* [Em *Sobre a ira* II, 1 ele (Sêneca) adverte seus leitores de que uma passagem árida está por vir, e os termos pelos quais a descreve tornam claro que esse trecho se enquadra no estilo que ele criticava nas obras dos estoicos. Ele o justifica como um preâmbulo necessário para algo mais elevado].

CAPÍTULO 2

3   Os fatos históricos, relatados em verso e prosa, aos quais

Sêneca alude são os seguintes: em 59 a.c., o tribuno Clódio conseguiu a condenação de Cícero ao exílio, sob a acusação de ele ter feito executar ilegalmente os líderes envolvidos na conjuração de Catilina, ocorrida em 63 a.C., durante seu consulado. Cícero foi morto em 43 a.c., por ordem do triúnviro Marco Antônio. Em 48 a.C., Cneu Pompeu, derrotado por César em Farsália, buscou refúgio no Egito, onde reinava, embora ainda menino, o príncipe Ptolomeu, filho de Ptolomeu Auletes, que fora aliado de Pompeu. Um certo Teódoto, preceptor do príncipe e regente do reino, mandou até Pompeu dois emissários, um deles de nome Áquila, para que o matassem, talvez pelo temor de que ele tivesse intenção de se apoderar do Egito (ver César, *A guerra civil* III, 103-4).

5   Cf. Horácio, *Arte poética*, 101-2: "*Vt ridentibus adrident, ita flentibus adsunt/ humani uultus*" [Assim como riem para os que lhes riem, os rostos humanos também se unem aos que choram]. Sêneca mostra tolerância para com as emoções, denominadas como *tristitia*, "tristeza", e *timor*, "temor", quando elas se dão em reação a um espetáculo teatral; seriam reações instintivas que não precisam ser condenadas. G. Staley (2010, p. 74) faz o seguinte comentário relativo a esse ponto:

> *Seneca understood that drama has an emotional impact, and his psychology allows him to accommodate it within his system, for our reactions to fiction constitute but the first stage in passion's development and are as such not true passion. Stoic apatheia, in other words, does not require that Seneca, like Plato, ban tragedy. Our emotional reactions to plays, books, or public spectacles are but* primus ille ictus animi [*that first mental shock*] *that we have to all vivid impressions and that are as such beyond our control.*

[Sêneca entendia que o drama acarretava um impacto emocional e sua psicologia permite acomodá-lo dentro de seu sistema, pois nossas reações à ficção constituem apenas o primeiro estágio no desenvolvimento da paixão e não são, em si mesmas, uma real paixão.

A "apatia" estoica, em outras palavras, não requer que
Sêneca, tal como Platão, suprima a tragédia. Nossas
reações emocionais a peças teatrais, livros ou espetáculos públicos são apenas *primus ille ictus animi*
(aquele primeiro impulso da alma), o qual nós sentimos diante de qualquer impressão vívida e que, como
tal, está além de nosso controle.]

"Naufrágio encenado" [*mimici naufragii*]: referência às
naumaquias, isto é, à encenação de batalhas navais em
águas represadas em uma vasta arena. O historiador Suetônio dá notícia de uma naumaquia oferecida por Nero,
no início de seu principado:

> *munere, quod in amphitheatro ligneo regione Martii
> campi intra anni spatium fabricato dedit, neminem
> occidit, ne noxiorum quidem.* [...] *exhibuit et nauma-
> chiam marina aqua innantibus beluis.*

[Em um espetáculo gladiatório, que ele (Nero) ofereceu em um anfiteatro de madeira que, no espaço de
um ano, havia feito construir na região do Campo
de Marte, não permitiu matar ninguém, nem mesmo
criminosos. (...) Fez também exibir uma naumaquia,
com animais nadando em água marinha.]

Suetônio, *Vidas dos Césares*, Nero, 12

CAPÍTULO 4

1   Em suma, é esta a descrição dos três movimentos que geram a paixão: 1) há um primeiro movimento involuntário,
que não podemos evitar pela razão [*primus motus non
uoluntarius* (...) *effugere ratione non possumus*]; 2) um
segundo movimento, com uma vontade não contumaz,
que nasce de um juízo e por um juízo pode ser eliminado [*alter cum uoluntate non contumaci,* (...) *qui iudicio
nascitur, iudicio tollitur*]; 3) um terceiro movimento, já
incontrolado, que derrota a razão [*tertius motus est iam
inpotens* (...) *qui rationem euicit*]. Na epístola 113, 18,
Sêneca resume assim esse mesmo processo:

> *Omne rationale animal nihil agit nisi primum specie alicuius rei inritatum est, deinde impetum cepit, deinde adsensio confirmavit hunc impetum. Quid sit adsensio dicam. Oportet me ambulare: tunc demum ambulo cum hoc mihi dixi et adprobavi hanc opinionem meam; oportet me sedere: tunc demum sedeo.*

> [Todo animal racional não age sem primeiro ter sido incitado pela imagem de algo, em seguida ter recebido um impulso, depois, o seu assentimento ter confirmado esse impulso. Explicarei o que é o assentimento: devo caminhar, então caminho somente quando disse isso para mim e aprovei essa minha opinião; devo sentar: então me sento (após o mesmo processo).]

Segundo Veyne (*Sénèque* 1993, p. 1035, nota 2), Sêneca, nesse passo da epístola 113, traduz ou imita o laconismo e a precisão do vocabulário de seus mestres. É possível, aliás, tomá-lo como exemplo do estilo árido, ou *exilis*, a que parece fazer alusão no início do livro II (1, 1).

CAPÍTULO 5

1 Apolodoro e Fálaris, dois tiranos que se tornaram lendários: o primeiro governou a Macedônia e, à semelhança do personagem mítico Atreu, depois de matar e cozinhar uma criança, serviu-a em um banquete a seus companheiros para testar sua lealdade; o segundo foi um tirano de Agrigento, na Sicília, famoso pelo touro de bronze em que ele fazia cozinhar suas vítimas.

5 Em 12 d.C., Voleso Messala foi procônsul da Ásia (área correspondente à costa mediterrânea da atual Turquia), tendo sido depois condenado pelo Senado a pedido de Augusto (cf. Tito Lívio, *História de Roma* XXI, 4; XXIII, 5).

CAPÍTULO 9

2 Versos citados de Ovídio, *Metamorfoses* I, 144-8.

4 Em Roma havia então três fóruns ou praças: o fórum romano, mais antigo, o de César e o de Augusto. Mais tarde,

o imperador Trajano construiu um quarto fórum, que superou os anteriores em dimensão e beleza. Nessas praças, entre outras edificações, havia basílicas onde se realizavam julgamentos.

CAPÍTULO 11

3 Décimo Labério era autor de mimos, a despeito de integrar a ordem equestre, ou seja, de pertencer à classe dos cidadãos ricos. Segundo Macróbio (*Sat.* II, 7, 4), o próprio Labério, atuando no palco, na figura de um escravo sírio, teria pronunciado esse verso diante de Júlio César e tendo-o como alvo.

4 Sobre o uso de ossos em rituais de magia: Horácio, *Sátira* I, 8, 22; Tácito, *Anais* II, 69, 5.

CAPÍTULO 12

6 A *tranquilitas animi* corresponde ao estado denominado *apátheia* pelos primeiros estoicos. Sobre esse estado, ver Sêneca, *Epístolas a Lucílio* 92, 3, e principalmente o diálogo *Sobre a tranquilidade da alma*.

CAPÍTULO 15

3 Sobre a compaixão figurar entre os vícios, veja-se esta passagem no tratado de Sêneca *Sobre a clemência* II, 4, 4:

> *Ad rem pertinet quaerere hoc loco, quid sit misericordia; plerique enim ut virtutem eam laudant et bonum hominem vocant misericordem. Et haec vitium animi est. Utraque circa severitatem circaque clementiam posita sunt, quae vitare debemus; <per speciem enim severitatis in crudelitatem incidimus>, per speciem clementiae in misericordiam. In hoc leviore periculo erratur, sed par error est a vero recedentium.*

[Interessa a nosso tema investigar neste momento o que é a misericórdia. Com efeito, muitos a louvam como uma virtude e chamam de bom o homem compadecido. Ela é também um vício da alma. Ambas as atitudes que devemos evitar estão situadas em torno da severidade e da clemência. De fato, a pretexto de severidade incidimos na crueldade, a pretexto de clemência, na misericórdia. Nesse último caso, incorre-se em risco menos grave, mas é um erro igual ao dos que se afastam da verdade.]

5 Poeta e obra desconhecidos. Talvez o hemistíquio possa ser atribuído a Albinovano Pedão, que narrou as campanhas de Germânico na região da Germânia.

CAPÍTULO 16

2 Os estoicos romanos empregavam a palavra *mundus* para designar o cosmos, concebido pela física estoica como um ser vivente, conforme explica Michael J. White (Inwood, 2006, p. 144): "Os estoicos [...] seguiam o precedente dos vários pré-socráticos e de Platão ao sustentar que 'todo o cosmos é um ser vivente (ou um animal: *zôion*), animado e racional, tendo por princípio regente (*hegemonikón*) o éter (caracteristicamente identificado ao fogo pelos estoicos)'". Ver também Diógenes Laércio, *Vidas e opiniões dos filósofos ilustres* 7, 139.

3 Cf. infra III, 4, 5.

CAPÍTULO 17

1 Nessa passagem, como em outras (por exemplo, na epístola 75), Sêneca mostra admitir o emprego dos recursos oratórios na admonição filosófica, uma vez que esta, tal como a oratória, tem o propósito de mover [*mouere*] o ouvinte, não com vistas a vencer uma causa, mas a convertê-lo ao modo de vida elevado da filosofia. Como o orador, o filósofo pode mover os ânimos dos que o escutam, mantendo pleno domínio de si (ver epístola 40, 7). Sêneca retoma aqui um tópico tratado por Cícero, nas *Tusculanas* IV, 55:

Oratorem vero irasci minime decet, simulare non dedecet. an tibi irasci tum videmur, cum quid in causis

*acrius et vehementius dicimus? quid? cum iam rebus
transactis et praeteritis orationes scribimus, num irati
scribimus? 'ecquis hoc animadvertit? vincite!' — num
aut egisse umquam iratum Aesopum aut scripsisse exis-
timas iratum Accium? aguntur ista praeclare, et ab oratore quidem melius, si modo est orator, quam ab ullo
histrione, sed aguntur leniter et mente tranquilla.*

[Não convém de modo algum que o orador sinta ira;
convém que a simule. Acaso achas que ficamos irados
quando no tribunal proferimos algo em tom mais acir-
rado e enérgico? Que nada! Depois de já encerrada a
causa e de ter ficado para trás, quando redigimos nossas
falas, acaso as redigimos irados? — "Há alguém que
tenha visto isso? Prendei-o!" — Pensas então que o ator
Esopo esteve alguma vez irado ao recitar essa frase ou
que Ácio estivesse irado ao escrevê-la? São magnifica-
mente recitados esses trechos pelo orador se, todavia,
for um orador, ainda melhor do que por um ator, mas
eles recitam com calma e com o coração tranquilo.]

CAPÍTULO 18

1   Ocorre aqui a principal articulação do diálogo, na qual a
exposição teórica cede lugar a considerações sobre a prática
terapêutica. Após tratar da natureza da ira e de rebater argumentos que procuraram justificá-la, passa-se aos remédios
para essa paixão. A transição é assinalada na frase *"Quoniam
quae de ira quaeruntur tractauimus, accedamus ad remedia
eius"* [Visto que tratamos das questões em torno da ira, passemos a seus remédios]. A exposição relativa aos remédios
apresenta divisão em duas partes: uma profilática (livro II),
concernente aos preceitos para evitar a ira; e outra terapêutica
(livro III, 5, 3 ao 40), concernente aos preceitos para detê-la
quando já instalada. Os preceitos para evitar a ira são orde-
nados em relação às etapas da vida: primeiro os pertinentes à
infância, relativos à educação (capítulos 18, 2 ao 21), depois
os pertinentes à idade adulta (capítulos 22 ao 36).

CAPÍTULO 19

1 Leia-se esta passagem de Cícero (*Sobre a natureza dos deuses* II, 84), que indica a opinião dos estoicos a respeito da gênese e a ordem dos elementos:

> *Et cum quattuor genera sint corporum, vicissitudine eorum mundi continuata natura est. nam ex terra aqua ex aqua oritur aer ex aere aether, deinde retrorsum vicissim ex aethere aer inde aqua ex aqua terra infima. sic naturis is ex quibus omnia constant sursus deorsus ultro citro commeantibus mundi partium coniunctio continetur.*

> [E, como existem quatro tipos de corpos, pela transmutação deles perpetua-se a natureza do universo, pois da terra origina-se a água; da água, o ar; do ar, o éter; e depois, em sentido inverso, sucessivamente, do éter, o ar; dele, a água; e da água, a terra, que fica abaixo de todos. Assim, com o deslocamento desses elementos naturais de cima para baixo, de baixo para cima, de um lado para o outro, é mantida a união entre as partes do universo.]

3 "Pretendem alguns dos nossos": referência aos estoicos. Cícero, nas *Tusculanas* I, 10, 20, atribui a Platão a localização da ira no peito.

4 As propriedades de cada elemento e o efeito de sua combinação são também descritos pelo epicurista Lucrécio numa passagem do poema *Sobre a natureza* III, 282-93:

> *consimili ratione necessest ventus et aer*
> *et calor inter se vigeant commixta per artus*
> *atque aliis aliud subsit magis emineatque,*
> *ut quiddam fieri videatur ab omnibus unum,*
> *ni calor ac ventus seorsum seorsumque potestas*
> *aeris interemant sensum diductaque solvant.*
> *Est etiam calor ille animo, quem sumit, in ira*
> *cum fervescit et ex oculis micat acrius ardor;*
> *est et frigida multa, comes formidinis, aura,*
> *quae ciet horrorem membris et concitat artus;*

est etiam quoque pacati status aeris ille,
pectore tranquillo fit qui voltuque sereno.

[De modo similar, é forçoso que o vento e o ar
e o calor combinados entre si exerçam em nossos
                                 membros sua força
e um se submeta aos outros ou fique mais proeminente,
de modo que todos pareçam formar certa unidade,
senão, separadamente, o calor e o vento e,
                                 separadamente, o poder
do ar eliminariam a percepção das coisas e as deixariam
                                           dispersas.
Há também na alma aquele calor, que ela recolhe
quando ferve de ira e um ardor rebrilha mais acerbo nos
                                           olhos;
e há uma brisa muito fria, companheira do medo,
a qual provoca arrepio pelo corpo e agita os membros;
há também aquele estado pacato do ar,
que é produzido por um coração tranquilo e por um
                                       rosto sereno.]

CAPÍTULO 20

2   Menção a Platão, *Leis* II, 666a. Trata-se de uma citação indireta, conforme comenta Fillion-Lahille (1984, p. 26): "*Le caractère indirect de la mention apparait cette fois avec évidence: elle est solidaire, en ce début du livre* II, *de tout un contexte où* [...] *l'auteur s'inspire de Posidonius, lecteur et admirateur de Platon*" [O caráter indireto da menção aparece desta vez de modo evidente: ela se vincula, nesse início do livro II, a todo um contexto em que (...) o autor se inspira em Posidônio, leitor e admirador de Platão].

CAPÍTULO 21

9   O *paedagogus* era o escravo que acompanhava a criança até a casa do mestre-escola [*grammatista*] e também a ajudava nas tarefas escolares.

CAPÍTULO 22

1   Passa-se à segunda série de preceitos, relativos à idade adulta [*sequentia tempora*], conforme previsto na divisão indicada no capítulo 18, 1.

CAPÍTULO 23

1   Ao narrar esse caso, Sêneca mesclou elementos de dois episódios diferentes. Em Atenas, no ano 514 a.C., Hiparco e Hípias, filhos e sucessores do tirano Pisístrato, sofreram um atentado por dois jovens, Harmódio e Aristogíton, que, por isso, adquiriram glória e renome como tiranicidas. No atentado, Hiparco morreu, mas Hípias escapou; igualmente, dos dois tiranicidas, Harmódio foi morto e Aristogíton feito prisioneiro (cf. Tucídides, *Guerra do Peloponeso* VI; Cícero, *Tusculanas* I, 116). Já a resposta atribuída por Sêneca ao tiranicida teria sido proferida pelo filósofo Zenão de Eleia (v a.C.) contra um tirano desconhecido.

4   Referência à política de conciliação de Júlio César, após obter vitória militar sobre os defensores do regime republicano, chefiados por Pompeu.

CAPÍTULO 25

2   Síbaris, cidade da Magna Grécia, no sul da península itálica, às margens do golfo de Tarento. A indolência e refinamento dos ricos sibaritas tornaram-se proverbiais.

3-4 Motivos fúteis que, no ambiente doméstico, costumavam motivar a fúria contra escravos; alguns, entre outras funções, tinham de espantar moscas. A neve era conservada para ser misturada à bebida (cf. Sêneca, *Questões sobre a natureza* IVb, 13, 7-8).

CAPÍTULO 26

2   Harris (2004, pp. 69-70) considera que atos furiosos relativos a casos particulares como esses parecem atualmente, para pessoas de mesmo estrato social que Sêneca, exagerados e indecorosos, e acrescenta que o emprego da primeira pessoa do plural não garante teor autobiográfico. De fato, a

primeira pessoa do plural parece empregada aqui com noção generalizante. No entanto, Fillion-Lahille (1984, p. 8) considera essa passagem como uma confissão do próprio Sêneca, acometido também por acessos de ira. A autora lembra, em nota, que Sêneca padecia de enfermidade nos olhos, embora não indique a fonte dessa informação.

CAPÍTULO 28

1 "Dentre nós não há ninguém sem culpa": Cf. *Sobre a clemência* I, 6, 3:

> *Peccavimus omnes, alii gravia, alii leviora, alii ex destinato, alii forte inpulsi aut aliena nequitia ablati; alii in bonis consiliis parum fortiter stetimus et innocentiam inviti ac retinentes perdidimus; nec deliquimus tantum, sed usque ad extremum aevi delinquemus. Etiam si quis tam bene iam purgavit animum, ut nihil obturbare eum amplius possit ac fallere, ad innocentiam tamen peccando pervenit.*

> [Todos já cometemos erros, uns de nós mais graves, outros mais leves, uns de propósito, outros impelidos pelo acaso ou desviados pela perversidade alheia. Alguns nos mantivemos pouco firmes em nossas boas resoluções e, contrariados, perdemos a inocência tentando preservá-la. E, não somente já cometemos faltas, mas cometeremos até o fim da vida. Mesmo se alguém purificou sua alma tão bem que nada possa perturbá-lo e enganá-lo nunca mais, ele, porém, chegou à inocência errando.]

G. Reale (*Sêneca* 2004, p. XCIX) comenta que, ao propor que não existe homem isento de erro, Sêneca se distancia da doutrina estoica e, em larga medida, de todo o pensamento grego. Essa proposição decorre da importância que ele confere à vontade:

> *Solo se si fa dipendere il peccato dalla volontà, e se si concepisce il peccato non più come un semplice errore*

> *di conoscenza, ma qualcosa di molto più complesso, si può spiegare come, pur conoscendo il bene, l'uomo possa peccare, appunto perché la volontà risponde a sollecitazioni che non sono solamente quelle della conoscenza.*

[Somente se fizer depender da vontade o erro moral e se conceber o erro não mais como simples falha de conhecimento, mas como algo muito mais complexo, é possível explicar como, embora conhecendo o bem, o homem pode errar, exatamente porque a vontade responde a solicitações que não são apenas do conhecimento.]

CAPÍTULO 29

1   "O maior remédio para a ira é o adiamento": além dessa passagem, o tema do adiamento aparece outras três vezes no terceiro livro do diálogo (1, 2; 12, 4; 39, 2). Foi apontada pela crítica uma possível contradição entre essa passagem do livro II e o início do livro III (1, 2): no segundo livro, afirma-se que o adiamento é o maior remédio para a ira; no terceiro, que é um remédio lento, a ser usado em último caso. Fillion-Lahille (1984, p. 292), ao comentar essa questão, procura desfazer o problema argumentando que, no livro II, Sêneca trata de prevenir a manifestação da ira, e, para isso, preceitua que não haja adesão imediata aos impulsos iniciais, gerados por falsa suspeita ou aparência de injúria. Já no livro III (1, 2), o objetivo é curar o mal já instalado, para o que se afirma que não deve haver perda de tempo, sendo indicada a demora apenas nos casos extremos, em que é preciso aguardar o abrandamento dos sintomas para proceder ao tratamento, expediente referido também no capítulo 39, 2. No capítulo 12, 4, o adiamento refere-se a uma suspensão da ação, prescrita a quem já está dominado pela ira.

CAPÍTULO 31

1   "São dois, como disse, os fatores [...]": foi bastante comentada essa passagem por se alegar que há nela uma remissão equivocada, já que não se vê facilmente a que trecho anterior Sêneca faz referência com a frase "como disse"

[*ut dixi*]. Fillion-Lahille (1984, pp. 290-2) defende que não houve lapso do autor, mas a remissão diria respeito não a uma frase, mas à distinção entre duas categorias de ofensas, imaginárias e reais, indicada uma primeira vez no capítulo 22, 2: "Assim, devemos lutar contra as causas primeiras. A causa da iracúndia é a impressão de se ter sofrido uma injúria, na qual não se deve crer facilmente"; uma segunda vez no capítulo 26, quando se aponta a insensatez de irar-se contra seres inanimados, dos quais não se pode receber injúria; e, por fim, no capítulo 31, no qual se retoma pela terceira vez a distinção dos dois casos: "São dois, como disse, os fatores que incitam à iracúndia: primeiro, que nos pareça ter recebido uma injúria — sobre isso falou-se o bastante; depois, que nos pareça tê-la recebido injustamente — sobre isso há que se falar". Esse último ponto, como observa Fillion-Lahille, será, por sua vez, subdividido em dois: "Os homens julgam certas coisas como injustas porque não deveriam sofrê-las, outras, porque não as teriam esperado".

4   Quinto Fábio Máximo: ver nota ao capítulo 11, 5 do primeiro livro.

7   "Uma cidade maior": referência à concepção estoica do cidadão do mundo, cf. Sêneca, *Sobre a tranquilidade da alma* 4, 4: "*Ideo magno animo nos non unius urbis moenibus clusimus sed in totius orbis commercium emisimus patriamque nobis mundum professi sumus, ut liceret latiorem uirtuti campum dare*" [Por isso, numa atitude magnânima, não nos confinamos numa cidade única, mas estendemos nossas relações ao mundo e professamos que a pátria para nós é o universo, a fim de poder dar à virtude um campo mais vasto].

CAPÍTULO 32

1   Esse parágrafo, tal como transmitido pelos códices *Ambrosianus* (A) e *Laurentianus* (L), contém uma passagem problemática: "*inhumanum uerbum est et quidem pro iusto receptum ultio et talio non multum differt nisi ordine qui dolorem regerit tantum excusatius peccat*" ["Vingança" é uma palavra desumana e, no entanto, acolhida como justa, e

a retaliação não difere muito senão em grau. Quem devolve uma dor erra apenas de modo mais perdoável]. Foram propostas diferentes correções: alguns editores separaram por pontuação o trecho *et talio*, conforme a lição adotada por L. D. Reynolds; outros suprimiram *ultio et*; Gertz propôs a seguinte correção: "*inhumanum uerbum est et quidem pro iusta receptum ultione 'talio'. Non multum differt iniuriae nisi* [...]" ["Retaliação" é uma palavra desumana e, no entanto, acolhida como justa vingança. Não difere muito da injúria senão (...)]; Bourgery, em sua edição, propôs: "*inhumanum uerbum est et quidem pro iusto receptum ultio. Et talio non multum differt iniuriae nisi ordine* [...]" ["Vingança" é uma palavra desumana e, no entanto, acolhida como justa. E a retaliação não difere muito da injúria senão em grau (...)]. É possível inferir que o texto sugere contraposição entre "vingança" e "retaliação", a despeito do comentário de Bouillet, em nota ao vocábulo *differt*:

> *ab injuria nempe, non ab ultione. Ultio enim et talio quodam sensu unum et idem esse dici possunt; quanquam ea est differentia, aliud nihil esse talionem quam ultionis genus quoddam, ita ut omnis talio ultio sit, at non omnis ultio, talio.*

[Da injúria, sem dúvida, não da vingança (difere a retaliação), pois a vingança e a retaliação, em certo sentido, podem ser consideradas como uma única e mesma coisa, embora haja esta diferença: a retaliação não é outra coisa senão certo tipo de vingança, de modo que toda retaliação é vingança, mas nem toda vingança é retaliação.]

Enfim, na tradução dessa passagem, optou-se por privilegiar a contraposição entre "vingança" e "retaliação" e, além disso, seguiu-se, excepcionalmente, o texto de Bourgery (1951), porém sem a inserção do vocábulo *iniuriae*.

CAPÍTULO 33

3   O nome Caio César, diferentemente da ocorrência no pa-

rágrafo 23, 4, é aqui referente ao imperador Calígula, e não ao ditador Júlio César.

5 *Ilíada* XXIV, 477-9.

CAPÍTULO 35

3-5 Tal como no livro I, 1, 3-4 (ver nota), e, mais adiante, no livro III, 4, 1-3, trecho dedicado à etologia, isto é, à descrição da paixão, feita aqui por meio do retrato do irado.

5 "As mais funestas deusas": as Fúrias, chamadas Erínias pelos gregos.

6 Sêneca segue tradição estoica ao recorrer a imagens poéticas tomando-as como alegorias representativas de paixões humanas. O texto senequiano traz dois versos hexâmetros datílicos ("*Sanguineum quatiens dextra Bellona flagellum,/ aut scissa gaudens uadit Discordia palla*"), os quais parecem uma reformulação direta de dois versos de Virgílio, na *Eneida* VIII, respectivamente, os versos 702-3:

> *et scissa gaudens uadit Discordia palla;*
> *quam cum sanguineo sequitur Bellona flagello.*

> [Marcha a Discórdia, espedaçado o manto;
> com sangrento flagelo atrás Belona.]
> *Eneida* VIII, 702-3, trad. de Odorico Mendes

Reynolds, em nota ao texto latino (p. 90), comenta o seguinte quanto ao primeiro verso:

> *Incerti poetae uersus. Sunt qui illum Vergilii esse putant (sc. Aen. 8, 703 quam cum sanguineo sequitur Bellona flagello) sed a nostro licenter mutatum. Sed idem fere uersus apud Lucanum est (7, 568), unde opinati sunt alii eum Lucanum ex Seneca sumpsisse, alii ex Lucano Senecam; quidam ignoto tribuere malunt.*

> [Verso de um poeta incerto. Há os que julgam que é de Virgílio (*Eneida* VIII, 703), porém alterado livremente por nosso autor. No entanto, quase o mesmo verso acha-se em Lucano (*Farsália* VII, 568). A partir disso,

uns opinaram que Lucano o teria tomado de Sêneca, outros, que Sêneca, de Lucano; alguns preferem atribuí-lo a um desconhecido.]

Quanto ao segundo verso, Reynolds reconhece que foi moldado no de Virgílio (*Eneida* VIII, 702). Sobre essa questão, há também um comentário de G. Staley (2010, p. 157, nota 8):

> *Seneca's choice of these particular lines as his illustration is in some ways puzzling. First, he reverses the order of Vergil's lines; his first line recalls the sense but not the exact form of* Aeneid *8.703; his second is almost a verbatim quotation of* Aeneid *8.702. These differences could simply suggest that Seneca is recalling the lines from memory. Seneca's use of the plural "our poets," however, could indicate that he is citing not just Vergil but another poet as well. Indeed, the first line is quite close to Lucan's* Sanguineum veluti quatiens Bellona flagellum *(Pharsalia 7.568) [Like Bellona, brandishing her bloody whip], as noted by Cooper and Procopé (1995, 74, n. 60), although the* Pharsalia *postdates Seneca's essay. Lucan could be echoing a line from another poet known to Seneca. Seneca's use of* aut [or] *instead of the Vergilian* et [and] *supports this interpretation since it indicates that he is offering two different illustrations. It is also puzzling that Seneca should choose to quote from book eight of the* Aeneid *rather than from book seven since the appearance of Allecto in the latter better illustrates Seneca's points, as Bäumer (1982, 105-106) has observed. There Allecto is* inferna (7.325) *and* monstrum (7.328).

[A escolha de Sêneca desses versos em particular para sua ilustração é de certo modo intrigante. Primeiro, ele inverte a ordem dos versos de Virgílio; seu primeiro verso lembra o sentido, mas não a formulação exata da *Eneida* VIII, 703; seu segundo verso é quase uma citação literal da *Eneida* VIII, 702. Essas diferenças poderiam simplesmente sugerir que Sêneca está citando os versos de memória. O uso que Sêneca faz do plural "nossos poetas", no entanto, poderia indicar que ele está citando não apenas Virgílio, mas também outro poeta. De fato, o primeiro verso é muito próximo ao de Lucano "*Sanguineum veluti quatiens Bellona flagellum*" (Como Belona agitando um açoite sangrento) (*Farsália* VII, 568), conforme notado por Cooper e Procopé, apesar de *Farsália* ser posterior ao diálogo de Sêneca. Lucano poderia estar ecoando um verso de outro poeta conhecido por Sêneca. O emprego de *aut* (ou) por Sêneca em lugar do *et* (e) virgiliano apoia essa interpretação, uma vez que isso indica que ele está oferecendo duas ilustrações diferentes. É também intrigante que ele tenha escolhido citar do livro 8 da *Eneida* e não do livro 7, dado que o aparecimento de Alecto neste último ilustra melhor os pontos de Sêneca, como Bäumer observou. Ali Alecto é *inferna* (infernal) (VII, 325) e *monstrum* (monstro) (VII, 328).]

CAPÍTULO 36

1 Segundo Griffin (1976, p. 37), Quinto Séxtio foi fundador da única escola filosófica que Roma produziu (cf. Sêneca, *Investigações sobre a natureza* VII, 32, 2: "*noua et Romani roboris secta*" [nova seita de cepa romana]). Séxtio aparentemente era de família romana abastada, dado que César lhe ofereceu uma carreira como senador, a qual ele recusou em razão de seu interesse pela filosofia. Ele estudou em Atenas e começou a escrever sua obra nos anos 30 a.C., tendo morrido provavelmente nos primeiros anos da era cristã. Sêneca frequentou o filósofo Sótion, um dos discípulos de Q. Séxtio, e teve contato com outros seguidores deste último, entre os quais seu filho Séxtio Níger e o orador Papírio Fabiano. A doutrina professada por Séxtio era prática na abordagem e eclética na doutrina, combinando elementos do estoicismo e do pitagorismo.

3 Cf. Staley (2010, p. 72):

> *Both* deformitas *and* foeditas, *used here to describe anger's reflected visage, are cited in* De Constantia Sa-

pientis (*18.1*) *to describe Caligula in particular. Moreover, Suetonius* (Gaius, *50*) *reports that "[Caligula] worked hard to make his naturally repulsive face all the more so by doing bizarre grimaces at himself in the mirror"*.

[*Deformitas* (deformidade) e *foeditas* (feiura), empregados aqui para descrever o semblante refletido da ira, são ambos citados em *Sobre a firmeza do sábio* (18, 1) para descrever Calígula em particular. Por outro lado, Suetônio (*Calígula*, 50) reporta que "(Calígula) se esforçava bastante para tornar sua face naturalmente repulsiva ainda mais horrível fazendo caretas bizarras para si mesmo diante do espelho".]

5   Ájax, filho de Telamão, em fúria por terem as armas de Aquiles sido entregues a Ulisses, enlouqueceu e se matou com a própria espada.

LIVRO III

CAPÍTULO I

O terceiro livro repassa questões já tratadas nos dois primeiros livros, o que serviu de argumento em favor da posterioridade de sua composição, ou ainda permitiu a hipótese de que teria sido escrito para substituir o livro II. Essas hipóteses são refutadas por J. Fillion-Lahille (1984), que procura demonstrar que os três livros se mostram perfeitamente integrados, num plano que reflete o teor das fontes utilizadas para cada um, e que resultaria numa síntese panorâmica da evolução do pensamento estoico, desde Crisipo (estoicismo antigo), passando por Posidônio (estoicismo médio) até o estoicismo romano da época imperial. O preâmbulo se estende do capítulo 1 ao 5, 2, encerrando-se com uma divisão: "*dicam primum quemadmodum in iram non incidamus, deinde quemadmodum nos ab illa liberemus, nouissime quemadmodum irascentem retineamus placemusque et ad sanitatem reducamus*" [direi, de início,

(a) como não incidimos na ira, (b) depois, como nos liberamos dela, (c) finalmente, como moderamos o irado e o aplacamos e reconduzimos à sanidade].

CAPÍTULO 3

1   A refutação de teses aristotélicas dá-se, sobretudo, no livro I, mais precisamente entre os capítulos 5, 2 e o 11, havendo retomadas pontuais de alguns tópicos no 17, 1, e no segundo livro, no 13, 1. Vale observar que Sêneca parece ter como alvo uma teorização mais simples do que aquela exposta por Aristóteles, considerando-se que, por exemplo, na *Ética a Nicômaco* II, 1115a-1117b, é feita uma clara distinção entre, de um lado, a verdadeira coragem, situada entre a covardia e a temeridade e comandada pela razão, e, de outro, aquela que é compelida pela ira. Destacam-se, quanto a isso, as duas passagens da *Ética a Nicômaco* citadas a seguir:

> a pessoa corajosa sente e age de acordo com o mérito das circunstâncias e como manda a razão, e a finalidade de cada atividade é a conformidade com a disposição moral correspondente.
>
> II, 7, 1115 b

> A coragem devida ao arrebatamento parece mais natural e se assemelha realmente à coragem propriamente dita se lhe são acrescentadas a escolha e a motivação. As pessoas também sofrem quando encolerizadas e sentem prazer quando se vingam; aquelas que combatem levadas por essas razões, todavia, são combativas mas não são corajosas, pois não agem motivadas pela honra nem obedecendo aos ditames da razão, e sim pela força de um sentimento; há nesses casos, porém, uma certa analogia com a coragem.
>
> II, 8, 1117a, trad. de Mário da Gama Kury

"Ele diz que ela é o aguilhão da coragem" [*calcar ait esse uirtutis*]: Cícero, nas *Tusculanas* IV, 43, dá outra versão dessa metáfora aristotélica, conforme a qual a ira é compa-

CAPÍTULO 4

1-3 Ver notas ao livro I, 1, 3-4, e ao II, 35, 3-5.
5 "A iracúndia é um indício de espontaneidade": cf. supra II, 16, 3.

CAPÍTULO 5

2 Anúncio da divisão da matéria a ser tratada neste livro.

CAPÍTULO 6

3 "Salutar preceito de Demócrito": conforme comenta Traina (1987, p. 118, nota 2), Sêneca faz aqui uma citação indireta de um trecho preservado de Demócrito (frg. B 3 D.-K). Uma versão desse mesmo trecho democritiano, mais próxima do original, aparece em *Sobre a tranquilidade da alma* 13, 1 (ver também nota ao capítulo 2, 3 nesse mesmo diálogo).

CAPÍTULO 8

6 Marco Célio Rufo, defendido por Cícero [*Pro Caelio*] e por Marco Crasso em processo movido por sua amante Clódia. Ele também figura como destinatário nas correspondências de Cícero (*ad Familiares*, livro VIII). Sobre seus discursos, há testemunhos em César, *A guerra civil* III, 20, 22; em Tácito, *Diálogo dos oradores*, 21; e em Veleio Patérculo, *História romana* II, 68.

CAPÍTULO 9

2 Pitágoras (VI a.C.): sua doutrina foi reelaborada no século I d.C., em Roma, por Quinto Séxtio, que a combinou com elementos do estoicismo, formulando assim uma doutrina filosófica genuinamente romana (ver antes, nota ao livro II, 36, 1). Foram discípulos de Q. Séxtio os filósofos Fabiano Papírio e Sótion, aos quais Sêneca esteve vinculado como discípulo.

3 "Participação em defesas" [*aduocationes*]: ver antes nota ao primeiro livro, capítulo 18, 1.

CAPÍTULO 10

3 "Ataque epilético" [*comitiali uitio*]: a designação latina deve-se ao fato de que, caso esse ataque ocorresse durante uma assembleia [*comitium*] convocada por um magistrado, obrigava ao seu cancelamento.

CAPÍTULO 11

4 Pisístrato (*c.* 600-527 a.C.) dominou Atenas em 560 a.C., foi destituído e retornou em 555 a.C., mantendo-se no poder até sua morte.

CAPÍTULO 12

2 Sobretudo para os não familiarizados com as dificuldades impostas à interpretação de manuscritos antigos, motivadas por falhas ou por divergências entre eles, vale uma breve observação sobre a frase "de modo que tolerar e aceitar é humano ou útil" (no texto latino da edição de Reynolds, seguida aqui, lê-se: "*ut ferre aut pati aut humanum sit aut utile*"). Esse trecho foi alvo de diferentes correções pelos editores. Nos códices, ao final da frase, lê-se *humile* [humilde], que foi corrigido para *utile* [útil]. Bourgery, por exemplo, em sua edição da Coleção Les Belles Lettres, adotou a lição "*ut ferre ac pati*", e propôs a correção "*aut* certe haud *humile*", tendo traduzido da seguinte forma: "*pour qu'on puisse par humanité ou du moins sans bassesse se montrer patient*" [para que se possa, por humanidade (*ut* (...) *humanum sit*), ou pelo menos sem baixeza (*aut* certe haud *humile*), mostrar-se paciente (*ferre* ac *pati*)]. Ou seja, certo percentual de tudo que se lê nos manuscritos de obras antigas, e do significado atribuído a esses textos, é conjectural e sujeito a alterações ao longo do tempo. Serve também de exemplo o caso referido na nota ao capítulo 13, 1, logo adiante.

2-4 São retomados tópicos abordados no livro II, 28-9.

5-7 Essa é a segunda versão do mesmo caso contado antes, no livro I, 15, 3, para exemplificar o preceito de não empreender uma punição enquanto dominado pela ira; porém, na primeira versão, o protagonista era Sócrates.

6 Espeusipo (c. 407-339 a.C.), filósofo, sobrinho de Platão e seu sucessor como escolarca da Academia.

CAPÍTULO 13

1 J. Fillion-Lahille (1984), pp. 288-9) propõe que se mantenha o texto da tradição manuscrita nessa passagem, o que, segundo ela, permitiria situar de modo lógico e claro, nesse início do capítulo 13, a transição entre os dois primeiros tópicos anunciados na divisão (5, 2): "*quemadmodum in iram non incidamus, deinde quemadmodum nos ab illa liberemus*" [como não incidimos na ira, depois, como nos liberamos dela]. Ela sugere que o texto seja estabelecido da seguinte maneira: "*Pugna tecum ipse, si uincere iram non potes. Te illa incipit uincere? Si absconditur, si illi exitus non datur, signa eius obruamus et illam, quantum fieri potest, occultam secretamque teneamus*" [*Lutte avec toi-même, si tu ne peux vaincre la colère. C'est elle qui commence à vaincre? Si elle ne se voit pas, si rien n'en passe au-dehors, interdisons-nous tout ce qui peut la révéler et tenons-la autant que possible, cachée et toute intérieure*] [Luta contigo mesmo, se não podes vencer a ira. É ela que começa a vencer-te? Se ela fica oculta, se a ela não se dá saída alguma, encubramos seus sinais e, quanto possível, mantenhamo-la oculta e isolada].

CAPÍTULO 14

1 Cambises II, rei da Pérsia entre 529 e 521 a.C., filho e sucessor de Ciro, o Grande. O caso referido por Sêneca é relatado por Heródoto, *Histórias* III, 34-5.

CAPÍTULO 15

1 Hárpago foi um general meda e cortesão do rei Astíages. Este governou o império da Média entre 596 e 560 a.C. Hárpago não cumpriu ordem de Astíages para matar seu neto Ciro. O rei, em represália, mandou matar um filho de Hárpago e serviu suas carnes ao pai em um banquete, tendo-lhe revelado no fim o que ele comera. Mais tarde,

Hárpago ajudou a destronar Astíages em favor de Ciro, então rei dos persas (cf. Heródoto 1, 108).

3 "Se está enferma a alma [...] suas mazelas": seguiu-se nesta passagem a lição dos manuscritos ("Si *aeger animo et suo uitio miser est*, huic *miserias finire secum licet*"); o texto de Reynolds diverge, neste ponto, da lição dos códices e propõe: "Is *aeger animo et suo uitio miser est*, cui *miserias finire secum licet*" [Está enfermo na alma e triste por seus defeitos aquele a quem é permitido impor um fim a suas mazelas juntamente consigo].

3-4 O tema do suicídio é tratado por Sêneca especialmente nos parágrafos finais do diálogo *Sobre a providência divina* (6, 6-9), no qual, numa prosopopeia, a persona de um deus estoico, dirigindo-se aos homens, apresenta duas alternativas diante do infortúnio, tidas como igualmente legítimas na perspectiva da doutrina estoica: de um lado, a divindade exorta o homem a suportar a dor (6, 6: "*quia non poteram uos istis subducere, animos uestros aduersus omnia armaui: ferte fortiter*" [Como não podia afastá-los desses males, armei vossas almas contra todos eles: suportai com valentia]), e de outro, aponta a via do suicídio como defesa da *libertas* individual (6, 7: "*Ante omnia caui ne quis uos teneret inuitos; patet exitus: si pugnare non uultis, licet fugere*" [Antes de tudo, cuidei para que ninguém vos detivesse contra vossa vontade. Está aberta a saída: se não quereis lutar, é lícito fugir]). Essa mesma ideia figura na obra dramática, por exemplo, numa fala de Édipo, em *Fenícias*, 151-3:

Vbique mors est; optume hoc cauit deus.
Eripere uitam nemo non homini potest,
at nemo mortem; mille ad hanc aditus patent.

[A morte está em toda parte. Deus cuidou muito bem disso:
Qualquer um pode privar um homem da vida,
mas ninguém da morte. Mil acessos a ela estão abertos.]

A noção do sofrimento como meio de elevação espiritual e a reprovação do suicídio, esta última já preconizada pelos platônicos e pitagóricos, foram posteriormente estabelecidas pelo cristianismo.

4   Na epístola 70, escrita em um período de grande incerteza política, Sêneca reflete sobre as circunstâncias que justificariam a opção pela vida ou pela morte. O emprego do lugar-comum sobre os inúmeros meios de acessar a morte é provavelmente um traço do discurso declamatório, do qual há exemplo em Sêneca, o Velho (*Controvérsias* VII, 1, 9): o declamador Céstio Pio discursa assumindo a *persona* do filho incumbido pelo pai de punir com a morte o irmão condenado por parricídio:

> *Multas rerum natura mortis vias aperuit et multis itineribus fata decurrunt, et haec est condicio miserrima humani generis, quod nascimur uno modo, multis morimur: laqueus, gladius, praeceps locus, venenum, naufragium, mille aliae mortes insidiantur huic miserrimae animae.*

> [A natureza abriu-nos muitas vias para a morte e por muitos caminhos os fados se precipitam, e esta é a mais triste condição da raça humana, o fato de nascermos de uma só maneira, morrermos de muitas: uma corda, uma espada, um local escarpado, o veneno, o naufrágio, mil outras mortes espreitam esta nossa tão miserável alma.]

CAPÍTULO 16

2   Tem início uma longa digressão em que se relatam, primeiro (capítulos 16, 2 ao 21), exemplos de crueldades motivadas pela ira, praticadas por uma série de dez mandatários, estrangeiros e nacionais: Dario, Xerxes, Alexandre, Lisímaco, Mário, Sula, Catilina, Calígula, Cambises e Ciro; em seguida (capítulos 22 e 23), relatam-se exemplos inversos, de brandura e tolerância, protagonizados por apenas três figuras: Antígono, Filipe da Macedônia e Augusto. Ao estender a digressão, Sêneca justifica para o leitor seu procedimento: "*Quam superba fuerit crudelitas eius ad rem pertinet scire, quamquam aberrare alicui*

possimus uideri et in deuium exire" [Quanto foi arrogante sua crueldade, para nosso tema é útil saber, embora a alguém possa parecer que nos afastamos do assunto e desviamos em digressão] (19, 1). O autor também ressalta seu objetivo central, que é retratar a ira: *"Non enim Gai saeuitiam sed irae propositum est describere"* [Não é, pois, meu propósito descrever a crueldade de Calígula, mas da ira] (19, 5).

3   Dario I (550-486 a.C.) tornou-se rei dos persas depois de matar o mago Esmérdis, que havia usurpado o trono da Pérsia como suposto irmão do rei anterior, Cambises II (cf. Heródoto 3, 70 ss.; 4, 84). Xerxes (519-465 a.C.), filho de Dario I, sucedeu-o no trono (Heródoto 7, 27; 38).

4   Tito Lívio (*História de Roma*, 40, 6) descreve ritual análogo de purificação entre os macedônios, realizado, porém, com uma cadela.

CAPÍTULO 17

1   Em vista da argumentação anterior contra a teorização dos peripatéticos sobre a ira, o exemplo de Alexandre é irônico, tendo sido Aristóteles seu preceptor.

2   Lisímaco, um dos generais de Alexandre, após a morte deste governou a Trácia e a Macedônia.

CAPÍTULO 18

1-2   Marco Mário Gratidiano era sobrinho do general e líder do partido popular Caio Mário (157-86 a.C.), opositor de Lúcio Cornélio Sula (138-78 a.C.). Com a vitória de Sula nas guerras civis contra Mário em 82 a.C., Gratidiano foi vítima da política de proscrições e supliciado por intermédio de Lúcio Sérgio Catilina (108-62 a.C.), nobre romano falido e futuro mentor de uma tentativa de golpe de Estado, em 63 a.C. Quinto Lutácio Cátulo foi cônsul junto com Mário em 102 a.C., aliou-se a Sula na guerra civil, foi proscrito por Mário e se suicidou em 87 a.C.

4   "Calçando pantufas" [*soleatus*]: a *solea* era uma sandália de uso doméstico, análoga à atual pantufa, de modo que era indecoroso e debochado usá-la numa circunstância

protocolar. Segundo Fillion-Lahille (1984, p. 252), Sêneca desenvolve aqui um lugar-comum relativo à figura tradicional do tirano. O detalhe das *soleae*, lembra Fillion-Lahille, é empréstimo do declamador Víbio Rufo, em discurso registrado por Sêneca, o Velho (*Controvérsias* IX, 2, 25):

> *Rufus Vibius erat qui antiquo genere diceret; belle cessit illi sententia sordidioris notae: praetor ad occidendum hominem soleas poposcit. Altera eiusdem generis, sed non eiusdem successus sententia: cum deplorasset condicionem violatam maiestatis et consuetudinem maiorum descripsisset, qua semper voluissent ad supplicium <luce> advocari, sententiam dixit: at nunc a praetore lege actum est ad lucernam.*

[Víbio Rufo era tal que gostava de discursar à maneira antiga. Ele se saiu bem numa frase de caráter vulgar: "Para ordenar a morte de um homem, o pretor pediu suas pantufas". Outra frase sua desse mesmo tipo, mas não de mesmo sucesso: depois de deplorar o ultraje feito à autoridade do Estado romano e de descrever o costume de nossos antepassados de sempre exigir que a convocação para um suplício fosse feita à luz do dia, lançou a frase "Mas agora um pretor dá ordem legal de execução à luz de uma luminária".]

A mãe de Calígula era Vipsânia Agripina Maior (14 a.C.- -33 d.C.), filha de Marco Agripa e de Júlia, a filha de Augusto. De sua união com Germânico, gerou nove filhos, dentre os quais, além de Calígula, estava Agripina Menor (16-59), mãe do imperador Nero.

CAPÍTULO 20

1 Rinocolura (*rhino-*, "nariz"; *kólos*, adj., "cortado") equivale a "Cidade-do-nariz-decepado".

2 Cambises II, rei da Pérsia entre 530 e 522 a.C., filho e sucessor de Ciro, o Grande, que reinou de 559 a 530 a.C.

CAPÍTULO 21

1   Rio Gindes, na antiga Babilônia. Esse episódio protagonizado por Ciro, o Grande, é relatado por Heródoto (1, 189; 5, 52).

5   Depois da morte de Germânico, à época do imperador Tibério, sua esposa Agripina, mãe do futuro imperador Calígula, caiu em desgraça e esteve confinada nessa propriedade, antes de ser desterrada para a ilha de Pandatária, onde morreria em 33 d.C. (cf. Suetônio, *Vidas dos Césares, Tibério*, 53). A menção a esse fato o sugere ainda recente, reforçando os argumentos em favor da datação antiga do diálogo *Sobre a ira*, cuja publicação poderia ter ocorrido no início do principado de Cláudio, sucessor de Calígula.

CAPÍTULO 22

1   A importância pedagógica dos exemplos é também ressaltada por Sêneca, o Velho: "*Omnia autem genera corruptarum quoque sententiarum de industria pono, quia facilius et quid imitandum et quid vitandum sit docemur exemplo*" [Todas essas espécies de frase de mau gosto eu cito de propósito, porque pelo exemplo somos mais facilmente ensinados quanto ao que se deve imitar e o que se deve evitar] (*Controvérsias* IX, 2, 27); "*Haec autem subinde refero quod aeque vitandarum rerum exempla ponenda sunt quam sequendarum*" [Com frequência eu menciono essas (frases) porque tanto é preciso dar exemplos de casos a serem evitados quanto daqueles a serem seguidos] (*Controvérsias* II, 4, 12).

2   É incerto a qual personagem Sêneca se refere; talvez Antígono Gônatas (319-239 a.C.), filho de Demétrio Poliorcetes, ou Antígono Dóson (382-301 a.C.), rei da Macedônia, que se casou com a viúva de Demétrio.

4   Sileno, na mitologia grega e romana, era tutor e seguidor do deus Dioniso. Era representado como um velho, embriagado de vinho, com uma face larga e um nariz achatado.

CAPÍTULO 23

1   "Seu neto foi Alexandre": Sêneca incorre em uma confusão; embora atribua os fatos relatados a seguir a Alexandre Magno, tanto Antígono Gônatas quanto Antígono Dóson,

que foi rei da Macedônia, seja qual for o personagem referido por Sêneca no capítulo anterior, tiveram um filho chamado Filipe, mas ambos foram posteriores a Alexandre Magno (356-323 a.C.), cujo pai, Filipe II, referido aqui por Sêneca, era filho de Amintas. Sobre falhas desse tipo observáveis nos textos de Sêneca, Mayer (2008, p. 303) lembra uma observação de Quintiliano:

> *At* Institutio oratoria *10, 1, 128 he praised Seneca's vast factual knowledge, but added that he was sometimes misled by those to whom he entrusted the basic research. The busy man relied on friends or more likely secretaries for information, and their research was not always reliable; especially as regards his Greek exempla Seneca is often convicted error.*

[Na *Institutio oratoria* X, 1, 128, ele (Quintiliano) elogia o vasto conhecimento factual de Sêneca, mas acrescenta que às vezes ele foi induzido ao erro por aqueles em cuja pesquisa confiara. Como homem atarefado, ele dependia de amigos ou mais provavelmente secretários para a informação, e as pesquisas deles nem sempre eram confiáveis; especialmente no tocante a seus *exempla* gregos, Sêneca com frequência incorreu em erro.]

2   Demócares, orador e historiador ateniense do século IV a.C., parente de Demóstenes (cf. Cícero, *Sobre o orador* II, 95). *Parresiastés*, "o que fala com liberdade", epíteto grego derivado de *parresía*, "liberdade de falar" (< *pân*, "tudo"; *rhêsis*, "discurso, palavra").

3   Tersites, na *Ilíada*, é o personagem de um guerreiro grego caracterizado por sua deformidade e seus ultrajes (ver Homero, *Ilíada* II, 212; Ovídio, *Metamorfoses* XIII, 233).

4   Timágenes, grego de Alexandria, foi levado para Roma como escravo em 55 a.C., depois se tornou liberto. Foi professor de retórica na época de Júlio César e Pompeu e também escreveu obras de história. O episódio da queima dos livros aparece mencionado por Sêneca, o Velho (*Controvérsias* X, 5, 22):

> *Saepe solebat apud Caesarem cum Timagene confli-*
> *gere, homine acidae linguae et qui nimis liber erat:*
> *puto quia diu non fuerat. Ex captivo cocus, ex coco*
> *lecticarius, ex lecticario usque in amicitiam Caesaris*
> *enixus, usque eo utramque fortunam contempsit, et*
> *in qua erat et in qua fuerat, ut, cum illi multis de cau-*
> *sis iratus Caesar interdixisset domo, combureret his-*
> *torias rerum ab illo gestarum, quasi et ipse illi ingenio*
> *suo interdiceret: disertus homo et dicax, a quo multa*
> *inprobe sed venuste dicta.*

[Com frequência, ele (Cratão) costumava discutir, na casa de César Augusto, com Timágenes, homem de língua ácida e que mostrava excessiva liberdade, acho que porque por muito tempo não a pôde mostrar. De cativo a cozinheiro, de cozinheiro a carregador de liteira e de carregador de liteira até a amizade com César, desprezou a tal ponto uma e outra sorte, não só aquela em que estava, mas a outra em que estivera, que, em razão de César, irado por muitos motivos, ter-lhe vetado a entrada em sua casa, queimou a obra de história que compusera sobre as ações augústeas, como que para vetar-lhe, ele também, o acesso a seu talento. Homem eloquente e mordaz, que disse muitas palavras com malignidade, mas com elegância.]

5   Caio Asínio Polião (76 a.C.-4 d.C.), orador e escritor influente em Roma desde o fim da época republicana.

CAPÍTULO 25
3   Ver também Sêneca, *Sobre a constância do homem sábio*, 10.

CAPÍTULO 30
1   "Um lenço incita ursos e leões": referência ao lenço [*mappa*] que um magistrado lançava ou agitava como sinal para o início de um espetáculo no circo (cf. Suetônio, *Nero*, 22, 2: *mittere mappam*, dar o sinal dos jogos).

4 "O divino Júlio" [*diuum Iulium*]: Júlio César foi divinizado depois de sua morte.

5 Lúcio Tílio Cimbro foi partidário de César, pelo qual foi nomeado governador da Bitínia. Em 15 de março de 44 a.c., durante a sessão do Senado, foi Cimbro quem se aproximou de César, sob pretexto de rogar o retorno de seu irmão exilado, e puxou-lhe a toga, dando assim o sinal para o grupo de senadores atacar o ditador.

CAPÍTULO 31

2 Na época imperial, em que os cargos políticos eram preenchidos mais por nomeação que por eleição, havia, por um lado, os cônsules ordinários, que eram empossados no primeiro dia de janeiro e davam seu nome ao ano, e, por outro, menos importantes, numerosos cônsules honoríficos, chamados sufetos, que eram nomeados para uma parte do ano, devido à ausência temporária, renúncia ou mesmo morte de um dos titulares. Após cumprirem o mandato, os cônsules recebiam uma província para governar por um período como procônsules, cargo que era altamente lucrativo. Algumas magistraturas mais importantes davam direito à escolta de lictores, cada um carregando fasces, ou feixe de varas que envolvia uma haste com um machado; o número de lictores variava conforme o grau de autoridade do cargo: o cônsul era acompanhado por doze lictores; o pretor, por seis; o edil, por dois.

2 Entre os vários colégios sacerdotais, os de maior prestígio eram o colégio dos pontífices, o dos áugures, dos *quindecimuiri sacris faciundis*, encarregados dos livros sibilinos, e o dos *septemuiri epulones*, encarregados dos festins que se seguiam aos sacrifícios.

CAPÍTULO 33

1-4 Digressão sobre o dinheiro, tópico comum na oratória escolar e nas apresentações de declamadores profissionais, conforme exemplos reportados por Sêneca, o Velho: "*et in divitias dixit* [Fabianus]*, non in divitem: illas esse quae frugalitatem, quae pietatem expugnassent, quae malos* *patres, malos filios facerent*" [E falou (Fabiano) contra as riquezas, não contra o homem rico: "Eram elas que haviam subjugado a frugalidade, a afeição aos familiares, que tornavam maus os pais, maus os filhos"] (*Controvérsias* II, 1, 25); "FABIANI: *Noli pecuniam concupiscere. Quid tibi dicam? Haec est quae auget discordiam urbis et terrarum orbem in bellum agitat, humanum genus cognatum natura in fraudes et scelera et mutuum odium instigat, haec est quae senes corrumpit*" [FABIANO: Não cobiceis o dinheiro. Que te direi eu? É ele que aumenta a discórdia na cidade e impele as nações às guerras, instiga a raça humana, ligada por natural consanguinidade, às fraudes e aos crimes e ao ódio mútuo; é ele que corrompe os velhos] (*Controvérsias* II, 6, 2).

2 As basílicas romanas eram grandes edifícios de formato retangular em cujo interior havia uma nave central circundada por inúmeras galerias laterais. Nesses espaços funcionavam tribunais de Justiça e realizavam-se atividades comerciais, havendo intensa circulação de pessoas. O modelo arquitetônico da basílica foi mais tarde adotado para os locais de culto cristão.

2 Em Roma funcionava uma corte de juízes que cuidava especialmente de questões de propriedade e de herança. Era formada por cem membros [*centumviri*], alguns dos quais vindos de províncias distantes.

3 Nesse breve retrato do usurário, faz-se referência à deformação nas articulações causada pela doença inflamatória conhecida como gota.

CAPÍTULO 34

3 Cf. Salústio, *Conjuração de Catilina* 20, 4: "*nam idem velle atque idem nolle, ea demum firma amicitia est*" [De fato, tanto querer quanto não querer as mesmas coisas, nisso consiste uma sólida amizade].

CAPÍTULO 35

5 Cortiços [*insulae*]: desde o século III a.C., Roma cresceu verticalmente, com a construção de edifícios (*insulae*,

"ilhas") que chegaram a atingir oito pavimentos cujos cômodos [*cenacula*] eram alugados a pessoas pobres (ver J. Carcopino 1990, pp. 41 ss.). Cícero dá testemunho dessa paisagem vertical da cidade em sua época: "*Romam in montibus positam et convallibus, cenaculis sublatam atque suspensam, non optimis viis, angustissimis semitis, prae sua Capua planissimo in loco explicata ac praeclarissime sita inridebunt atque contemnent*" [Roma, assentada entre colinas e vales, elevada e suspensa em seus apartamentos, sem ótimas vias, com ruelas estreitíssimas, vão rir dela e desprezá-la comparando-a com sua Cápua, que se estende por local muito plano e é disposta de forma admirável] (Cícero, *Sobre a lei agrária* 2, 96).

CAPÍTULO 36

1 Cf. nota ao capítulo 36, 1 do segundo livro, referente ao filósofo Quinto Séxtio.

1-4 Sobre a prática do autoexame diário, Cícero, no diálogo *Sobre a velhice* (11, 38), informa, numa fala do personagem Catão, que era uma prática pitagórica, embora a passagem não esclareça inteiramente a finalidade com que os pitagóricos a utilizavam: "*Pythagoreorumque more exercendae memoriae gratia quid quoque die dixerim audierim egerim, commemoro vesperi*" [E, à maneira dos pitagóricos, para exercitar a memória, ao anoitecer eu rememoro o que eu disse, ouvi e fiz em cada dia].

G. Reale (*Sêneca* 2004, p. XCII), remetendo a Max Pohlenz, observa que Sêneca adotou a prática do autoexame a partir do ensinamento do filósofo Séxtio, vinculado à doutrina pitagórica. Essa prática, segundo Reale, põe em relevo o conceito de "consciência" como sentimento interior do bem e do mal e juiz da ação moral do homem, o qual não se encontra em nenhum filósofo grego ou romano anterior a Sêneca.

CAPÍTULO 37

4 Nas casas aristocráticas, durante uma ceia, os convivas ficavam deitados sobre leitos inclinados, postos ao lado de

uma mesa sobre a qual eram servidos os alimentos. Havia dois tipos de leitos: o *stibadium*, semicircular, que acomodava de sete a nove comensais, posto em torno de uma mesa redonda, e o *triclinium*, três leitos retangulares, que acomodavam cada um de três a cinco pessoas, posicionados junto a três lados de uma mesa quadrada. Era de maior distinção o leito do meio [*lectus medius*], e nele, o lugar à direita; em seguida, o leito à esquerda do leito central [*lectus summus*] era mais honorável que o da direita [*lectus imus*]; nestes dois últimos, o lugar na extremidade à esquerda era o mais honroso. No *stibadium*, os lugares mais honoráveis eram os das extremidades (cf. Carcopino 1990, pp. 309-10).

5   Quinto Ênio (239 a.C.-169 a.C.), poeta latino da região da Magna Grécia, autor do poema épico *Anais*, além de tragédias e comédias; Quinto Hortênsio Hortalo (114-49 a.C.), orador romano e êmulo de Cícero. A passagem de Sêneca denota a crítica negativa que, a partir da época de Augusto, se sedimentou em relação às obras das primeiras gerações de escritores latinos. Sêneca não apreciava a poesia de Ênio, conforme relata Aulo Gélio (*Noites áticas* XII, 2, 3-4):

In libro enim uicesimo secundo epistularum moralium, quas ad Lucilium conposuit, deridiculos uersus Q. Ennium de Cetego antiquo uiro fecisse hos dicit:
is dictust ollis popularibus olim,
qui tum uiuebant homines atque aeuum agitabant,
flos delibatus populi Suada<eque> medulla.
Ac deinde scribit de isdem uersibus uerba haec: "Admiror eloquentissimos uiros et deditos Ennio pro optimis ridicula laudasse. Cicero certe inter bonos eius uersus et hos refert".

[No livro XXII das epístolas morais que compôs a Lucílio, ele (Sêneca) diz que Quinto Ênio escreveu estes versos ridículos sobre Cetego, antigo personagem:
Outrora ele foi chamado pelos concidadãos,
homens que então viviam e agitavam sua época,
a flor colhida do povo, cerne da Persuasão.
(Ênio, *Anais*, 303-5 W)

Em seguida, escreve sobre esses mesmos versos estas palavras: "Admiro-me que homens os mais eloquentes e devotados a Ênio tenham louvado expressões ridículas como sendo excelentes. Cícero, em todo caso, cita esses versos entre os bons daquele autor".]

CAPÍTULO 38

1 Diógenes da Babilônia (c. 240 a.C.-152 a.C.), filósofo estoico, líder da escola estoica em Atenas. Fez parte de uma delegação enviada a Roma em 156 a.C., juntamente com o filósofo acadêmico Carnéades e com o peripatético Critolau.
2 Públio Cornélio Lêntulo Sura, cônsul em 71 a.C. e um dos líderes da conjuração de Catilina, em 63 a.C.
"Os que te chamam desbocado" [*qui te negant os habere*, lit. "os que negam que tens boca"]: a frase latina contém um jogo envolvendo a palavra *os*, que significa tanto "boca" quanto "rosto" (parte pelo todo). Assim, a frase de Catão tem sentido duplo: "negam que tenhas boca", alusivo à cusparada, e "negam que sejas um descarado", alusivo ao caráter de Lêntulo.

CAPÍTULO 39

2 Antes dos estoicos, a referência ao poder terapêutico da palavra e à estratégia de ministrar o remédio no tempo oportuno, após o arrefecimento dos sintomas, já aparece em Ésquilo (*Prometeu acorrentado*, v. 377-80):

> OCEANO: Prometeu, desconheces a receita:
> conversa cura o coração colérico?
> PROMETEU: Sim. Se o remédio vem na hora certa,
> sem agredir o intumescido âmago.
> Trad. de Trajano Vieira

CAPÍTULO 40

2 Públio Védio Polião, filho de um liberto, que se tornara um dos mais ricos cavaleiros romanos. Era amigo de Augusto

e legou-lhe a maior parte de sua fortuna (cf. Tácito, *Anais* 1, 10, 5).

CAPÍTULO 42

3 "Dupla encarniçada": referência metafórica à luta gladiatória.

CAPÍTULO 43

2 Sobre os espetáculos matutinos: ver Sêneca, *Epístolas a Lucílio* 7, 3; 70, 19-21.

4 Esse parágrafo serve de comentário à ação do tirano Egisto ao condenar Electra ao cárcere, na cena final da tragédia *Agamêmnon*, de Sêneca, v. 988-96:

> AEGISTHUS: *Abstrusa caeco carcere et saxo exigat*
> *Aeuum; per omnes torta poenarum modos*
> *referre quem nunc occulit forsan uolet.*
> *Inops, egens, inclusa, paedore obsita,*
> *uidua ante thalamos, exul, inuisa omnibus,*
> *aethere negato, sero subcumbet malis.*
> ELECTRA: *Concede mortem.*
> AEGISTHUS: *Si recusares, darem:*
> *rudis est tyrannus morte qui poenam exigit.*
> ELECTRA: *Mortem aliquid ultra est?*
> AEGISTHUS: *Vita, si cupias mori.*

> EGISTO: Reclusa num escuro cárcere de pedra,
> passe a vida; de muitos modos torturada,
> devolver talvez queira quem agora oculta.
> Pobre, indigente, prisioneira, toda imunda,
> viúva antes das núpcias, no exílio, odiada,
> sem ver o céu, sucumbirá mais tarde à dor.
> ELECTRA: Peço-te a morte.
> EGISTO: Se a enjeitasses, dar-te-ia:
> um inepto é o tirano que pune com a morte.
> ELECTRA: O que a supera?
> EGISTO: A vida, se queres morrer.

SOBRE A TRANQUILIDADE DA ALMA

CAPÍTULO I

1   Nos manuscritos não há indicação que atribua esse capítulo inicial a Sereno; isso é deduzido da réplica de Sêneca no início do segundo capítulo. Trata-se do único exemplo de fala de um personagem dedicatário nos diálogos senequianos. Embora óbvio, vale lembrar que, a despeito de sua existência histórica, Aneu Sereno é aqui mero personagem ficcional do diálogo.

5   "Vestimenta [...] alisada por pesos": referência ao *prelum*, que consistia numa prensa com manivela, dispositivo usado nas casas abastadas para passar e restituir o brilho a vestes luxuosas, que eram guardadas em arcas (cf. Marcial, *Epigramas* II, 46, 3; IX, 8, 5).

7   "Não sairá por onde entrou": alusão ao procedimento de provocar vômito a fim de liberar o estômago para ingestão de mais alimentos.

8   "Criados treinados": muitos ricos mantinham em sua residência o que se denominava *paedagogium*, escola destinada à instrução de jovens escravos no ofício que iriam desempenhar (cf. Plínio, *Epístolas* VII, 27, 13).

10 "O que mandam os preceitos": ver capítulo 13, 1 sobre preceito estoico que regula o engajamento na vida pública. O termo "púrpura" alude à toga pretexta usada pelos senadores, a qual era branca e orlada por uma faixa púrpura. Os cônsules e pretores tinham direito a ser acompanhados por lictores, guardas que levavam apoiado nos ombros um feixe de varas envolvendo um machado, símbolo do poder dessas magistraturas. São referidos os três primeiros expoentes da doutrina estoica em Atenas: Zenão de Cítio (333-263 a.C.), iniciador do estoicismo, Cleantes de Assos (330-232 a.C.), sucessor de Zenão, e Crisipo de Sólis (*c.* 280-207 a.C.), terceiro escolarca.

13 Em sua edição do texto latino, L. D. Reynolds coloca entre aspas o trecho a partir das interrogações até o fim do parágrafo, atribuindo essas palavras a um interlocutor fictício, imaginado por Sereno, expediente que é bastante próprio do estilo dialógico senequiano. Um funeral silen-

cioso [*funus tacitum*] seria um funeral simples, sem carpideiras nem cortejo acompanhado por flautas e cornetas.

13-4 Sereno refere-se à composição e ao estilo da prosa filosófica [*sermo*]. No dilema exposto por Sereno entre, de um lado, a escolha de um estilo despojado [*inelaborata oratio*], simples [*simplici stilo*], subordinado à matéria [*res*], e, de outro, o arrebatamento que conduz a um estilo sublime na composição de obras filosóficas, este último fica caracterizado negativamente. De forma um tanto contraditória, já no fim do diálogo (17, 10-1) esse tópico é retomado por Sêneca, porém dessa vez é valorizada a elevação da alma por um entusiasmo ou sagrada inspiração [*instinctu sacro*], que a leva a expressar-se em um estilo sublime não só na poesia, mas também na prosa, subentende-se, filosófica. Essa defesa de um extravasamento irracional na poesia e, mais ainda, na admonição filosófica, segundo propõe Setaioli numa interpretação dessa passagem (1985, pp. 801-11), é apenas pontual e, sobretudo, não é coerente com a concepção senequiana da função pedagógica da arte literária e de qualquer outra arte, que deve estar voltada para o aprimoramento da alma, o que implica sua transformação no sentido de alcançar um estado de equilíbrio fundamentado na razão.

CAPÍTULO 2

3 O doxógrafo Diógenes Laércio (*c.* III d.C.), atribui a Demócrito de Abdera (*c.* 460-370 a.C.) a composição de um tratado, *Perì euthymía* [Sobre o ânimo sereno], hoje perdido, tendo apenas restado possíveis fragmentos, no qual provavelmente discorria sobre tema similar ao desse diálogo senequiano (cf. *Vidas e opiniões de filósofos ilustres* 9, 46). Ver também infra, cap. 13, 1, nota, e *Sobre a ira* III, 6, 3, nota. Sêneca adota e justifica a tradução de *euthymía* proposta por Cícero, em *Sobre os fins dos bens e dos males* v, 23: "*Democriti autem securitas, quae est animi tamquam tranquillitas, quam appellant εὐθυμίαν, eo separanda fuit ab hac disputatione, quia* [*ista animi tranquillitas*] *ea ipsa est beata vita; quaerimus autem, non quae sit, sed unde sit*" [No entanto, a despreocupação de Demócrito, que é como um estado de tranquilidade da alma, ao qual chamam *euthymía*, foi

preciso excluir desta discussão porque essa tranquilidade da alma é, ela própria, a vida feliz. Porém, nós investigamos não qual é sua natureza, mas de onde vem].

12 Aquiles insone de dor pela morte de Pátroclo (*Ilíada* xxiv, 10-1).

14 Lucrécio, *Sobre a natureza* iii, 1068-70. Sêneca acrescenta o advérbio *semper*:

> *Hoc se quisque modo fugit, at quem scilicet, ut fit,*
> *effugere haut potis est: ingratius haeret et odit*
> *propterea, morbi quia causam non tenet aeger*

> [Assim, cada um tenta fugir de si mesmo, mas, é evidente,
>   como acontece,
> não lhe é possível escapar-se; a malgrado seu, fica preso
>   a si e se odeia,
> porque o doente não entende a causa da doença.]

CAPÍTULO 3

1 Trata-se, provavelmente, de Atenodoro de Tarso (*c.* 74 a.C.-7 d.C.), discípulo do estoico Posidônio de Apameia (*c.* 135-*c.* 50 a.C.) e mestre do imperador Augusto, porém é também possível que se trate de um outro filósofo estoico de mesmo nome, que esteve à frente da biblioteca de Pérgamo, amigo de Catão de Útica.

2-8 Embora Sêneca reporte em estilo direto as palavras do filósofo Atenodoro, a extensão da citação, sinalizada apenas por um *inquit* [afirma ele] inicial, torna tênue a diferenciação com a fala do próprio Sêneca.

4 O pretor era um magistrado responsável pela atividade jurídica em Roma. As atribuições dessa magistratura variaram ao longo do tempo. Além do pretor urbano, a partir de 242 a.C., criou-se a função do pretor peregrino, encarregado dos casos envolvendo estrangeiros e, posteriormente, também dos casos envolvendo cidadãos romanos.

CAPÍTULO 4

3 P. Veyne (*Sénèque* 1993, p. 351, nota 2) lembra que quem

comparecia em Justiça podia ser acompanhado de testemunhas tácitas [*advocati*], que, por sua mera presença, indicavam estima pelo réu. O defensor que fazia a sustentação oral da defesa era denominado *patronus* (ver *Sobre a ira* I, 18, 1, nota).

4 "Não nos confinamos numa cidade única": referência aos estoicos, entre os quais se incluía Sêneca, pela alusão à noção de cosmopolitismo proposta por essa doutrina.

5 "Cônsul, prítane, cérix ou sufete": enumeração irônica de nomes dos cargos públicos mais elevados em diferentes localidades. O cônsul era o magistrado supremo em Roma; função análoga era atribuída ao prítane em Atenas e Corinto; também ao cargo de cérix, em Elêusis e outras cidades gregas; e ainda ao de sufete, em Cartago. "Os da terceira linha": nas batalhas, as forças romanas geralmente se organizavam em três linhas de ataque [*triplex acies*], sendo a terceira [*tertia acies*] integrada por soldados reservas.

CAPÍTULO 5

1 Depois de derrotar Atenas na Guerra do Peloponeso, em 404 a.C., Esparta estabeleceu em Atenas um governo de trinta magistrados, denominados tiranos, que recrutaram entre seus partidários um Senado oligárquico de quinhentos membros. Harmódio foi o célebre assassino de Hiparco, tirano ateniense, em 514 a.C. (cf. Sêneca, *Sobre a ira* II, 23, 1, nota).

3 A frase "A liberdade não tolerou a liberdade [...]" alude, na esfera política, à democracia ateniense, que condenou Sócrates, e, na esfera moral, à elevação e independência do caráter de Sócrates.

4 Os estoicos preceituavam que o sábio desempenhasse atividade política apenas em uma cidade que oferecesse condições morais mínimas que a capacitassem a se beneficiar de sua boa influência.

5 Mânio Cúrio Dentato (morto *c*. 270 a.C.), de origem plebeia, tornou-se um herói romano por suas vitórias militares e retidão moral.

CAPÍTULO 7

2   "É necessário considerar [...] o esforço é vão" (*Considerandum est ... inritus labor est*): como informa Reynolds (1977, p. 220, nota às linhas 10-5), essa passagem, destacada por ele entre asteriscos, não está situada no seu lugar próprio. No entanto, considera-se incerto o local para onde deva ser transferida. Foi proposto inseri-la mais acima, no capítulo 6, 2, depois de "tarefa extenuante", ou no fim desse mesmo capítulo, depois de "liberdade [...] nociva", ou ainda no fim de 6, 4, depois de "onde propusemos". Éforo de Cime (405-330 a.C.), discípulo de Isócrates (436-338 a.C.), escreveu uma extensa obra historiográfica em trinta livros, relatando desde o retorno dos Heráclidas até a tomada de Corinto por Filipe.

5   Marco Pórcio Catão (234-149 a.C.) notabilizou-se especialmente no cargo de censor, exercido por ele em 184 a.C.

CAPÍTULO 8

3   Bíon: filósofo cínico (325-255 a.C.), cuja obra serviu de referência a poetas satíricos latinos, notadamente Horácio.

4   Diógenes de Sinope, filósofo cínico (*c.* 412-323 a.C.).

5   A referência a "lavradores estrangeiros" [*alieno colono*], de acordo com P. Veyne (*Sénèque* 1993, p. 356, nota 1), indica uma mão de obra escrava de origem não itálica, comprada por proprietários de terras para substituir lavradores locais.

6   Demétrio, liberto de Pompeu Magno, daí o epíteto Pompeiano, era originário de Gádara. Cuidava dos interesses financeiros de seu patrono e por meio disso enriqueceu, tornando-se famoso por sua prodigalidade (Plutarco, *Pompeu* 40, 1-3). Os *uicarii*, termo aqui traduzido por "servidores", eram escravos de categoria inferior, subordinados a outro escravo.

CAPÍTULO 9

2   "aprendamos a nos firmar em nossos próprios membros": os romanos abastados costumavam deslocar-se em liteiras, portanto, apoiados nos membros dos escravos que as portavam nos ombros.

"Mesmo se muitos se envergonharem disso": a frase latina registrada no manuscrito A é incompreensível (*etiam si mulos pudebit ei plus*), tendo sido objeto de inúmeras conjecturas que visaram a restituir-lhe a formulação original, dentre as quais a de Rossbach (*etiam si multos pudebit eius* [*plus*]), na qual se apoia a tradução oferecida aqui. No entanto, nenhuma foi considerada satisfatória, de modo que a maioria dos editores se mostra favorável a expurgar essa passagem.

4 "Para que incontáveis livros e bibliotecas": esse tópico contra o acúmulo de livros, análogo ao que é dirigido contra os avarentos, aparece também abordado no preâmbulo da epístola 45:

> *Librorum istic inopiam esse quereris. Non refert quam multos sed quam bonos habeas: lectio certa prodest, varia delectat. Qui quo destinavit pervenire vult unam sequatur viam, non per multas vagetur: non ire istuc sed errare est. "Vellem" inquis "<non> magis consilium mihi quam libros dares." Ego vero quoscumque habeo mittere paratus sum et totum horreum excutere.*

> [Queixas-te da falta de livros. Não importa quantos tenhas, mas quão bons eles sejam: a leitura bem direcionada é de proveito, a diversificada é mera distração. Quem quer chegar aonde se propôs a ir deve seguir um caminho e não vaguear por muitos: isso não é encaminhar-se, mas perambular. Imagino que digas: "Eu não queria que me desses mais um conselho, e sim mais livros". Pois eu estou disposto a enviar-te todos os que tenho e a juntar tudo que houver em meu celeiro.]

> Epístola 45, 1-2

5 A biblioteca de Alexandria, criada no início do século III a.C. provavelmente por Ptolomeu II, teria sido destruída por um incêndio em 47 a.C., durante um cerco à cidade conduzido por Júlio César para controlar uma revolta contra Cleópatra (cf. Dion Cássio *História de Roma* XLII,

NOTAS 285

38, 2). Diz-se que 40 mil volumes foram perdidos apenas numa biblioteca secundária e cerca de 700 mil na grande biblioteca do Museu.

5   Tito Lívio (59 a.C.-17 d.C.), historiador latino, autor do célebre relato sobre a história romana desde a fundação da cidade.

6   "Armários em cedro e marfim" [*armaria <e> citro atque ebore*]; "lombadas e etiquetas" [*frontes* (...) *titulique*]: os rolos de papiro ou pergaminho eram guardados em caixas, em posição vertical, ou armazenados na horizontal, em prateleiras de estantes [*armaria*]. Chamavam-se *frontes* a primeira e segunda páginas dos manuscritos; as etiquetas [*tituli*], contendo a identificação da obra, costumavam ser penduradas numa das pontas da haste [*umbilicus*] que formava o rolo.

CAPÍTULO 10

1   "Pés acorrentados": os escravos que trabalhavam no campo por vezes tinham os pés acorrentados.

3   "Algema que vai na mão esquerda": na *custodia militaris* era costume o condenado ter o braço direito acorrentado ao braço esquerdo da sentinela (cf. *Epístolas a Lucílio* 5, 7). Duas categorias de sacerdotes, o *Flamen Dialis* e o *Pontifex Maximus*, eram proibidas de sair da cidade de Roma.

CAPÍTULO 11

4   "Como diz Cícero": em *Defesa de Milão*, 92.

7   "Gritos de adeus": trata-se da *conclamatio funebris*, gritos emitidos por mulheres, carpideiras e parentes do defunto. Os funerais infantis eram feitos sob a luz de tochas e de círios, conforme observação de Sêneca, no diálogo *Sobre a brevidade da vida*, 20, 5, ao censurar ironicamente os que, ainda em vida, preparam para si túmulos luxuosos e pomposos funerais: "*At mehercules istorum funera, tamquam minimum uixerint, ad faces et cereos ducenda sunt*" [Por Hércules!, os funerais dessas pessoas, como se tivessem vivido muito pouco, devem ser conduzidos à luz de fachos e de círios].

8   Publílio Siro (c. 85-43 a.C.), um ex-escravo proveniente da Síria e autor de mimos, gênero teatral cômico muito popular, constituído de cenas padronizadas, com larga margem para improvisos. Restaram apenas alguns fragmentos de sua obra e, sobretudo, uma coletânea de máximas e frases epigramáticas, provavelmente genuínas. Sêneca alude à tragédia e aos mimos por meio de uma sinédoque, referindo-se ao coturno, que era o calçado utilizado pelos atores trágicos, e ao *siparium*, que era um pano de fundo diante do qual se encenavam os mimos.

9   A pretexta era a toga usada pelos magistrados nos atos públicos, o bastão augural era insígnia dos sacerdotes que atuavam como áugures; já o calçado patrício [*lora patricia*, correias patrícias] costuma ser interpretado metonimicamente como referente ao *mulleus*, calçado usado por altos magistrados em eventos públicos, mas pode também denominar um cinturão.

9-12 O teor desse trecho remete ao exercício meditativo denominado *praemeditatio*, adotado pelos estoicos e que consistia em imaginar possíveis infortúnios, tomando exemplos famosos como referência e referindo-os a preceitos morais, a fim de preparar a alma para enfrentá-los na eventualidade de sua ocorrência. Sobre isso ver Armisen-Marchetti (2008, pp. 102-13).

10   Pompeu: não se trata de Pompeu Magno, mas de um personagem obscuro, parente do imperador Calígula (cf. Suetônio, *Calígula*, 35, 1). Pelo que sugere essa passagem de Sêneca, com o intuito de obter sua herança, Calígula o atraiu para Roma e o encarcerou no *Palatium*, fazendo com que morresse de inanição. Segundo R. Waltz (*Sénèque* 1950, p. 95), "as palavras 'com a intenção de fechar-lhe o seu próprio [palácio]' [*ut suam (domum) cluderet*] parecem significar 'para poder lacrar, na condição de herdeiro, a casa de sua vítima'". O funeral público [*publicum funus*] era uma cerimônia pomposa, custeada com verba pública e dedicada aos que mereciam honras de Estado.

11   Lúcio Élio Sejano (20 a.C.-31 d.C.), poderoso chefe da guarda pretoriana sob Tibério, foi acusado de conspiração para derrubar o imperador e tomar o poder, tendo sido executado em 31 d.C.

12 Segundo o historiador Heródoto (*Histórias* I, 86 ss.), Creso (VI a.C.), rei da Lídia, foi derrotado por Ciro e, quando seria queimado vivo, Ciro compadeceu-se e ordenou que fosse solto. Jugurta, rei da Numídia, foi derrotado pelo general Mário em 113 a.C. Ptolomeu, rei da Mauritânia, costa ocidental da África, era neto de Marco Antônio e primo de Calígula, que o teria "exilado" em Roma e depois determinado sua execução (alguns editores propuseram a correção do texto: de *in exilium missus* [enviado ao exílio] para *in exitium missus* [enviado à morte]). Mitridates havia recebido de Tibério o reino da Armênia, mas foi trazido para Roma e encarcerado por Calígula, tendo sido mais tarde libertado por Cláudio (cf. Suetônio, *Vidas dos Césares, Caio* 26; 35; Tácito, *Anais* XI, 8; Dion Cássio 59, 25; 60, 8).

CAPÍTULO 12

4 A expressão "reiterada nubente" [*saepe nubentis*] faz referência aos frequentes divórcios por iniciativa das mulheres, tanto na aristocracia romana como na plebe urbana, em meados do século I d.C., diferentemente do que ocorria antes, quando eram só os maridos aristocratas que repudiavam suas esposas. Sêneca também menciona esse fato no tratado *Sobre os benefícios* III, 16, 2:

> *Numquid iam ulla repudio erubescit, postquam inlustres quaedam ac nobiles feminae non consulum numero sed maritorum annos suos conputant et exeunt matrimonii causa, nubunt repudii? Tamdiu istuc timebatur, quamdiu rarum erat; quia nulla sine divortio acta sunt, quod saepe audiebant, facere didicerunt.*

> [Será que alguma mulher ainda enrubesce por causa do divórcio depois que algumas, ilustres e nobres, passaram a computar seus anos não pelo número de consulados, mas pelo de seus maridos, a sair de casa para o matrimônio e a casar-se para se divorciar? Esse ato era temido enquanto era raro; dado que não há mais noticiário sem nota sobre divórcio, por ouvirem frequentes relatos, aprenderam a praticá-lo.]

CAPÍTULO 13

1   Demócrito de Abdera, na obra *Perì euthymías* (ver supra, cap. 2, 3 e também *Sobre a ira* III, 6, 3, nota).

CAPÍTULO 14

3   Conforme se lê em Cícero (*Tusculanas* I, 102 e V, 117), trata-se do tirano Lisímaco e do filósofo Teodoro de Cirene (V a.C.), mestre de Platão e contemporâneo de Sócrates.

4   Júlio Cano, personagem conhecido apenas por essa menção de Sêneca e por um fragmento de Plutarco (frg. 211). Fálaris (VI a.C.) foi um tirano de Agrigento, de crueldade proverbial, referido também em *Sobre a ira* II, 5, 1.

CAPÍTULO 15

1   Nesse parágrafo destaca-se a ocorrência de um "período", figura da prosa rítmica na oratória [*oratio numerosa*], presente mais na admonição do que no *sermo*, já que neste se valorizava um estilo de natureza coloquial, *inlaboratus* (cf. 1, 13-14), próprio da conversa, no qual predominam, em geral, estruturas mais fragmentadas e paratáticas, adequadas a uma prosa não ritmada [*oratio soluta*]. O ritmo é estabelecido pela organização e inter-relação de elementos frasais que integram um circuito sintático. Notem-se, especialmente, a postergação da proposição principal (= c), o emprego do tricolon crescente, sequência de três membros de frase de extensão crescente, o paralelismo na estruturação das frases, elementos estes reproduzidos na tradução, e, por fim, uma fórmula métrica que marca o fecho do circuito: a cláusula ou cadência rítmica, formada por dois pés métricos: o péon 1º, constituído por uma sílaba longa e três breves (– U U U), e o troqueu, constituído por uma longa e uma breve (– U), conforme destacado a seguir:

(a) *Cum cogitaueris* (1) *quam sit rara simplicitas* (2) *et quam ignota innocentia* (3) *et uix umquam nisi cum expedit fides* (b) *et occurrit* (1) *tot scelerum felicium turba* (2) *et libidinis lucra damnaque pariter inuisa* (3) *et ambitio usque eo iam se suis non continens ter-*

minis ut per turpitudinem splendeat, (c) *agitur animus in noctem et* (1) *uelut euersis uirtutibus,* (2) *quas nec sperare licet* (3) *nec habere prodest,* (d) *tenēbrae ŏbŏrĭuntŭr.*

(a) Quando chegamos a pensar (1) sobre quão rara é a sinceridade, (2) quão desconhecida a inocência (3) e quase ausente a lealdade, exceto quando é vantajosa, (b) e quando nos vem à mente (1) a quantidade de crimes exitosos (2) e os ganhos e perdas igualmente execráveis de uma vida devassa, (3) e a ambição que já não se contém nos próprios limites, a ponto de brilhar pela sordidez, (c) nossa alma é lançada na escuridão e, (1) como se banidas as virtudes, (2) as quais não se pode mais esperar (3) nem adianta possuir, (d) alastram-se as trevas.

2   Demócrito e Heráclito: cf. Sêneca, *Sobre a ira* II, 10, 5.
4   Bíon, mesmo filósofo referido em 8, 3. Nesse parágrafo, o texto apresenta uma lacuna, de modo que a frase final e seu sentido são bastante incertos.

CAPÍTULO 16

1   Sócrates (469-399 a.C.), acusado por corrupção dos costumes e impiedade religiosa, foi condenado ao exílio e, tendo-se recusado a cumpri-lo, foi executado; Públio Rutílio Rufo (*c.* 159-78 a.C.), vítima de uma falsa acusação de extorsão, permaneceu exilado até morrer; Cneu Pompeu Magno (106-48 a.C.), depois de derrotado por Júlio César, buscou refúgio no Egito e foi morto à traição (ver *Sobre a ira* II, 1, 3, nota); Marco Túlio Cícero (106-43 a.C.), vítima das proscrições que se seguiram ao assassinato de Júlio César, foi morto por um centurião; Marco Pórcio Catão Uticense (95-46 a.C.), republicano e opositor de Júlio César, depois de derrotado por este, suicidou-se na cidade de Útica, norte da África.

4   Hércules foi consumido pelo fogo em uma pira que ele fez erguer no monte Eta, depois de intenso sofrimento causado pelo contato com um veneno embebido em uma túni-

ca que lhe havia sido enviada por sua esposa, Dejanira. Esse é o tema da tragédia *Hércules no Eta*, que integra o corpus dos dramas de Sêneca, a qual, porém, é atualmente atribuída a um Pseudo-Sêneca. Marco Atílio Régulo (morto *c.* 250 a.C.), cônsul e um dos chefes das tropas romanas na primeira guerra contra Cartago, foi capturado e torturado até a morte pelos cartagineses.

CAPÍTULO 17

4   Públio Cornélio Cipião Africano (236-183 a.C.), vencedor de Aníbal, em 202 a.C., na segunda guerra contra os cartagineses.

7   Caio Asínio Polião: ver *Sobre a ira* III, 23, 5, nota. A décima hora do dia correspondia às dezesseis horas. As duas horas referidas em seguida seriam a do horário dedicado à ceia, aproximadamente entre dezesseis e dezoito horas.

9   Sólon (638-558 a.C.), legislador e poeta ateniense; Arcesilau (*c.* 316-241 a.C.), filósofo, escolarca da Academia.

10 "Poeta grego": talvez Anacreonte; em Horácio essa afirmação aparece em *Odes* IV, 12, 28: *"dulce est desipere in loco"* [na ocasião própria, é doce perder o juízo]. O trecho mostra influência platônica dos diálogos *Íon* e *Fedro* (22, 245a), além de possível relação também com o pensamento de Demócrito. Não se sabe em que obra de Aristóteles apareceria a frase citada; Veyne (*Sénèque* 1993, 371, nota 1) observa que o passo por vezes apontado em *Problemas*, 30, 1, 953a 9, não é atribuível ao estagirita. Setaioli (1985, pp. 806-7) defende que, nessa passagem final do diálogo (parágrafos 10-11), Sêneca não preceitua, paradoxalmente, a entrega ao estado irracional de entusiasmo, proposto pelos três autores citados, mas, de modo incidental, apenas ilustra com a autoridade deles o preceito de que, de vez em quando, a alma deve extravasar-se para obter alguns momentos de repouso e poder revigorar-se com vistas a seu esforço por equilíbrio (17, 8). De todo modo, parece possível ver como motivação para a inserção desse tópico no fim da extensíssima fala de Sêneca a intenção de estabelecer um paralelo com mesmo tópico abordado na parte final da fala de Sereno (1, 14).

Bibliografia

TEXTO LATINO

REYNOLDS, L. D. *L. Annaei Senecae dialogorum libri duodecim.* Oxford: Oxford University Press, 1977.

TEXTO LATINO COM COMENTÁRIO

BOUILLET, M. N. *L. Annei Senecae opera philosophica quae recognouit et selectis tum J. Lipsii. Gronouii, Gruterii... tum suis illustrauit notis M. N. Bouillet.* Paris: colligebat Nicolaus Eligius Lemaire, 1827. 2 v.
SENECA, L. A. *De tranquillitate animi.* A cura di Maria Grazia Cavalca Schiroli. Bolonha: CLUEB, 1981.

TEXTO LATINO COM TRADUÇÃO E NOTAS

SENECA, L. A. *Dell'ira libri* III. Trad., intr., texto e notas de Adriana Bortone Poli. Roma: dell'Ateneo & Bizzarri, 1977.
SENECA. *Dialoghi.* Trad. em ed. bilíngue e notas de G. Viansino. Milão: Mondadori, 1988. 2 v.
———. *Moral Essays.* Trad. de John W. Basore. Cambridge, MA: Harvard University Press, 1985.
SÉNECA. *Diálogos.* Ed. bilíngue. Trad., intr. e notas de Antonio Tursi. Buenos Aires: Losada, 2010. v. II: *De la ira.*
SENEQUE. *Des Bienfaits.* Trad. de F. Préchac. Paris: Les Belles Lettres, 1926.

SENEQUE. *Traités philosophiques*. Trad., intr., estabelecimento de texto e notas de François e Pierre Richard. Paris: Garnier, 1936. v. I: *Consolation à Marcia, Consolation a Helvia, Consolation à Polybe, La Colère*.

——. *Dialogues*. Trad. e estabelecimento de texto de R. Waltz. Paris: Les Belles Lettres, 1950. v. IV: *De la Providence, De la Constance du sage, De la tranquillitate animi*.

——. *Dialogues*. Trad. e estabelecimento de texto de A. Bourgery. Paris: Les Belles Lettres, 1951.

TRADUÇÕES

SENECA, L. Anneo. *Diálogos*. Carmen Codoñer (Org.). Madri: Editora Nacional, 1984.

SENECA, L. A. *Cartas a Lucílio*. Trad., pref. e notas de J. A. Segurado e Campos. Lisboa: Fundação Calouste Gulbenkian, 1991.

SENECA, Lucio Anneo. *Tutte le opere: Dialoghi, trattati, lettere e opere in poesia*. G. Reale (Org.). Milão: Bompiani Il Pensiero Occidentale, 2004.

SENECA, Lucius Annaeus. *Dell'ira: libri tre*. Trad. e notas de Francesco Serdonati. Milão: G. Daelli, 1863. [Obs.: reimpressão da segunda edição, publicada em Gênova (Pavoni, 1606); a primeira edição publicou-se em Pádua (Pasquati, 1569).]

SÉNECA. *De la cólera*. Trad., intr. e notas de Enrique Otón Sobrino. Madri: Alianza, 1986.

SENECA. *Moral and Political Essays*. John M. Cooper e J. F. Procopé (Orgs.). Cambridge: Cambridge University Press, 1995.

——. *Dialogues and Essays*. Trad. de J. Davie. Intr. e notas de T. Reinhardt. Oxford: Oxford University Press, 2007.

SÉNÈQUE. *Entretiens; Lettres à Lucilius*. Estabelecimento de texto por P. Veyne. *La Colère*. Trad. e estabelecimento de texto por A. Bourgery. Rev. trad., intr. e notas de P. Veyne. Paris: Robert Laffont, 1993.

——. *Traités*. Trad. de Elias Regnault [Paris: J. J. Dubochet, 1844]; apres. e notas de Guy Rachet. Paris: Sand, 1997.

OBRAS ANTIGAS

ARISTÓTELES. *Ética a Nicômaco*. Trad. do grego, intr. e notas de Mário da Gama Kury. Brasília: Ed. UnB, 2001.

ARISTOTLE. *Art of Rhetoric*. Trad. de J. H. Freese. Cambridge, MA: Harvard University Press, 1994.

CÍCERO, M. Túlio. *Da natureza dos deuses*. Trad., intr. e notas de Pedro Braga Falcão. Lisboa: Nova Vega, 2004.

CÍCERO. *Dos deveres* [*De Officiis*]. Trad., intr., notas, índice e glossário de Carlos Humberto Gomes. Lisboa: Edições 70, 2000.

[CÍCERO]. *Retórica a Herênio*. Trad. e intr. de Ana Paula Celestino Faria e Adriana Seabra. São Paulo: Hedra, 2005.

CICERON. *Tusculanes*. Paris: Les Belles Lettres, 1931.

CICERONE, M. Tullio. *L'oratore*. Ed. crítica com trad. e notas de Edmondo V. D'Arbela. Milão: Istituto Editoriale Italiano, 1958.

HOMERO. *Ilíada*. Trad. em versos de Carlos Alberto Nunes. Rio de Janeiro: Ediouro, 1996.

———. *Ilíada*. Trad. e pref. de Frederico Lourenço. Intr. e apêndices de Peter Jones. Intr. à ed. de 1950 de E. V. Rieu. São Paulo: Penguin Classics Companhia das Letras, 2013.

LAERCIO, Diógenes. *Vidas y opiniones de los filósofos ilustres*. Trad. e comentários de Luis-Andrés Bredlow. Madri: Lucina, 2010.

LUCRECE. *De la Nature* [*De rerum natura*]. Trad. do latim de José Kany-Turpin. Paris: Aubier, 1993.

PLATÃO. *A república*. Trad. de Carlos Alberto Nunes. Belém: EDUFPA, 2000.

PLUTARCO. *Perí aorgesías* [*De cohibenda ira*]. R. Laurenti e G. Indelli (Orgs.). Nápoles, [s. n.], 1988.

PLUTARCO. *Sul controllo dell'ira* [*De cohibenda ira*]. Trad., intr., texto crítico e notas de R. Laurenti e G. Indelli. Napoli: M. D'Auria, 1988.

QUINTILIAN. *Institutio oratoria*. Trad. de H. E. Butler. Cambridge, MA: Harvard University Press, 1979.

SENECA, THE ELDER. *The Elder Seneca Declamations*. Trad. de M. Winterbottom. Cambridge, MA: Harvard University Press, 1974.

SENECA. *Ad Lucilium epistulae morales*. Cambridge, MA: Harvard University Press, 1989. 3 v.

SENECA. *Tragedies*. Ed. e trad. de John G. Fitch. Cambridge, MA: Harvard University Press, 2002; 2004.

SÊNECA. *Agamêmnon*. Trad., posf. e notas de J. E. S. Lohner. São Paulo: Globo, 2009.

SENEQUE. *De la Clémence*. Trad. e estabelecimento de texto de F. Préchac. Paris: Les Belles Lettres, 1961.

SÓFOCLES; ÉSQUILO. *Três tragédias gregas: Antígone, Prometeu prisioneiro, Ájax*. Trad. de Guilherme de Almeida e Trajano Vieira. São Paulo: Perspectiva, 1997.

SUETONI TRANQUILLI. *Opera: De vita Caesarum*. M. Ihm (Org.). Leipzig: Teubner, 1908.

VIRGILE. *Énéide*. Trad. e estabelecimento de texto de J. Perret. Paris: Les Belles Lettres, 1981.

VIRGÍLIO. *Eneida brasileira*. Trad. de M. Odorico Mendes. P. S. de Vasconcellos et al. (Org.). São Paulo: Ed. da Unicamp, 2008.

CRÍTICA TEXTUAL, ENSAIOS TEÓRICOS, DICIONÁRIOS

ALBERTINI, E. *La Composition dans les ouvrages philosophiques de Sénèque*. Paris: de Boccard, 1923. (Bibliothèque des Écoles Françaises dAthène et de Rome, fasc. 127.)

ALEXANDER, W. H. "Seneca's Dialogi III-IV De Ira Libri Tres: The Text Emended and Explained". *University of California Publications Classical Philology*. Berkeley: University of California Press, 1943, pp. 225-54.

ALLERS, G. *De L. A. Senecae librorum de ira fontibus*. Göttingen: [s.n.], 1881.

ARMISEN-MARCHETTI, M. "Imagination and Meditation in Seneca: The Example of *Praemeditatio*". In: FITCH, J. G. (Org.). *Seneca*. Oxford: Oxford University Press, 2008. pp. 102-13. (Coleção Oxford Readings in Classical Studies.)

BOAL, S. J. "Seneca's dialogues: 1. The structure of Seneca's Dialogues 3-5". *Hermathena*, Dublin, n. 114, pp. 65-8, 1972.

BERTI, E. *Scholasticorum studia: Seneca il Vecchio e la cultura retorica e letteraria della prima età imperiale*. Pisa: Giardini, 2007.

BONNER, S. F. *Roman Declamation in the Late Republic and Early Empire*. Liverpool: Liverpool University Press, 1949.

BRAUND, S.; MOST, G. (Orgs.). *Ancient Anger: Perspectives from*

Homer to Galen. Cambridge: Cambridge University Press, 2004.

BREHIER, E. *Chrysippe et l'ancien stoïcisme.* Paris: Presses Universitaires de France, 1951.

CARCOPINO, J. *Roma no apogeu do Império.* São Paulo: Companhia das Letras; Círculo do Livro, 1990. (Coleção A Vida Cotidiana.)

COCCIA, M. *I problemi del De ira di Seneca alla luce dell'analisi stilistica.* Roma: 1957.

COOPER, J. "On Aristotelian Theory of Emotions". In: RORTY, E. Oksenberg (Org.). *Essays on Aristotle's Rhetoric.* Berkeley: University of California Press, 1996, pp. 238-57.

COOPER, J. M.; PROCOPÉ, J. F. (Orgs.). *Seneca: Moral and Political Essays.* Cambridge: Cambridge University Press, 1995.

COSTA, C. D. N. (Org.). *Seneca: Classical Literature and its Influence.* Londres: Routledge & Kegan Paul, 1974.

CUPAIUOLO, G. *Introduzione al De ira di Seneca.* Nápoles: Società Editrice Napoletana, 1975.

DOMINIK, W.; HALL, J. (Orgs.). *A Companion to Roman Rhetoric.* Oxford: Blackwell, 2007.

FAIRWEATHER, J. *Seneca the Elder.* Nova York: Cambridge University Press, 1981.

FILLION-LAHILLE, J.. "La colère chez Aristote". *Revue des Études Anciennes*, Bordeaux, n. 72, pp. 46-79, 1970a.

———. "Une méprise à propos du *De ira* de Sénèque: la polémique du livre II ne vise pas Aristote mais Épicure". *Révue des Études Latines*, Paris, n. 48, pp. 296-308, 1970b.

———. *Le De ira de Sénèque et la philosophie stoïcienne des passions.* Paris: Klincksieck, 1984.

FITCH, J. G. (Org.). *Seneca.* Oxford: Oxford University Press, 2008. (Coleção Oxford Readings in Classical Studies.)

GAFFIOT, F. (Ed.). *Dictionnaire latin-français.* Paris: Hachette, 1934.

GIARDINA, A. "Storie riflesse: Claudio e Seneca". In: PARRONI, P. (Org.). Seneca e il suo tempo: Atti del Congresso Internazionale di Roma-Cassino 11-14 novembre 1998. Roma: Salerno, 2000.

GLARE, P. G. W. (Ed.). *Oxford Latin Dictionary.* Oxford: Clarendon, 1968.

GRAVER, M. *Cicero on the Emotions,* Tusculan Disputations 3 *and* 4. Trad. e notas de Margaret Graver. Chicago: The University of Chicago Press, 2002.

GRIFFIN, M. T. *Seneca, a Philosopher in Politics*. Oxford: Oxford University Press, 1976.

GRIMAL, P. "La composition dans les dialogues de Sénèque: I. Le *De constantia sapientis*". *Revue des Études Anciennes*, Bordeaux, n. 51, pp. 246-61, 1949.

———. "La composition dans les dialogues de Sénèque: II. Le *De prouidentia*". *Revue des Études Anciennes*, Bordeaux, n. 52, pp. 238-57, 1950.

———. "Nature et limites de l'éclectisme philosophique chez Sénèque". *Les Études Classiques*, Bruxelas, n. 38, 1970.

———. "Rhétorique, politique et philosophie dans le *De ira* de Sénèque". *Révue des Études Latines*, Paris, n. 53, pp. 57-61, 1975.

———. *Sénèque ou la conscience de l'empire*. Paris: Les Belles Lettres, 1978.

HARRIS, W. V. *Restraining Rage: The Ideology of Anger Control in Classical Antiquity*. Cambridge, MA: Harvard University Press, 2004.

HARRISON, S. (Org.). *A Companion to Latin Literature*. Oxford: Blackwell, 2005.

INWOOD, B. *Reading Seneca: Stoic Philosophy at Rome*. Oxford: Clarendon, 2005.

———. *Os estoicos*. São Paulo: Odysseus, 2006.

KASTER, R. A.; NUSSBAUM, M. C. (Trad.). *Seneca, Anger, Mercy, Revenge*. Chicago: The University of Chicago Press, 2010.

KONSTAN, D. "Aristotle on Anger and the Emotions: the Strategies of Status". In: BRAUND, S.; MOST, G. W. (Orgs.). *Ancient Anger: Perspectives from Homer to Galen*. Cambridge: Cambridge University Press, 2004.

LAURENTI, R. "Aristotele e il *De ira* di Seneca". *Studi filosofici*, Nápoles, n. 2, pp. 61-91, 1979.

LAUSBERG, H. *Elementos de retórica literária*. Lisboa: Fundação Calouste Gulbenkian, 1993.

LIMA, S. C. de. *Aspectos do gênero dialógico no* De finibus *de Cícero*. Campinas: IEL-Unicamp, 2009. Tese (Doutorado em Letras Clássicas).

MARTIN R.; GAILLARD, J. *Les Genres littéraires à Rome*. Paris: Nathan, 1990.

MAYER, R. G. "Roman Historical *Exempla* in Seneca". In: FITCH, J. G. (Org.). *Seneca*. Oxford: Oxford University Press, 2008. pp. 299-315. (Coleção Oxford Readings in Classical Studies.)

MAZZOLI, G. "Le 'voci' dei dialoghi di Seneca". In: PARRONI, P. (Orgs.). *Seneca e il suo tempo: Atti del Convegno Internazionale di Roma-Cassino 11-14 novembre 1998*. Roma: Salerno, 2000.

———. "I dialoghi: Introduzione". In: ROBERTIS, T. De; RESTA, G. (Orgs.). *Seneca: Una vicenda testuale*. Firenze: Mandragora, 2004. pp. 267-73.

MONIZ, F. F. de S. (Org.). *Dicionário latim-português*. Porto: Porto Editora, 2001.

NIKOLOVA-BOUROVA, A. "Observations stilistiques et lexicales des dialogues *De ira* et *De clementia* de Lucius Annaeus Seneca". *Eirene*, n. 13, pp. 78-108, 1975.

RAMONDETTI, P. *Struttura di Seneca, De ira, II-III: Una proposta d'interpretazione*. Bolonha: Pàtron, 1996.

RENEHAN, R. "Aristotle's definition of anger". *Philologus*, Berlim, n. 107, pp. 61-76, 1963.

ROBERTIS, T. De; RESTA, G. (Orgs.). *Seneca: Una vicenda testuale*. Firenze: Mandragora, 2004.

SANTOS, M. M. dos. "Arte dialógica e epistolar segundo as Epístolas morais a Lucílio". *Letras Clássicas*, São Paulo, n. 3, pp. 45-93, 1999.

SARAIVA, F. R. dos S. *Novíssimo dicionário latino-português*. Rio de Janeiro: Garnier, 1993.

SETAIOLI, A. "Seneca e lo stile". *Aufstieg und Niedergang der Römischen Welt* [ANRW]. Berlim: Walter de Gruyter, 1985, pp. 776-858. v. II.32.2

———. *Seneca e i Greci: Citazioni e traduzioni nelle opere filosofiche*. Bolonha: 1988.

STALEY, G. A. *Seneca and the Idea of Tragedy*. Oxford: Oxford University Press, 2010.

TRAINA, A. *Lo stile "drammatico" del filosofo Seneca*. Bolonha: Pàtron, 1987.

WILSON, M. *Rhetoric and the Younger Seneca*. In: DOMINIK, W.; HALL, J. (Orgs.). *A Companion to Roman Rhetoric*. Oxford: Blackwell, 2007.

LEIA MAIS PENGUIN-COMPANHIA
CLÁSSICOS

Montaigne

Os ensaios

Tradução de
ROSA FREIRE D'AGUIAR
Introdução de
ERICH AUERBACH

Personagem de vida curiosa, Michel Eyquem, Seigneur de Montaigne (1533-92), é considerado o inventor do gênero ensaio. Esta edição oferece ao leitor brasileiro a possibilidade de ter uma visão abrangente do pensamento de Montaigne, sem que precise recorrer aos três volumes de suas obras completas. Selecionados para a edição internacional da Penguin por M. A. Screech, especialista no Renascimento, os ensaios passam por temas como o medo, a covardia, a preparação para a morte, a educação dos filhos, a embriaguez, a ociosidade.

De particular interesse para nossos leitores é o ensaio "Sobre os canibais", que foi inspirado no encontro que Montaigne teve, em Ruão, em 1562, com os índios da tribo Tupinambá, levados para serem exibidos na corte francesa. Além disso, trata-se da primeira edição brasileira que utiliza a monumental reedição dos ensaios lançada pela Bibliothèque de la Pléiade, que, por sua vez, se valeu da edição póstuma dos ensaios de 1595.

LEIA MAIS PENGUIN-COMPANHIA
CLÁSSICOS

Homero

Odisseia

Tradução de
FREDERICO LOURENÇO

A narrativa do regresso de Ulisses a sua terra natal é uma obra de importância sem paralelos na tradição literária ocidental. Sua influência atravessa os séculos e se espalha por todas as formas de arte, dos primórdios do teatro e da ópera até a produção cinematográfica recente. Seus episódios e personagens — a esposa fiel Penélope, o filho virtuoso Telêmaco, a possessiva ninfa Calipso, as sedutoras e perigosas sereias — são parte integrante e indelével de nosso repertório cultural.

Em seu tratado conhecido como *Poética*, Aristóteles resume o livro assim: "Um homem encontra-se no estrangeiro há muitos anos; está sozinho e o deus Posêidon o mantém sob vigilância hostil. Em casa, os pretendentes à mão de sua mulher estão esgotando seus recursos e conspirando para matar seu filho. Então, após enfrentar tempestades e sofrer um naufrágio, ele volta para casa, dá-se a conhecer e ataca os pretendentes: ele sobrevive e os pretendentes são exterminados".

Esta edição de *Odisseia* traz uma excelente introdução de Bernard Knox, que enriquece o debate dos estudiosos, mas principalmente serve de guia para estudantes e leitores, curiosos por conhecer o mais famoso épico de nossa literatura.

WWW.PENGUINCOMPANHIA.COM.BR

LEIA MAIS PENGUIN-COMPANHIA
CLÁSSICOS

Ovídio

Amores & Arte de amar

Tradução de
CARLOS ASCENSO ANDRÉ

Para o poeta latino Ovídio, o amor é uma técnica que, como toda técnica, pode ser ensinada e aprendida. Isso, porém, não é simples: "São variados os corações das mulheres; mil corações, tens de apanhá-los de mil maneiras", ele diz. Essas "mil maneiras" são ensinadas em sua *Arte de amar*, uma espécie de manual do ofício da sedução, da infidelidade, do engano e da obtenção do máximo prazer sexual, elaborado a partir das experiências vividas pelo poeta e descritas em *Amores*.

Autoproclamado mestre do amor, Ovídio versa sobre as regras da procura e da escolha da "vítima", o código de beleza masculino, o desejo da mulher, o ciúme, o domínio da palavra escrita e falada, o poder do vinho como aliado na sedução, o fingimento, a lisonja, as promessas, os homens que devem ser evitados, a técnica da carícia e os caminhos do corpo feminino, entre outros temas.

A edição da Penguin-Companhia das Letras tem tradução e introdução de Carlos Ascenso André, professor de línguas e literaturas clássicas da Faculdade de Letras de Coimbra, e apresentação e notas do inglês Peter Green, escritor, tradutor e jornalista literário.

WWW.PENGUINCOMPANHIA.COM.BR

LEIA MAIS PENGUIN-COMPANHIA
CLÁSSICOS

Nicolau Maquiavel

O príncipe

Tradução de
MAURÍCIO SANTANA DIAS
Prefácio de
FERNANDO HENRIQUE CARDOSO

Àqueles que chegam desavisados ao texto límpido e elegante de Nicolau Maquiavel pode parecer que o autor escreveu, na Florença do século XVI, um manual abstrato para a conduta de um mandatário. Entretanto, esta obra clássica da filosofia moderna, fundadora da ciência política, é fruto da época em que foi concebida. Em 1513, depois da dissolução do governo republicano de Florença e do retorno da família Médici ao poder, Maquiavel é preso, acusado de conspiração. Perdoado pelo papa Leão X, ele se exila e passa a escrever suas grandes obras. *O príncipe*, publicado postumamente, em 1532, é uma esplêndida meditação sobre a conduta do governante e sobre o funcionamento do Estado, produzida num momento da história ocidental em que o direito ao poder já não depende apenas da hereditariedade e dos laços de sangue.

Mais que um tratado sobre as condições concretas do jogo político, *O príncipe* é um estudo sobre as oportunidades oferecidas pela fortuna, sobre as virtudes e os vícios intrínsecos ao comportamento dos governantes, com sugestões sobre moralidade, ética e organização urbana que, apesar da inspiração histórica, permanecem espantosamente atuais.

LEIA MAIS PENGUIN-COMPANHIA
CLÁSSICOS

D. H. Lawrence
O amante de Lady Chatterley

Tradução de
SERGIO FLAKSMAN
Introdução de
DORIS LESSING

Poucos meses depois de seu casamento, Constance Chatterley, uma garota criada numa família burguesa e liberal, vê seu marido partir rumo à guerra. O homem que ela recebe de volta está "em frangalhos", paralisado da cintura para baixo, e eles se recolhem na vasta propriedade rural dos Chatterley, nas Midlands inglesas. Inteiramente devotado à sua carreira literária e depois aos negócios da família, Clifford vai aos poucos se distanciando da mulher e dos amigos. Isolada, Constance encontra companhia no guarda-caças Oliver Mellors, um ex-soldado que resolveu viver no isolamento após sucessivos fracassos amorosos.

Último romance escrito por D. H. Lawrence, *O amante de lady Chatterley* foi banido em seu lançamento, em 1928, e só ganhou sua primeira edição oficial na Inglaterra em 1960, quando a editora Penguin enfrentou um processo de obscenidade para defender o livro. Àquela altura, já não espantava mais os leitores o uso de "palavras inapropriadas" e as descrições vivas e detalhadas dos encontros sexuais de Constance Chatterley e Oliver Mellors. O que sobressaía era a força literária de Lawrence, e a capacidade de capturar uma sociedade em transição, com suas novas regras e valores.

WWW.PENGUINCOMPANHIA.COM.BR

LEIA MAIS PENGUIN-COMPANHIA
CLÁSSICOS

Choderlos de Laclos

As relações perigosas

Tradução de
DOROTHEÉ DE BRUCHARD

Durante alguns meses, um grupo peculiar da nobreza francesa troca cartas secretamente. No centro da intriga está o libertino visconde de Valmont, que tenta conquistar a presidenta de Tourvel, e a dissimulada marquesa de Merteuil, suposta confidente da jovem Cécile, a quem ela tenta convencer a se entregar a outro homem antes de se casar.

Lançado com grande sucesso na época, *As relações perigosas* teve vinte edições esgotadas apenas no primeiro ano de sua publicação. O livro ficou ainda mais popular depois de várias adaptações para o cinema, protagonizadas por estrelas hollywoodianas como Jeanne Moreau, Glenn Close e John Malkovich. E, também, boa parte do sucesso do romance deve-se ao fato de a história explorar com muita inteligência os caminhos obscuros do desejo. Esta edição, com tradução de Dorotheé de Bruchard, traz uma introdução da editora inglesa Helen Constantine.

WWW.PENGUINCOMPANHIA.COM.BR

1ª EDIÇÃO [2014] 8 reimpressões

Esta obra foi composta em Sabon por Raul Loureiro
e impressa em ofsete pela Geográfica sobre papel Pólen Natural
da Suzano S.A. para a Editora Schwarcz em fevereiro de 2023

A marca FSC® é a garantia de que a madeira utilizada na fabricação
do papel deste livro provém de florestas que foram gerenciadas de
maneira ambientalmente correta, socialmente justa e economica-
mente viável, além de outras fontes de origem controlada.